总主编　胡云腾
学术总顾问　高铭暄

北京师范大学刑事法律科学研究院
外国刑法典译丛

意大利刑法典

CODICE PENALE D'ITALIA

黄　风　杨　超◎译

法律出版社
LAW PRESS·CHINA
北京

图书在版编目(CIP)数据

意大利刑法典 / 黄风，杨超译. -- 北京 : 法律出版社，2023
(北京师范大学刑事法律科学研究院外国刑法典译丛)
ISBN 978-7-5197-7118-8

Ⅰ. ①意… Ⅱ. ①黄… ②杨… Ⅲ. ①刑法-法典-意大利 Ⅳ. ①D954.64

中国版本图书馆 CIP 数据核字(2022)第 173532 号

意大利刑法典
YIDALI XINGFADIAN

黄 风 杨 超 译

策划编辑 朱 峰
责任编辑 马秋婧 金 姗
装帧设计 臧晓飞

出版发行 法律出版社
编辑统筹 辞书·融出版编辑部
责任校对 王 丰 郭艳萍 王语童
责任印制 吕亚莉
经　　销 新华书店

开本 710 毫米×1000 毫米 1/16
印张 20.75 **字数** 305 千
版本 2023 年 4 月第 1 版
印次 2023 年 4 月第 1 次印刷
印刷 北京建宏印刷有限公司

地址:北京市丰台区莲花池西里 7 号(100073)
网址:www.lawpress.com.cn
投稿邮箱:info@lawpress.com.cn
举报盗版邮箱:jbwq@lawpress.com.cn

销售电话:010-83938349
客服电话:010-83938350
咨询电话:010-63939796

书号:ISBN 978-7-5197-7118-8
定价:85.00 元

凡购买本社图书,如有印装错误,我社负责退换。电话:010-83938349

总　　序

刑法是惩罚犯罪与保障人权的重器，刑法典是法律体系中的大典。当今世界，各国无不重视制定和修订刑法，不仅实行成文法传统的大陆法系国家均制定了刑法典并不断加以修订，如德国、法国和日本等，而且实行案例法传统的英美法系国家也制定了单行的刑法或者统一的刑法典，前者如英国、美国，后者如印度、新加坡等。用刑法典或者成文刑法维护国家安全和根本利益，保障公民人身和财产权利，保护经济发展和社会稳定，已经成为各国通行的做法和全球化趋势。

新中国成立以来，党和国家高度重视刑事立法。新中国成立之初，中央人民政府就制定了《中华人民共和国惩治反革命条例》《妨害国家货币治罪暂行条例》《中华人民共和国惩治贪污条例》等单行法律，为惩治相关犯罪提供了明确依据。改革开放以后，全国人民代表大会在 1979 年颁布的 7 部重要法律中，就有《中华人民共和国刑法》，这是新中国制定的第一部具有刑法典性质的刑法。此后，为适应严厉打击刑事犯罪的需要，全国人大常委会相继制定了 20 多部单行刑法，并在一些行政和民商事法律中附带规定了刑法的内容。1997 年，全国人民代表大会出于统一刑事立法的考虑，通过系统整合 1979 年刑法、单行刑法和附属刑法规范，全面修订了《中华人民共和国刑法》，这实际上是一部名称上没有加"典"字的刑法典，首次实现了刑法体系的科学化和系统化。

1997 年刑法实施以后，刑法的修改一直采取修正案的形式，全国人大常委会现已出台了 11 个刑法修正案，在不打乱 1997 年刑法体系的基础上，增加、修改和完善了刑法的大量内容。与此同时，国家立法机关还制定了《中华人民共和国反有组织犯罪法》《中华人民共和国反电信网络诈骗法》等含有诉讼程序、工作机制和刑法规范的综合性刑事法律,开创了刑事立法的新模式。

需要指出的是,我国在制定和修改刑法的各个时期中,学术界和立法机关都注意研究、借鉴域外的刑事立法规范和经验。改革开放40多年来的立法实践证明,这种坚持"以我为主、为我所用"的做法是实现我国刑事立法不断与时俱进,促进刑法体系现代化的有益举措。进入新时代,为了贯彻习近平总书记2020年11月在中央全面依法治国工作会议上提出的"坚持统筹推进国内法治和涉外法治"的要求,贯彻落实党的二十大报告关于"统筹推进国内法治和涉外法治"和"以中国式现代化全面推进中华民族伟大复兴"的重大部署,我们更要注重研究借鉴域外法治经验。统筹推进国内法治和涉外法治,实现中国式现代化,其中重要的内容就是法治的现代化,而法治现代化建设需要国际视野,法治现代化的重要特征是法治国际化。故翻译其他国家刑法(典),博采众长为我所用、与我互动,是完善我国刑法、推进刑事法治现代化的必要条件,也是统筹推进国内法治和涉外法治的有力举措。正是出于贯彻落实党中央和习近平总书记统筹推进国内法治和涉外法治的要求,全面、系统地了解、研究、借鉴相关国家刑事立法的最新发展,北京师范大学刑事法律科学研究院与法律出版社密切合作,决定组织翻译、出版一批外国刑法(典)。

回顾历史,在中华法系从自成一体到开放兼收的转变历程中,翻译外国法律(典)的工程功不可没。经查询北京师范大学图书馆、首都图书馆及国家图书馆有关资料,我国翻译、出版代表性国家刑法(典)的活动肇始于清末修法运动,自1903年出版邱起霖笔述《印度刑律二卷》到2023年120年间,约有138部刑法(典)译作在国内出版。总体上讲,我国翻译和引介外国刑法(典)的历史大致划分为四个时期。

第一个时期是清末民初时期。清政府决定变法修律后,先于1904年设立了修订法律馆,后于1905年设立了考察政治馆。在考察西方国家主要是大陆法系国家法律的基础上,作出了变法要效法日本法律制度的抉择。之所以如此,正如时任清廷修律大臣沈家本所言:日本旧时制度,唐法为多。明治以后,采用欧法,不数十年,遂为强国,是岂徒慕欧法之形式而能若是哉?其君臣上下，同心同德，发愤为雄，不惜财力以编译西人之书，以研究西人之学，弃去糟粕而撷其英华，举全国之精神，胥贯注于法律之内，故国势日张，非偶然也。① 故在1904年与1905年出版的10部刑法（典）译作中，日本不同版本的刑法占了7部；至1911年辛亥革命前夕，以单行本、法规大全等形式出版的37部刑法（典）译作中，有关日本刑法的有17部。

第二个时期是辛亥革命胜利至新中国成立时期。辛亥革命虽然推翻了清王朝，但是清末修法的影响得以延续，尤其是在刑法方面，民国政府决定：晚清政府仿效大陆法系国家刑法制定并于1911年正式公布的"《大清新刑律》除与民国国体抵触各条应失效力外，余均暂行援用"，故而更名为《中华民国暂行新刑律》。之后，又聘请日本学者参与并参照欧陆日本刑事立法，尤其是德国、日本刑法，相继制定了2部《中华民国刑法》。与此同时，在革命根据地，苏联法律发挥了重要影响。② 这一时期翻译出版的7部刑法（典）译作中，2部为德国刑法、3部为苏联刑法。

第三个时期是新中国成立至改革开放时期。新中国成立之后，苏联立法成为新中国借鉴的立法样本，正如日本学者铃木贤所言："对于极其缺乏对西方法律研究积累的当时的中国而言，苏联法成为唯一的参考对象。"③因此，在1949年至1979年之间翻译出版的9部刑法（典）译作中，有3部是苏联刑法；其余除1957年法律出版社出版的《印度刑法典》外，都为前苏联国家的刑法。需要指出的是，受国内形势影响，在1962年至1979年之间，并无外国刑法（典）译作出版。

第四个时期是改革开放至新时代时期。这一时期又可分为两个阶段。第一个阶段是20世纪80年代到90年代。在这段时期，虽然更多国家的刑法（典）被翻译进来，而且出现了英美法系国家的刑法（典）译本，但主要还是以大

---

① 参见沈家本：《新译法规大全序》，载沈家本撰：《历代刑法考》（四），邓经元、骈宇骞点校，中华书局1985年版，第2242页。

② 参见范忠信、叶峰：《中国法律近代化与大陆法系的影响》，载《河南省政法管理干部学院学报》2003年第1期。

③ 王志华：《苏联法影响中国法的几点思考》，载《华东政法大学学报》2008年第1期。

陆法系国家刑法的译本为主。据不完全统计，在1980年至2000年之间翻译出版的14部刑法（典）译作中，绝大多数为德国、日本、韩国等属于大陆法系国家或地区的刑法，英美法系国家的刑法仅有1998年四川大学出版社出版的《印度刑法典》与1999年中国政法大学出版社出版的《加拿大刑事法典》。第二阶段为2000年之后。在这一阶段，随着改革开放的深入与法治进程的推进，刑法（典）翻译真正实现了百花齐放。截至2020年出版的近70部刑法（典）译作中，几乎囊括了各大法系、各大陆主要国家的刑法。

近10余年来，许多国家因应新的社会治理要求，频繁修改刑事立法。例如，德国从1998年起对其刑法进行了100余次修订，仅在2021年就修订了8次，对有关互联网犯罪、强迫卖淫罪以及儿童性犯罪的条款进行了大幅修订。自2011年以来，日本也10余次修订刑法，增设了部分缓刑制度，大幅修订性犯罪立法，并对照民法等前置法的修订，调整了相关刑法条文。我国进入21世纪以来，为适应经济社会发展变化和预防惩治犯罪的新情况和新需要，不断修改完善刑事法律。尤其是2013年9月和10月，习近平总书记分别提出了建设"丝绸之路经济带"和"21世纪海上丝绸之路"的合作倡议。截至2023年1月6日，中国已经与151个国家和32个国际组织，签署了200余份共建"一带一路"合作文件。① 中国企业"走出去"面临诸多法律风险，尤其是在企业刑事合规成为全球浪潮以来，如何应对有些国家借"长臂管辖"和企业刑事合规之名，对我国企业进行打压，规避可能发生的刑事法律风险，已经成为中国企业走出国门、保护自身合法权益必须重视的问题。

有鉴于此，北京师范大学刑事法律科学研究院充分发挥本院的专业化和国际化优势，法律出版社充分发挥多语种出版优势，共同设立"外国刑法典译丛"项目，全面系统翻译各主要国家的刑法（典）。首批遴选德国、日本、英国、美国等两大法系代表性国家，新加坡、哈萨克斯坦、俄罗斯等"一带一路"国家以及希腊、墨西哥、芬兰等经济合作与发展组织（OECD）国家的40余部最新刑法

① 参见中国一带一路网，https://www.yidaiyilu.gov.cn/xwzx/roll/77298.htm，2023年2月10日访问。

(典),组织精通英语、法语、德语、日语、俄语等语种的专业人士分批翻译出版。本译丛编审委员会由国内著名刑法学专家组成,特邀请人民教育家、国际刑法学协会名誉副主席暨中国分会名誉主席、中国刑法学研究会名誉会长、中国人民大学荣誉一级教授高铭暄先生担任译丛学术总顾问,最高人民法院大法官、中国法学会案例法学研究会会长胡云腾教授担任总主编,北京师范大学刑事法律科学研究院副院长兼安徽师范大学法学院院长周振杰教授与法律出版社副总编辑张雪纯先生担任编辑委员会主任。希望“外国刑法典译丛”能成为广大读者学习、研究、借鉴域外刑事法律的重要帮手,进而成为推动中国涉外刑事法治建设的外法资源。当然,由于经验不足,水平有限,书中定有不足不妥之处,尚请各位同人批评指正。

编辑委员会

2023 年 3 月 2 日

《意大利刑法典》的最新发展及翻译说明

本次《意大利刑法典》(以下简称《刑法典》)是以2006年黄风教授翻译的《刑法典》版本为基础进行的翻译,未修订的部分都是保留了黄风教授的原文翻译,翻译工作主要集中于这十几年间《刑法典》所修订的内容,其间,《刑法典》经过了几次较大幅度的修改,修改主要集中于分论具体罪名部分,如贪污腐败类犯罪、洗钱犯罪等。

近十几年来,《刑法典》的修订,主要反映在以下几方面:

第一,彰显打击贪污腐败类犯罪的决心。2019年通过的第3号法律,通过修订《刑法典》第九条和第十条,扩大了对腐败犯罪的管辖范围。在涉及腐败犯罪的情形下,对于意大利公民在意大利境外构成意大利《刑法典》第三百二十条(受委托从事公务人员的受贿)、第三百二十一条(对行贿者的刑罚)、第三百四十六条之二(非法影响力交易罪)规定的犯罪;对于外国人在意大利境外构成《刑法典》第三百一十七条(索贿)、第三百一十八条(因职务行为受贿)、第三百一十九条(因违反职责义务的行为受贿)、第三百一十九条之二(加重情节)、第三百一十九条之三(在司法行为中受贿)、第三百一十九条之四(诱使给予或许诺给予不应接受的利益)、第三百二十条(受委托从事公务人员的受贿)、第三百二十一条(对行贿者的刑罚)、第三百二十二条(教唆受贿)、第三百二十二条之二(国际法院、欧洲共同体机构、国际议会、国际组织成员、欧洲共同体和外国职员贪污、索贿、非法诱使给予或许诺给予利益、贿赂和教唆贿赂)规定的犯罪,修订后的《刑法典》统一删除了经由司法部部长或者被害人提出请求才处理的前提条件,扩大了意大利司法机关对腐败类犯罪的管辖权。从扩大刑法域外适用范围可以看出意大利政府打击贪腐犯罪的决心，不仅在犯罪构成上针对出现的新型犯罪行为，修改了入罪条款，提高了刑罚幅度；同样在管辖权方面，针对跨国公司、外国官员等相关因素，扩大了管辖权。

从刑罚的角度来看，对贪污腐败类犯罪的刑罚都有了相应的加重，如第三百一十四条贪污罪的刑罚起刑点从三年有期徒刑提升至四年有期徒刑，最高刑罚从十年有期徒刑提高至十年六个月有期徒刑，第三百一十九条之三在司法行为中受贿，对在民事诉讼、刑事诉讼、行政诉讼中不当帮助一方当事人的情形，刑罚从三年至八年提升到六年至十二年，在导致有人不公正地被判处刑罚时，根据情节严重程度，相关量刑幅度分别从三年至八年提升到六年至十二年，以及六年至二十年提升到八年至二十年。

另外，《刑法典》新增的条款包括第三百一十九条之四诱使给予或许诺给予不应接受的利益，除了行为构成更为严重的犯罪，公务员或受委托从事公务的人员，滥用其身份或权力，诱使他人给他本人或第三人，给予或许诺给予不应接受的现金或其他有价物利益，处以六年至十年六个月有期徒刑。根据第一款规定的情况，给予或许诺给予人处以三年以下有期徒刑，当行为侵害了欧盟的经济利益时，并且损害或收益超过十万欧元，处以四年以下有期徒刑。

值得关注的是，从预防犯罪的角度而言，意大利刑事法律不仅通过剥夺犯罪人的职业资格，以防止犯罪人再犯，实现一般预防的目的，《刑法典》针对贪腐犯罪还设置有专门的特殊预防条款。《刑法典》第三十二条之三（剥夺与公共行政部门签约的权能）、第三十二条之四（随处罚而适用剥夺与公共行政部门签约的权能）专门适用于与贪污、腐败相联系的罪名，对在从事企业活动或者在从事该活动中实施了贪腐类犯罪的相关罪名的，将剥夺犯罪人日后与公共行政机关再次签约的权能，将其排除在与公共行政机关继续进行商业活动的名单之外。剥夺涉及贪腐类犯罪企业人员与公权力机关签约资格的附属刑罚，最早确立于1996年，经过2000年、2012年及2015年的数次修订，该附属刑罚的适用范围不断扩大。2019年第3号法律再次扩大了附属刑罚的适用范围，将《刑法典》第三百一十四条（贪污）、第三百一十九条之三（在司法行为中受贿）、第三百二十三条（滥用职权）、第三百四十六条之二（非法影响力交易罪）、

第四百五十二条之十四(有组织地非法运输垃圾)归入剥夺犯罪人与公权力机关签约权能的范围。意大利的立法改革延续了打击腐败犯罪的一致性特征,扩大适用了与侵犯公权力行使相关的罪名。2019 年的立法改革明确规定:在被判刑人被处以不超过两年有期徒刑时,对第三十二条之三附加刑的期限由原来的不少于一年,不超过三年,提升到五年至七年不得与公共行政部门签约,而被处以超过二年有期徒刑的情形下,则永久剥夺与公共行政部门签约的权能,但涉及提供公共服务的情形则除外。通过立法修订,附属刑罚的适用期限增加,再次体现了意大利立法者严惩腐败犯罪的决心。《刑法典》同时也新增了特殊量刑情节,行为人能够通过具体有效行为起到消除犯罪后果,或是对于抓捕同案犯起到了具体的作用的,可以作为减轻量刑考虑因素。

事实上,意大利政府强调对贪污腐败类犯罪的打击,也并不是一味提高刑罚,考虑到刑事政策的影响,2019 年修法中还新增了第三百二十三条之三(不受处罚的情况),对于第三百一十八条(因职务行为受贿)、第三百一十九条(因违法职责义务的行为受贿)、第三百一十九条之三(在司法行为中受贿)、第三百一十九条之四(诱使给予或许诺给予不应接受的利益)、第三百二十条(受委托从事公务人员的受贿)、第三百二十一条(对行贿者的刑罚)和第三百二十二条之二(国际法院、欧洲共同体机构、国际议会、国际组织成员、欧洲共同体和外国职员贪污、索贿、非法诱使给予或许诺给予利益、贿赂和教唆贿赂)中规定的贿赂行为和实施非法引诱行为的人,在得知要对其开展调查之前或是在实施相关违法行为四个月之内,自愿供述本人或是其他犯罪行为人的刑事责任,这一供述行为应能够提供有效且足以定罪的证据,则可不受处罚。通过这一条款的设立,能够看出,对于犯罪行为人能够自首并如实供述的行为或是向司法警察提供了有效的帮助,给予行为人免于刑事惩罚的机会。

第二,刑罚体系的完善,将没收作为重要的一种刑事惩罚措施,确立了等值没收的概念。在第二百四十条没收财产之后,新增了第二百四十条之二特定案件的没收这一条款,其中主要涉及针对贪污腐败类犯罪、伪造货币相关的犯罪、侵害工业产权和农产品地理标识的犯罪、文化财产相关的犯罪(包括窝藏文化财产、与文化财产相关的洗钱、未成年卖淫或色情活动相关的犯罪)。

《刑法典》第二百四十条的没收措施针对的是为犯罪服务或者被用于实施犯罪的物品以及作为犯罪产物或收益的物品。考虑到特定案件所侵犯利益的特殊性，为从经济基础切断犯罪行为，加大经济刑罚的力度，意大利政府在立法修改中，针对上述特定犯罪对财产的没收不再限于构成犯罪或是为犯罪服务的物品，而是将没收范围扩大至被判刑人不能说明其合法来源的钱款、财产和其他利益以及被判刑人享有的，包括通过自然人和法人中介享有的，或者有权以任何名义支配的、与其为缴纳所得税而申报的收入不相称或者与其经济活动不相称的钱款、财产或其他利益。同时，对于利用逃税所得钱款获取的财产，被判刑人不得将该财产解释为合法收入，除非以纳税形式免于没收。此外，法条还规定如果无法实施没收时，法官可以决定没收犯罪人所享有的，包括通过中介享有的，等值的合法来源钱款、财产和其他利益，通过引入等值没收这一概念，进一步扩大了可没收财物的方式和范畴，突出了被没收财产“物”的属性，将被没收财产与定罪判决、犯罪行为切割开，只要是被判刑人无法说明财产的合法来源，都纳入没收的范围。

没收措施之外，与财产权处置相关的措施还有第三百二十二条之三新增的司法保管，对于刑事诉讼程序中，针对被扣押财产中除了钱款和其他可处置的财产，出于工作的需求，赋予了司法警察保管的权利，即将保管权由司法机关转移至司法警察，以更为灵活的方式对被扣押财产进行处置。

第三，对恐怖主义犯罪的犯罪构成、特殊量刑情节、附加刑的设置等内容作出了立法调整。例如，第二百七十条之二之一针对恐怖主义犯罪规定的特殊加重和减轻量刑情节，其中规定在涉及未成年人情形时，对于触犯恐怖主义犯罪的父母除了基础刑罚之外，还应附加剥夺父母职责的刑罚，从这一立法调整可以看出，意大利立法者打击恐怖主义犯罪不仅仅是判处相应的刑罚，还试图切断恐怖主义可能带来的其他影响，特别是可能对未成年人带来的不良影响。

2016 年新增了第二百七十条之五之一资助以恐怖主义为目的的行为的条款，这一条款的设置体现了从资金方面打击涉恐犯罪的立法意图，针对资助恐怖主义的行为，作出了扩大化规定，除了之前规定的相关罪行，即构成或服务于恐怖主义犯罪的物品，以及资助恐怖主义犯罪宣传资金除外，只要财产成为实施行为的资金基础,实现或用于完成第二百七十条之六规定的恐怖主义为目的的行为,甚至包括存放或保管第一款规定的财产或现金都被纳入了资助恐怖主义犯罪的范畴。

同时在犯罪行为模式上,通过第二百八十条之三新增了使用核装置的恐怖主义行为,在这一条款中,放射性物质、核装置、生物或化学脏弹物质都被认为是核装置,且设置了二十年以上的有期徒刑刑罚。

第四,黑手党犯罪的修改。2015 年修改中,提高了黑手党犯罪的刑罚幅度,在黑手党组织拥有武器情形下,刑罚幅度分别由七年至十五年提升到十二年至二十年,和十年至二十年提升到十五年至二十六年。考虑到黑手党犯罪向意大利政界的渗透趋势,新增了黑手党政治选举交易的罪名,犯罪行为模式上增加了通过中间人进行游说,达到赢得政治选票的情形,同样,还增加了达成合意但犯罪没有最终既遂的情形,作为减轻量刑的情节。

第五,其他犯罪的修订。除了上述几种特定种类犯罪的集中修订,近些年来《刑法典》分论部分的修订还包括以下几方面:反洗钱方面,应对出现新的洗钱方式,《刑法典》第六百四十八条之三之一新增了自洗钱罪名,对于在实施犯罪活动或共同犯罪活动中,通过使用、替代、转移源于犯罪的钱款、财物或其他利益,以阻碍对犯罪来源甄别的行为定义为自洗钱;同时规定了一个例外性条款,即实施源于仅为使用或个人享用为目的的钱款、财款或其他利益的行为,不予以处罚。将自洗钱行为纳入洗钱犯罪的范畴,也是意大利作为《反腐败公约》成员国的履约义务,通过国内法律的新增和修订,进一步扩大对与贪污腐败息息相关洗钱行为的打击范畴。

对于私人侵犯公共管理的犯罪,第三百三十八条对政治、行政、司法机构及其成员使用暴力或威胁这一条款增加了对其成员的规定,将犯罪行为的界定更为具体化,不仅是对相关机构造成影响,也包括对成员使用暴力和威胁的情形。第三百三十九条,修改了对量刑情节的规定,新增的因素直指公共场合或向公众开放的场所,由此体现了暴力行为在公共场所可能带来的更大的负面影响。新增了第三百三十九条之二,规定了加重情节,如果行为在重复实施的情形下,应将刑罚增加三分之一至一半。

对于危害公共安全罪，新增了第四百三十三条之二通过核设备危害安全的行为，在行为对公共安全造成危险或造成灾祸的情形下，对行为人分别处以四年至八年有期徒刑，和五年至二十年有期徒刑。

对于未成年人色情犯罪的犯罪行为作出了扩大化的规定，在当今电子信息社会的背景下，第六百条之四之一新增了虚构色情的犯罪模式，指使用不完全或部分与现实场景相结合的图像制作技术实现涉及未成年人色情的画面。

对于侵犯公共信义罪，第四百五十三条伪造货币罪引入了新的犯罪行为模式，将有合法授权进行制造，生产货币的行为人滥用可处置的设备或材料，制造货币的数量超出了规定的范围认定为构成伪造货币罪。针对本章犯罪中的逐利性，没收措施也成为本章刑罚的一个重要措施。

另外，较为突出的修改还体现在新增了几章新的罪名，如危害环境罪、侵犯文化财产罪。这些新增的章节集中体现了意大利立法者对特定领域犯罪行为的关切，考虑到保护特定利益的必要性，对这一领域涉及的违法行为，这一章节的罪名主要是针对近年来出现的环境污染事件，首先界定了《刑法典》中所管辖的污染环境，根据造成不同的环境污染结果，在量刑上作出了区分。同时，考虑到新型环境污染可能会涉及放射性物质的情形，新增入罪的环境污染中也涉及了高放射性物质造成环境污染的罪名，并规定了较重的刑罚。同样，在这一章节中也体现了可悔改的情况，行为人能够有效消除犯罪后果或是恢复原状可作为减轻量刑的情节或者实施缓刑。这一章节的犯罪还新增了非法运输垃圾。第四百五十二条之十四有组织地非法运输垃圾，行为人以获得非法利润为目的，通过数项操作并通过设施进行连续有组织的活动，允许、接收、运输、出口、进口或是滥用管理卫生垃圾数量，处以一年至六年有期徒刑。如果所运输的垃圾涉及高放射性物质，刑罚还将在一定幅度内予以增加。又如新增的侵犯文化财产犯罪，这一章节的条款界定了意大利刑事法律中文化财产的概念和范畴，这是一个范畴比较广泛的概念，其包括文化财产、自然风景物、艺术品等各类能够体现出文化财产价值的物品、风景等，这一章节还涉及侵犯文化财产的不同程度的犯罪后果、对文化财产的洗钱行为等。同样，没收措施也适用于这一章节的犯罪。另一项较为突出的新增犯罪是涉及道路交通领域，考虑到道路交通事故近些年在意大利案发数量较高，是导致人员意外伤亡重要事故原因，因此，通过刑法条文划定了在城市或乡村地区危险驾驶的具体行为和时速限制。

对家庭婚姻关系的保护，新修订的法条体现出了对未成年人的特殊保护，被判刑人因特定种类的犯罪，都应被处以剥夺父母职责的附加刑，以保证未成年人在父母被判刑期间能够获得有保障的待遇和稳定的成长环境。另外，意大利国内近年来的一项重要修改是意大利宪法法院承认了民事婚姻的法律效力，赋予了民事婚姻，即同性婚姻具有和异性婚姻同等的法律地位，同性婚姻配偶方同样受到法律的保护。

2018 年新增了涉及兴奋剂的犯罪，新增了使用、供应药品或其他以改变运动员竞赛能力为目的物品的犯罪（第五百八十六条之二），指为了改变运动员的竞赛能力，直接修改对涉兴奋剂药品的检查结果，或是帮助他人，供应、接受或帮助以使用药品或是其他生物或药物成分，包括根据法律规定的等级，在没有病理需要的合法理由情况下让运动员使用改变或器官的精神性质或物质性质的物品。

当然，在疫情大背景下，《刑法典》也作出一项重要的修改，提高了对医护人员的保护，如在刑法典总论部分普通加重量刑情节中新增了一款，行为人煽动实施或实施暴力、威胁犯罪导致专业医疗人员或是社区卫生人员，包括任何实施辅助、帮助医疗、急救的人员以及从事上述专业服务的人员，或是由于造成从事上述专业服务人员而进行在从事医疗活动中的人员受到侵害，属于刑法典中加重量刑的情节。另如第五百八十三条之四对公务员在体育运动期间维持公共秩序职能，包括对从事医疗卫生职业人员或社区医疗人员以及任何在相关活动中从事辅助性活动人员造成人身伤害或严重的人身伤害，其规定对公务员在体育运动期间维持公共秩序职能时造成人身伤害的，处以有期徒刑四年至十年，造成严重人身伤害的，处以八年至十六年有期徒刑。对从事医疗卫生职业人员或社区医疗人员，在行使职能或服务时，包括对任何从事辅助性治疗、辅助医疗或急救活动中行使职责或从事相关活动的人员造成人身伤害或严重伤害，处以同样的刑罚。

最后，对于具体翻译的几点说明：第一，《刑法典》近些年的修改导致有些法条被废除,但为了保持法典的完整性,原文中用方括号括注已废除的法条,翻译过程中,考虑到阅读的方便,不再对已废除的整体法条进行翻译,所翻译的都为现行有效的法条。第二,对于翻译中出现的一些译者注,是译者为了方便读者理解所作出的解释,这些译注并非原文内容。第三,意大利法律中有不同的形式,为表示区分,legge 翻译为法律,Decreto legge 翻译为总统令,Decreto legislativo 翻译为立法性法令。

杨 超

2022 年 10 月 3 日

意大利刑法典

（1930 年 10 月 19 日第 1398 号谕令批准，

1931 年 7 月 1 日生效,修订截至 2022 年 3 月 9 日)

目　　录

第一编　总　　则

第二编 重罪分则

第三编 违警罪分则

第一编

总　则

第一章　刑事法律

第一条　犯罪与刑罚：法律明文规定

任何人不得因未被法律明文规定为犯罪的行为受到处罚，也不得被处以法律未规定的刑罚。

第二条　刑事法律的衔接

任何人不得因根据行为实施时的法律不构成犯罪的行为而受到处罚。

任何人不得因根据后来的法律不构成犯罪的行为而受到处罚。

任何人不得因根据后来的法律不构成犯罪的行为而受到处罚；如果已经被定罪判罚，则终止刑罚的执行和有关的刑事后果。

如果处罚为监禁刑并且后来的法律仅规定处以财产刑，已科处的监禁刑立即依照第一百三十五条的规定转换为相应的财产刑。[①]

如果行为实施时的法律与后来的法律不同，适用其规定对罪犯较为有利的法律，除非已经宣告了不可撤销的判决。

如果涉及的是非常的或者临时的法律，不适用以上各款的规定。

本条中的规定也适用于法令失效和未获批准的情况以及法令经修订而转

---

① 本款由2006年2月24日第85号法律(《对刑法典关于见解犯罪的修改》)第十四条第一款增加。

换成法律的情况。①②③

第三条 刑事法律的约束力

意大利法律对于所有处于意大利国家领域内的公民或者外国人具有约束力,国内公法或者国际法规定的例外情况除外。

意大利刑事法律对于所有处于外国的公民或者外国人也具有约束力,但是,仅以该法律或者国际法确定的情况为限。

第三条之二 法典的保留原则*

新的条款规定为犯罪,只有通过刑法典修订的方式,将其编入法律规范或是通过对实体内容修订方式编入法条,才能够生效。④

第四条 意大利公民 国家领域

在刑事法律意义上,[殖民地的公民、殖民地臣民、]⑤因籍贯或者选择而从属于意大利国家主权支配地的人以及居住在意大利国家领域的无国籍者被视为意大利公民。

在刑事法律的意义上,共和国的领域[、殖民地领域]⑥以及其他一切受国家主权支配的地点是国家领域。意大利船舶和飞机,无论处于何地,均被视为国家领域,除非它们根据国际法受外国本地法的管辖。

---

① 参见意大利《宪法》第七十七条,根据该条的规定,如果颁布的法令自公布之日起六十日内未依有关立法程序转换为法律,将丧失其效力。

② 根据1953年3月11日第87号法律第三十条和第四条的规定,对于已经被宣告违宪的规定,自违宪裁决公布之日起第二日,不得再适用该规定。如果已生效的处罚判决是根据被宣告违宪的规定而作出的,则终止刑罚的执行和一切刑事后果。

③ 意大利宪法法院于1985年2月19日裁决该款在以下含义上违宪:它所规定的情形可适用《刑法典》第二条第二款和第三款所包含的规定。

* 法条原文无第三条之一,未作改动。——译者注

④ 本条由2018年4月6日第130号法律第一条增加。

⑤ 根据意大利1947年批准的《和平条约》第二十三条的规定,意大利放弃了对于它曾在非洲占有的领土的一切权利;1960年7月1日意大利终止了对索马里的托管;因此,方括号中表述不再具有任何意义。

⑥ 同上注。

第五条　对刑事责任的不知

任何人不得以刑事法律的不知为理由要求宽宥。①

第六条　在意大利国家领域内实施的犯罪

任何人在意大利国家领域内犯罪,依照意大利法律处罚。

当构成犯罪的作为或者不作为全部或部分发生在意大利,或者因上述作为或不作为而产生的后果发生在意大利时,犯罪被认为实施于意大利国家领域。

第七条　在外国实施的犯罪

公民或者外国人在外国实施下列犯罪之一的,依照意大利法律处罚;

(一)国事罪;②

(二)伪造国家印章罪,使用伪造的国家印章罪;

(三)伪造在国家领域合法流通的货币、印花或者意大利公共信用票据罪;

(四)为国家服务的公务员滥用职权或者违反其职责义务而实施的犯罪;

(五)根据法律的特别规定或者国际条约,对其可适用意大利刑法的任何其他犯罪。

第八条　在外国实施的政治犯罪

公民或者外国人在外国领域实施不包含在前条第一项之列的政治犯罪的,经司法部部长提出要求,依照意大利法律处罚。

如果属于被害人告诉才处罚的犯罪,除上述要求外,还需要有告诉。

在刑事法律的意义上,一切侵犯国家政治利益或者公民政治权利的犯罪是政治犯罪。完全或者部分因政治理由而导致的普通犯罪也被视为政治犯罪。

第九条　公民在外国的普通犯罪

除以上两条列举的情况外,公民在外国领域实施意大利法律对之规定适用

---

① 意大利宪法法院于1988年3月24日以第364号判决宣告本条违反《宪法》第二条、第三条、第二十五条第二款、第二十七条第一款和第三款以及第七十三条第三款,理由是:对刑事法律"不可避免的不知"是应当免责的。

② 2001年12月15日第438号法律(《打击国际恐怖主义的紧急规定》)将这里"国事罪"(Delitto Contro la Personalita' dello Stato)的表述改为"危害意大利国家罪"(Delitto Contro la Personalita' dello Stato Italiano)。

[死刑、]①无期徒刑或者最低不少于三年的有期徒刑的犯罪的,依照意大利法律处罚,只要该人处于意大利国家领域内。

如果法律对犯罪规定的是期限较短的限制人身自由刑,则经司法部部长提出要求或者被害人提出申请或告诉,才予以处罚。

在以上各款规定的情况下,如果属于侵害欧洲共同体、②某个外国或者外国人的犯罪,只有当不允许引渡犯罪人或者犯罪实施地国家的政府不接受对该人的引渡时,才根据司法部部长的要求对犯罪人处罚。

在以上条文规定的情况下,追诉第三百二十条、第三百二十一条和第三百四十六条之二、第六百四十八条和第六百四十八条之三之一规定的犯罪,不需要司法部部长的要求、被害人的申请或者告诉。③

第十条 外国人在外国的普通犯罪

除第七条和第八条列举的情况外,外国人在外国领域实施侵害意大利国家或者公民的犯罪,并且意大利法律对之规定适用[死刑、]④无期徒刑或者最低不少于一年的有期徒刑的,依照意大利法律处罚,只要该人处于意大利国家领域内并且司法部部长提出了要求或者被害人提出了申请或者告诉。

如果所实施的犯罪侵害的是欧洲共同体、⑤某一外国或者外国人,经司法部部长提出要求,对犯罪人依照意大利法律处罚,只要:

(一)该人处于意大利国家领域内;

(二)对犯罪规定的刑罚是[死刑、]⑥无期徒刑或者最低不少于三年的有期徒刑;

---

① 由于意大利已经废除死刑,方括号中的表述已无任何意义。参见第十七条关于死刑的注释。

② 2000年9月29日第300号法律(《批准关于贿赂公务员的公约》)第五条第一款在此增加了"欧洲共同体"一语。

③ 本款由2019年1月9日第3号法律第一条第一款第一项增加,又由2021年11月8日第195号立法政令第一条第一款第一项修改。

④ 由于意大利已经废除死刑,方括号中的表述已无任何意义。参见第十七条关于死刑的注释。

⑤ 2000年9月29日第300号法律(《批准关于贿赂公务员的公约》)第五条第一款在此增加了"欧洲共同体"一语。

⑥ 由于意大利已经废除死刑,方括号中的表述已无任何意义。参见第十七条关于死刑的注释。

（三）不允许对该人实行引渡，或者犯罪实施地国家的政府或该人所属国家的政府不接受对该人的引渡。

追诉触犯刑法典第三百一十七条、第三百一十八条和第三百一十九条、第三百一十九条之二、第三百一十九条之三、第三百一十九条之四、第三百二十条、第三百二十一条、第三百二十二条和第三百二十二条之二的犯罪，不需要司法部部长的要求、被害人的申请或者告诉。[①]

第十一条　重新审判

在第六条规定的情况下，公民或者外国人在意大利接受审判，即使已经在外国受到审判。

在第七条、第八条、第九条和第十条规定的情况下，如果司法部部长提出有关的要求，已经在外国受到审判的公民或者外国人将在意大利重新接受审判。

第十二条　对外国刑事判决的承认

有下列情况之一的，针对某一犯罪宣告的外国刑事判决可以获得承认：

（一）为了认定累犯或处罚的其他刑事后果，或者为了宣告犯罪的惯常性、职业性或犯罪倾向；

（二）当处罚根据意大利法律可能导致某一附加刑时；

（三）当根据意大利法律应当对处于意大利领域内的被判刑人或者被释放人采取人身保安处分时；

（四）当外国的处罚判决规定返还或赔偿损失，或者应当在意大利境内的审判中予以采纳以实现返还、赔偿损失或其他民事后果时。

为了获得承认，有关判决应当是由与之存在引渡条约的外国的司法机关宣告的。如果不存在这样的条约，当司法部部长提出要求时，外国的判决同样可以在意大利获得承认。如果是为了实现第四项列举的后果而请求承认，则不需要司法部部长提出要求。

第十三条　引渡

引渡由意大利法律、国际条约和国际惯例调整。

---

① 本款由2019年1月9日第3号法律第一条第一款第二项增加。

如果引渡请求所针对的行为不被意大利法律和有关外国的法律规定为犯罪,不允许引渡。①

对于在国际条约中未规定的犯罪,只要这些条约不明确禁止,也可以允许或者提议引渡。

不允许引渡公民,除非国际条约予以明确许可。

第十四条　期限的计算和开始

当刑事法律将法律后果与一段时间相联系时,对该时间的计算遵循普通历法。

当刑事法律为某一法律后果的发生规定了一个期限时,期限开始之日不计入该期限。

第十五条　由数项刑事法律或者同一法律的数项规定调整的问题

当数项刑事法律或者同一法律的数项规定调整某一相同的问题时,特别法律或者法律的特别规定变通一般法律或者法律的一般规定,但另有规定者除外。

第十六条　特别刑事法律

本法典的规定也适用于由其他刑事法律调整的问题,只要这后一类法律未作出不同的规定。

---

① 意大利宪法法院于 1979 年 6 月 21 日以第 54 号判决宣告关于引渡的条款在以下意义上违宪:在请求国法律对有关犯罪规定了死刑的情况下允许引渡。

第二章　刑　　罚

第一节　刑罚的种类

第十七条　主刑:种类

为重罪规定的主刑是:

(一)死刑;①

(二)无期徒刑;②

(三)有期徒刑;

(四)罚金。

为违警罪规定的主刑是:

(一)拘役;

(二)罚款。

第十八条　主刑的称谓和分类

法律所称的监禁刑或者限制人身自由刑包括:无期徒刑、有期徒刑和拘役。③

---

① 1944 年 8 月 10 日第 224 号代立法性法令第一条规定:从本法典中废除死刑。1948 年 1 月 22 日第 21 号立法性法令第一条规定:废除由特别法律规定的死刑。意大利 1948 年《宪法》第二十七条第四款规定:"除战时军事法律规定的情况外,不得适用死刑。"1994 年 10 月 13 日第 589 号法律则进一步废除了由《战时军事刑法典》规定的死刑。

② 意大利宪法法院于 1994 年 4 月 28 日以第 168 号判决宣告:对可归罪的未成年人适用无期徒刑违宪。

③ 在监禁刑中还应当包括由 1981 年 11 月 24 日第 689 号法律规定的、作为短期监禁刑的替代刑罚的"半日监禁"和"监视自由"。

法律所称的财产刑包括：罚金和罚款。

第十九条 附加刑：种类

针对重罪的附加刑是：

（一）褫夺公职；

（二）禁止从事某一职业或技艺；

（三）法定禁治产；

（四）禁止担任法人和企业的领导职务；

（五）剥夺与公共行政部门签约的权能；

（五）之二 取消职务或劳动关系；[①]

（六）剥夺或者停止行使父母职责。[②]

针对违警罪的附加刑是：

（一）停止从事某一职业或技艺；

（二）停止担任法人和企业的领导职务。

针对重罪和违警罪共同适用的附加刑是公布刑事处罚判决。

刑事法律确定在哪些其他情况下为重罪规定的附加刑也同样适用于违警罪。

第二十条 主刑和附加刑

主刑由法官采用处罚判决的形式科处；附加刑作为主刑的刑事后果，随处罚当然产生。

---

① 此项附加刑由2001年3月27日第97号法律（《关于刑事诉讼与纪律诉讼的关系以及生效刑事裁决对公共行政部门职员效力的规定》）第一百一十八条增加。

② 根据1975年5月19日第151号法律（《对家庭法的改革》）第一百三十八条的规定，意大利《民法典》第三百一十六条所规定的“父权”被改称为“父母权”，又由2013年12月28日第154号立法政令第九十三条第一款第一项修改。

第二节　主 刑 分 则

第二十一条　死刑①

第二十二条　无期徒刑

无期徒刑是终身的，在为此而指定的监狱场所中执行，服刑期间必须劳动并且实行夜间隔离。

被判处无期徒刑的人可以获准参加室外劳动。②

第二十三条　有期徒刑

有期徒刑的期限为十五日至二十四年，在为此而指定的监狱场所中执行，服刑期间必须劳动并且实行夜间隔离。

被判处有期徒刑的人，在至少服刑一年后，可以获准参加室外劳动。

第二十四条　罚金

罚金刑是向国家缴纳一笔不少于五十欧元并且不超过五万欧元的款额。③

对于以营利为目的的而实施的重罪，如果法律只规定处以有期徒刑，法官可以增处五十欧元至二万五千欧元的罚金。④

第二十五条　拘役

拘役刑的期限为五日至三年，在为此而指定的场所或者执行有期徒刑场所中的专门区域，服刑期间必须参加劳动并且实行夜间隔离。

对于被判处拘役的人，可以考虑其才能和以前的职业安排从事劳动，包括不是在执行场所中组织的劳动。

---

① 本条已由1944年8月10日第224号总统令废除。

② 参见第十七条关于无期徒刑的注释。

③ 2009年7月15日第94号法律第三条第六十款将罚金由不少于五欧元改为不少于五十欧元，不超过五千一百六十四欧元改为不超过五万欧元。

④ 2009年7月15日第94号法律第三条第六十款将罚金由不少于五欧元改为不少于五十欧元，不超过二千零六十五欧元改为不超过二万五千欧元。

第二十六条　罚款

罚款刑是向国家缴纳一笔不少于二十欧元并且不超过一万欧元的款额。①

第二十七条　固定财产刑和比例财产刑

法律规定在哪些情况下财产刑是固定的，在哪些情况下财产刑是按比例的。比例财产刑没有最高限额。

第三节　附加刑分则

第二十八条　褫夺公职

褫夺公职可以是终身或暂时的。

除法律另有规定外，终身褫夺公职使被判刑人丧失：

（一）在任何选举会议中的选举权和被选举权，以及一切其他政治权利；

（二）一切公共职务，一切非义务性的公共服务委托，以及与之有关的公务员身份或受委托从事公务人员的身份；

（三）监护人或保佐人职务，包括临时职务，一切与监护或保佐有关的其他职务；

（四）学术级别或职位，称号，勋章或其他公共荣誉标志；

（五）由国家或其他公共机构负担的薪金、抚恤金和补贴；②

（六）一切与以上各项列举的职务、服务、级别、称号、身份、地位和勋章有关的荣誉性权利；

（七）担任或者取得以上各项列举的任何权利、职务、服务、身份、级别、称号、地位、勋章和荣誉标志的权能。

暂时褫夺公职使被判刑人在褫夺期限丧失获得、行使、享有前述权利、职

---

① 2009年7月15日第94号法律第三条第六十一款将罚金由不少于二欧元改为不少于二十欧元，不超过一千零三十二欧元改为不超过一万欧元。

② 意大利宪法法院于1966年1月13日以第3号判决宣告此项在以下意义上违宪：如果此项所列举的权利产生于劳动关系。随后，宪法法院于1968年7月19日以第113号判决宣告在以下意义上违宪：如果它所针对的是战争抚恤金。

务、服务、地位、级别、称号或荣誉的权能。

暂时褫夺公职的期限不得少于一年,也不得超过五年。

法律规定在哪些情况下褫夺公职的适用范围仅以上述某几项为限。

第二十九条 随处罚而适用褫夺公职的情况

判处无期徒刑和五年以上有期徒刑意味着对被判刑人褫夺公职终身;判处三年以上有期徒刑意味着褫夺公职五年。

宣告犯罪的惯常性或职业性,或者宣告具有犯罪倾向,意味着褫夺公职终身。

第三十条 禁止从事某一职业或技艺

禁止从事某一职业或技艺使被判刑人丧失在禁止期间从事要求具备特别许可、特别资格、主管机关批准或准许的职业、技艺、产业、贸易或手艺的权能,并且意味上述许可、资格、批准或准许的失效。

禁止从事某一职业或技艺的期限不得少于一个月,也不得超过五年,法律明文规定的情况除外。

第三十一条 对滥用公职、某一职业或技艺实施犯罪的处罚

如果犯罪是因滥用权力,违反与某一公共职能、公共服务或第二十八条第三项列举的职务有关的义务,非法从事某一职业、技艺、产业、贸易或手艺,或者违反有关职责义务而实施的,一切相关处罚均意味着暂时褫夺公职或者暂时禁止从事某一职业、技艺、产业、贸易或手艺。

第三十二条 法定禁治产

被判处无期徒刑的人处于法定禁治产状态。

判处无期徒刑也意味着剥夺父母职责。①

被判处五年以上有期徒刑的人在服刑期间处于法定禁治产状态;该处罚也意味着在服刑期间停止行使父母职责,②除非法官作出不同的决定。

---

① 本条由2013年12月28日第154号立法政令第九十三条第一款第二项将“父母权”改为“父母职责”。

② 本条由2013年12月28日第154号立法政令第九十三条第一款第二项将“父母权”改为“父母职责”。

就对财产的处分和管理以及有关的代理行为而言，关于司法禁治产的民事法律规范也适用于法定禁治产。

第三十二条之二　暂时禁止担任法人和企业的领导职务[①]

禁止担任法人和企业的领导职务使被判刑人丧失在禁止期间担任董事、监事、清算人、总经理、负责起草公司会计文件的领导人[②]和任何其他包含法人或企业代表权的职务的权能。

当针对滥用有关权力或者违反职责义务而实施的犯罪处以六个月以上有期徒刑时，本附加刑随之适用。

第三十二条之三　剥夺与公共行政部门签约的权能

剥夺与公共行政部门签约的权能意味着禁止与公共行政部门缔结契约，但为提供公共服务而签约的情况除外。

该附加刑的期限为一年以上，但不可以超过五年。[③]

第三十二条之四　随处罚而适用剥夺与公共行政部门签约的权能的情况[④]

对第三百一十四条第一款、第三百一十六条之二、第三百一十六条之三、第三百一十七条、第三百一十八条、第三百一十九条、第三百一十九条之二、第三百一十九条之三、第三百一十九条之四、第三百二十条、第三百二十一条、第三百二十二条、第三百二十二条之二、第三百四十六条之二、第三百五十三条、第三百五十五条、第三百五十六条、第四百一十六条、第四百一十六条之二、第四百二十三条之二之第一款、第四百三十七条、第四百五十二条之二、第四百五十二条之四、第四百五十二条之六、第四百五十二条之七、第四百五十二条之十四、第五百零一条、第五百零一条之二、第六百四十条第二款第一项、第六百四十条之二和第六百四十四条规定的损害企业活动的犯罪、使企业活动受益的犯

① 本条由意大利1981年11月24日第689号法律增加。“禁止担任法人和企业领导职务”是一项该法律引进的新附加刑。

② 2005年12月28日第262号法律(《关于保护储蓄和金融市场纪律的规定》)第十五条增加了“负责起草公司会计文件的领导人”一语。

③ 本款由2015年5月27日第69号法律第一条第一款第一项修改。

④ 本条由1996年3月7日第108号法律(《关于高利贷的规定》)增加，并由2021年11月8日第155号法律第六条第一款第一项替代。

罪或者与企业活动有其他关系的犯罪的处罚，均意味着剥夺与公共行政部门签约的权能。

第三十二条之五　随处罚消除劳动或雇佣关系的情况①

除第二十九条和第三十一条规定的情况外，针对第三百一十四条第一款、第三百一十七条、第三百一十八条、第三百一十九条、第三百一十九条之三、第三百一十九条之四之第一款和第三百二十条列举的犯罪判处二年以上有期徒刑，②对于公共行政部门和机构的职员或者主要具有公共性质的机构的职员，还意味着消除劳动或者雇佣关系。

第三十三条　对过失犯罪的处罚

第二十九条和第三十二条第三款的规定不适用于因过失犯罪而受到处罚的情况。③

第三十一条的规定不适用于因过失犯罪而受到处罚的情况，只要所科处的刑罚为三年以下有期徒刑或者只科处一项财产刑。

第三十四条　剥夺父母职责和停止行使父母职责④

法律规定在哪些情况下处罚意味着剥夺父母职责。

对滥用父母职责而实施犯罪的处罚意味着在两倍于所科处的刑期的时间中停止行使父母职责。

剥夺父母职责也意味着剥夺父母根据《民法典》第一编第九章规定的权力而享有的针对其子女财产的一切权利。

停止行使父母职责也意味着在停止期间无权根据《民法典》第一编第九章的规定行使父母对其子女财产的一切权利。

在以上各款规定的情况中，如果刑罚缓期执行，有关文书应当移送给未成

---

①　本条由2001年3月27日第97号法律(《关于刑事诉讼与纪律诉讼的关系以及生效刑事裁决对公共行政部门职员效力的规定》)增加。

②　本条由2015年5月27日第69号法律第一条第一款第二项修改，由三年有期徒刑改为二年，并增加了第三百一十九条之四之第一款。

③　本款由1981年第689号法律第一百二十一条修改。

④　本条由1981年第689号法律第一百二十二条替换，又由2013年12月28日第154号立法政令第九十三条第一款第二项将“父母权”改为“父母职责”。

年人法庭，由该法庭采取对未成年人比较适宜的措施。①

第三十五条　停止从事某一职业或技艺

停止从事某一职业或技艺使被判刑人在停止期间丧失从事某一要求具备特别许可、特别资格、主管机关批准或准许的职业、技艺、产业、贸易或者手艺的权能。

停止从事某一职业或技艺的期限不得少于三个月，也不得超过三年。②

在非法从事某一职业、技艺、产业、贸易或手艺或者违反有关的职责义务而实施违警罪的情况下，如果所科处的刑罚为一年以上拘役，本附加刑随处罚而适用。

第三十五条之二　停止行使法人和企业的领导职务③

停止行使法人和企业的领导职务使被判刑人丧失在停止期间行使董事、监事、清算人、总经理、负责起草公司会计文件的领导人④以及任何其他包含法人和企业代表权和职务的权能。

本附加刑的期限不得少于十五日，也不得超过二年，对于一切因滥用权力或者违反职责义务而实施的违警罪，随判罚拘役而适用。

第三十六条　公布刑事处罚判决

科处[死刑或者]⑤无期徒刑的判决，以在判决宣告地市镇、犯罪实施地市镇和被判刑人最后居住地市镇张贴的方式，加以公布。

上述处罚判决还在法官指定的[一张或者数张]⑥报纸上公布一次，在司法部网站上公布。在网站上公布的期限由法官指定，但不得超过三十日；如果法

---

① 本款由1990年2月7日第19号法律增加。

② 本款由2015年5月27日第69号法律第一条第一款第三项将"不少于十五日，不超过二年"改为"不少于三个月，不超过三年"。

③ 这是由1981年11月24日第689号法律引进的一项新附加刑。它同"禁止担任法人和企业的领导职务"相配套，前者的适用对象是因违警罪而被判刑的人，后者的适用对象则是因重罪而被判刑的人。

④ 2005年12月28日第262号法律(《关于保护储蓄和金融市场纪律的规定》)第十五条增加了"负责起草公司会计文件的领导人"一语。

⑤ 死刑已废除。

⑥ "一张或者数张"一词由2011年7月15日第111号法律删除。

官没有指定期限,则不超过十五日。①

对判决实行摘要公布,除非法官决定公布其全文;公布自动执行,并全由被判刑人承担费用。

法律确定其他应当公布处罚判决的情况。在这样的情况中,依照前三款规定的方式实行公布;除了公布的期限,还应当附随判决的情节及司法部网站的网址。②

第三十七条　暂时附加刑:期限

当法律规定处罚意味着适用暂时附加刑并且没有明确规定其期限时,该暂时附加刑的期限等同于所科处的主刑期限,或者等同于在被判刑人无支付能力情况下经转换的刑罚期限。但是,在任何情况下不得超过为各种附加刑规定的最低的和最高的刑期限度。

第三十八条　被判处死刑者的法律地位

就法律地位而言,被判处死刑的人等同于被判处无期徒刑的人。③

---

① 本款由2009年6月18日第69号法律第六十七条第一款增加。

② 本款由2011年7月15日第111号法律增加。

③ 本条已废除。

第三章　犯　　罪

第一节　既遂犯罪和未遂犯罪

第三十九条　重罪与违警罪的划分

根据本法典为有关罪行分别规定的刑罚种类，犯罪区分为重罪（delitti）和违警罪（contravvenzioni）。

第四十条　因果关系

如果决定犯罪成立的损害结果或者危险结果不是由某人的作为或者不作为造成的，该人不得因被法律规定为犯罪的行为受到处罚。

负有法定阻止义务而不阻止结果发生的，等同于造成结果。

第四十一条　原因竞合

先存原因、同时原因或者后发原因的竞合不排除犯罪人的作为或不作为与犯罪结果之间的因果关系。即使这些原因独立于该犯罪人的作为或者不作为。

当后发原因足以单独地造成犯罪结果时，该原因排除因果关系。在这种情况下，如果先前实施的作为或者不作为本身构成犯罪，适用为该犯罪规定的刑罚。

当先存原因、同时原因或者后发原因表现为他人的违法行为时，也适用以上各项规定。

第四十二条　对故意、过失或者超意图犯罪的责任　客观责任

如果某人在实施行为时不具有意识和意志，不得因被法律规定为犯罪的作为或者不作为受到处罚。

如果某人在实施行为时不是出于故意，不得因被法律规定为重罪的行为受到处罚，被法律明确规定为超意图犯罪[①]或者过失犯罪的情况除外。

法律规定在哪些情况下行为人应当对因自己的作为或者不作为而造成的结果以其他名义承担责任。

在违警罪中，每个人对自己有意识和意志的作为或者不作为负责，无论这种行为是故意的还是过失的。

第四十三条　犯罪的心理因素

当行为人对于因作为或者不作为而引起的、法律据以确定重罪是否成立的损害结果或者危险结果有所预见，并且希望成为其作为或者不作为的后果时，重罪是故意的或者有意的。

当产生于作为或者不作为的损害结果或者危险结果比行为人所希望的更为严重时，重罪是超意图的或者超出意愿范围的。

当行为人虽然预见到结果，但不希望其发生，该结果因疏忽、轻率、无经验或者未遵守法律、规章、命令或纪律而发生时，重罪是过失的或者违背意愿的。

当刑事法律将违警罪的某一法律后果与对故意犯罪和过失犯罪的区分联系在一起时，本条为重罪规定的关于故意犯罪和过失犯罪的划分也适用于违警罪。

第四十四条　可罚性的客观条件

当法律规定对犯罪处罚必须具备某一条件时，即使造成这一条件出现的结果不为犯罪人所希望，该人也对犯罪负责。

第四十五条　意外事件或者不可抗力

因意外事件或者不可抗力而实施行为的，不受处罚。

第四十六条　身体强制

因遭受他人采用的、不可抵抗的或者不能以其他方式避免的暴力而被迫实施行为的，不受处罚。

---

① 例如本法典第五百七十一条第一款、第五百七十二条第二款、第五百八十四条和第五百八十六条规定的情况。

在此种情况下，采用暴力的人对受强迫者实施的行为负责。

第四十七条　事实错误

行为人对构成犯罪的行为发生认识错误，排除可罚性。但是，如果属于因过失而导致的错误，当法律将此行为规定为过失犯罪时，可罚性不被排除。

对构成某一特定犯罪的行为发生认识错误，不排除对其他犯罪的可罚性。

对刑事法律以外的法律发生认识错误，当该错误导致对构成犯罪的行为发生错误时，排除可罚性。

第四十八条　因他人欺骗而造成的错误

即使对构成犯罪的行为的认识错误是因他人的欺骗而造成的，前条的规定仍然适用；但是，在此种情况下，致使受欺骗者犯罪的人对受欺骗者实施的行为负责。

第四十九条　错误推测的犯罪和不可能的犯罪

实施不构成犯罪的行为，却错误地推测该行为构成犯罪的，不受处罚。

当因行为不适当或者行为的对象不存在而不可能发生损害结果或者危险结果时，也排除可罚性。

在以上规定列举的情况下，如果行为具备构成其他犯罪的要件，适用为实际实施的犯罪规定的刑罚。

在第二款规定的情况下，法官可以决定对被开释的被告人采取保安处分。

第五十条　权利人同意

经可以有效地处置权利的人同意，对该权利造成侵害或者使之面临危险的，不受处罚。

第五十一条　行使权利或者履行义务

行使权利或者履行由法律规范或公共权力机关的合法命令赋予的义务，排除可罚性。

如果构成犯罪的行为是根据主管机关的命令实施的，发布此命令的公务员一律对该犯罪负责。

执行上述命令的人也对犯罪负责，除非他因事实错误而认为是在遵循合法命令。

当法律不允许对命令的合法性进行任何审查时，执行非法命令的，不受处罚。

第五十二条 正当防卫

为了维护自己的或他人的权利免遭非法侵害的现实危险而被迫实施行为的，只要其防卫行为与侵害行为相对称，不受处罚。

在第六百一十四条第一款和第二款规定的情况下，如果合法地处于上述两款列举的地点的人为了保护以下法益而合法地使用所持有的武器或者其他适当手段，则一律存在[①]本条第一款所要求的对称关系：

（一）自己的或者他人的安全；

（二）自己的或者他人的财产，当侵害没有中止并且存在危险时。[②]

第二款和第四款的规定也适用于行为发生在任何其他从事贸易活动、职业活动或者企业活动的场所之内的情况。[③]

第二款和第三款的规定对于下列情形的适用一律属于正当防卫，正当防卫人对抗一名或多名入侵人员使用暴力或威胁使用武器或是其他的强制手段的情形。[④]

第五十三条 合法使用武器

除前两条规定的内容外，公务员为履行自己的职责义务而使用或者命令使用武器或其他身体强制手段的，当这样做是出于抵御暴力、制服对权力机关的反抗和阻止屠杀、失事、沉没、空难、铁路灾祸、故意杀人、武装抢劫和绑架等犯罪的需要时，不受处罚。[⑤]

同样的规定适用于任何根据公务员的合法要求而向其提供协助的人。

法律确定可以使用武器或其他身体强制手段的其他情况。

第五十四条 紧急避险

为了保护自己或他人免遭严重人身损害的现实危险而被迫实施行为的，如果该危险不是由其自愿造成的并且不能以其他方式加以避免，只要其行为与所

---

① “一律存在”一语由2019年4月26日第36号法律第一条第一款第一项增加。

② 本款由2006年2月13日第59号法律（《关于在私人住所的自卫权问题对〈刑法典〉第五十二条的修改》）第一条增加。

③ 本款由2006年2月13日第59号法律（《关于在私人住所的自卫权问题对〈刑法典〉第五十二条的修改》）第一条增加。

④ 本款由2019年4月26日第36号法律第一条第一款第三项增加。

⑤ 本款由1975年5月22日第152号法律（《关于维护公共秩序的规定》）第十四条第一款修改。

面临的危险相对称,不受处罚。

对于负有对付危险的特殊法律义务的人,不适用上述规定。

即使紧急避险是由他人的威胁所造成的,仍适用本条前一款的规定,但是,在这种情况下,迫使他人实施行为者对受威胁者实施的行为负责。

第五十五条　因过失而造成的过度

当实施第五十一条、第五十二条、第五十三条和第五十四条规定的某一行为时,因过失而超过由法律或主管机关规定的限度,或者超过取决于需要的限度,如果行为被法律规定为过失犯罪,适用关于过失犯罪的规定。

第五十二条第二款、第三款和第四款规定的适用,行为人为了救援他自己或他人处于第六十一条第一款第五项规定的情形,或是因严重混乱所引发的危险情形中而实施行为,不受处罚。①

第五十六条　犯罪未遂

实施毫不含糊地表明旨在犯罪的、适当的行为的,如果行为尚未完成或者结果尚未发生,对犯罪未遂负责。

对犯罪未遂者的处罚是:如果法定刑为无期徒刑,处以十二年以上有期徒刑;在其他情况下,处以为有关犯罪规定的刑罚并减轻三分之一至三分之二。

如果犯罪人自愿中止行为,只有当已完成的行为本身构成其他犯罪时,才处以为该行为规定的刑罚。

如果自愿阻止结果的发生,处以为犯罪未遂规定的刑罚并减轻三分之一至一半。②

第五十七条　通过定期出版物实施的犯罪

除出版物的作者承担责任以及共同犯罪的情况外,主编或者副主编忽视对

---

① 本款由2019年4月26日第36号法律第二条第一款增加。

② 根据1980年2月6日第15号法律(《维护民主秩序和公共安全的紧急措施》)的有关规定,对于以恐怖主义或者颠覆民主秩序为目的而实施犯罪的人,“如果自愿阻止结果的发生并且为准确查清事实和其他共同犯罪人提供决定性的证据材料”,则不受处罚。这一免罚规定由1982年5月29日第304号法律(《关于维护宪法秩序的措施》)再次重申,该法律第五条第一款规定:对于以恐怖主义或者颠覆民主秩序为目的而实施的犯罪,在犯罪未遂的情况下,如果犯罪人“自愿阻止结果的发生并且为准确查清事实和其他共同犯罪人提供重要的证据材料”,则不受处罚。

其领导的定期刊物内容的检查以防止利用出版物实施犯罪的情况①发生的，如果犯罪被实施，以过失名义处以为该犯罪规定的刑罚，并且在不超过三分之一的幅度内减轻处罚。②

第五十七条之二 通过非定期出版物实施的犯罪③

对于非定期出版物，如果该出版物的作者不知情或者是不可归罪的，对出版者适用前条的规定；如果没有注明出版者或者出版者是不可归罪的，对印刷者适用前条的规定。

第五十八条 地下出版物

即使关于出版和发行定期和非定期出版物的法律规定没有得到遵守，同样适用前两条的规定。

第五十八条之二 对通过出版物实施的犯罪的追诉条件④

如果通过出版物实施的犯罪是经告诉、申请或者要求才处罚的，对于以上三条规定的犯罪也必须经告诉、申请或者要求才可予以追诉。

针对负有责任的主编或者副主编提出的告诉、申请或者要求，对于实施了犯罪的出版物作者也具有效力。

如果对出版物作者实施的犯罪必须经批准才能进行追诉，在获得该批准之前，不得对前三条规定的犯罪进行追诉。如果批准是因出版物作者的身份或者个人条件而要求的，则不适用本规定。

第二节 犯罪情节

第五十九条 未认识到的或者错误推测的情节

除法律另有规定外，对于减轻或者排除刑罚的情节，作有利于行为人的考

---

① 例如本法典第五百二十八条、第五百六十五条、第五百九十六条之二、第六百八十三条、第六百八十四条和第六百八十五条规定的犯罪。

② 本条由 1958 年 3 月 4 日第 127 号法律第一条修改。

③ 本条由 1958 年 3 月 4 日第 127 号法律第一条增加。

④ 本条由 1958 年 3 月 4 日第 127 号法律第三条增加。

虑,即使这些情节未被该人所认识或者被该人误认为不存在。[①]

对于加重刑罚的情节,只有当被行为人所认识、因过失而忽视或者因过失而误认为不存在时,才作不利于行为人的考虑。[②]

如果行为人错误地认为存在加重或者减轻情节,这样的情节不针对他加以考虑。

如果行为人错误地认为存在排除刑罚的情节,对于这样的情节作有利于行为人的考虑。但是,如果涉及因过失而造成的错误,当行为被法律规定为过失犯罪时,不排除可罚性。

第六十条　对被害人产生的错误

在对被害人产生错误的情况下,涉及被害人地位、身份或者被害人与犯罪人关系的加重情节,不作不利于行为人的考虑。

相反,被误认为存在的涉及上述地位、身份或者关系的减轻情节,则作有利于行为人的考虑。

如果有关情节涉及被害人的年龄或者其他身体的或精神的条件或素质,不适用本条的规定。

第六十一条　普通加重情节

下列情节,当不属于犯罪构成要件或者特别加重情节时,[③]使犯罪变得较为严重:

(一)出于卑劣的或者无聊的理由实施行为的;

(二)为执行或者掩盖另一犯罪而实施犯罪的,为使自己或其他人获得或者保有犯罪产物、收益或代价的,或者为使另一犯罪不受处罚而实施犯罪的;

---

① 本款由1990年2月7日第19号法律第一条修改。

② 本款由1990年2月7日第19号法律第一条增加。

③ 除本条列举的普通加重情节外,一些特别刑事立法还为某些特殊的犯罪规定了特别加重情节。例如,1991年7月12日第203号法律(《关于打击有组织犯罪的紧急规定》)针对有组织犯罪规定的特别加重情节是:采用黑手党型集团形式,或者为帮助这类犯罪集团的活动而实施犯罪。1993年6月25日第205号法律(《关于制止种族、民族和宗教歧视的紧急措施》)针对以种族、民族或宗教歧视为目的的犯罪规定的特别加重情节是:以煽动种族、民族或宗教歧视或者仇视为目的,或者为了帮助具有上述目的的组织、运动或团伙而实施犯罪。

（三）在过失犯罪中，尽管预见到结果仍实施行为的；

（四）采用了虐待手段，或者以残酷待人的方式实施行为的；

（五）利用特定的时间、地点或者人身条件以及年龄差距，以阻碍公共的或者个人的防卫的；①

（六）犯罪人在有意逃避针对前一犯罪发出的逮捕或拘禁令的执行期间实施犯罪的；

（七）在侵犯财产罪、其他对财产造成侵犯的犯罪或者出于营利目的而实施的犯罪中，使犯罪被害人遭受特别严重的财产损失的；

（八）加重或者试图加重已实施的犯罪后果的；

（九）滥用职权或者违反与公共职能、公共服务或宗教司铎身份有关义务而实施行为的；

（十）针对正在履行职务或服务的公务员、受委托从事公务的人员、具有天主教或国内合法宗教司铎身份的人员、外国的外交代表或者领事而实施侵犯行为的，或者出于行使上述职务或服务的原因而对上述人员实施侵犯行为的；

（十一）滥用家庭权力或关系、公务关系、提供劳务的关系、共同生活关系或者接待关系而实施行为的；

（十一）之二　行为人实施的犯罪根据行为地法律被认为是非法；②

（十一）之三　行为人所实施的犯罪行为对未成年人心灵造成损害，或是行为发生在学校或是其他类似机构的附近；③

（十一）之四　行为人是在适用监禁刑替代措施期间实施的非故意犯罪；④

（十一）之五　行为实施的非故意犯罪是侵犯个人生命和健康的犯罪或是侵犯人身自由的犯罪，犯罪行为实施或造成损害结果时被害者未满十八岁或是孕妇；⑤

---

① 本款由2009年7月15日第94号法律第一条第七款替代。

② 本款由2008年6月24日第125号法律第一条第一款第六项增加。2010年7月5日至7月8日，意大利宪法法院通过第249号判决认定本条违宪，实际废除。

③ 本款由2009年7月15日第94号法律第三条第二十款增加。

④ 本款由2010年11月26日第199号法律第三条增加。

⑤ 本款由2013年8月14日第93号立法性法令第一条第一款增加，又由2019年7月19日第69号法律第九条第一款修改。

（十一）之六　行为人实施的非故意犯罪，侵犯对象是在卫生机构内、社区居住或半居住的卫生机构治疗的人员，或是社会教育机构中的人员，无论卫生、教育机构是公立还是私立性质；①

（十一）之七　行为人在体育运动期间或是在体育运动进行转场间实施的犯罪，或是因为体育运动而实施的犯罪；②

（十一）之八　行为人煽动实施或实施暴力、威胁犯罪导致专业医疗人员或是社区卫生人员，包括任何实施辅助、帮助医疗、急救的人员以及从事上述专业服务的人员，或是造成上述专业服务人员在从事医疗活动中受到侵害。③

第六十一条之二　跨国犯罪加重情节

有组织犯罪集团在一个以上的国家实施犯罪，根据行为人在犯罪集团中所起的作用，应处以不超过四年有期徒刑的刑罚，那么，刑罚应当增加三分之一到一半。其他情形则适用第四百一十六条之二之一之第二款的规定。④

第六十二条　普通减轻情节⑤

下列情节，当不属于犯罪构成要件或者特别减轻情节时，使犯罪变得较轻：

（一）出于具有特殊道德或社会意义的理由实施行为；

（二）在因他人非法行为造成的义愤状态中作出反应的；

---

① 本款由2018年1月11日第3号法律第十四条第一款增加。

② 本款由2019年8月10日第77号法律第十六条第一款第一项增加。

③ 本款由2020年8月14日第113号法律第五条第一款增加。

④ 本条由2018年3月1日第21号立法政令第五条第一款第一项增加。

⑤ 除本条列举的普通减轻情节外，一些特别刑事立法还为某些特殊的犯罪规定了特别减轻情节。例如，1980年2月6日第15号法律（《维护民主秩序和公共安全的紧急措施》）针对以恐怖主义或颠覆宪法制度为目的的犯罪规定的特别减轻情节是：脱离犯罪集团，努力避免犯罪活动导致更为严重的后果，或者具体地帮助警察或司法机关收集对发现或逮捕其他共同犯罪人具有决定意义的证据材料。1987年2月18日第34号法律（《鼓励脱离恐怖主义集团的措施》）规定的特别减轻情节是：彻底脱离恐怖主义或颠覆性集团或运动。1991年3月15日第82号法律（《关于绑架罪的新规定》）规定的特别减轻情节是：在缩短绑架时间和保护被绑架人安全方面作出特别重大帮助的。1991年7月12日第203号法律（《关于打击有组织犯罪的紧急规定》）规定的特别减轻情节是：脱离犯罪集团，努力避免犯罪活动导致更为严重的后果，或者具体地帮助警察或司法机关收集对查清犯罪事实以及发现或逮捕犯罪人具有决定意义的证据材料。1990年10月9日第309号总统令针对毒品犯罪规定的特别减轻情节是：努力避免犯罪活动导致更为严重的后果，或者具体地帮助警察或司法机关削减对于实施犯罪具有重要意义的资源。

（三）在动乱人群的诱使下实施行为的，只要不属于被法律或者主管机关所禁止的会议或集会，并且犯罪人不是重罪或违警罪的惯犯、职业犯或倾向犯；

（四）在侵犯财产罪或其他对财产造成侵犯的犯罪中，使犯罪被害人遭受的财产损失特别轻微的，或者在出于营利目的而实施的犯罪中，所追求的或者获取到的利益特别微小并且所造成的损害或危险后果也特别轻微的；①

（五）被害人的故意行为与犯罪人作为或者不作为共同造成结果的；

（六）在审判前，通过赔偿损失或者在可能情况下通过返还，完全弥补了损害的，或者，在审判前并且在第五十六条最后一款规定的情况之外，采取措施自动地和有效地消除或者减轻犯罪的损害或危险后果的。

第六十二条之二　普通减轻情节②

除第六十二条规定的情节外，法官还可以考虑其他一些情节，只要他认为这样的情节可以成为减轻刑罚的合理根据。为适用本节的目的，这样的情节在任何情况下均作为单一情节加以考虑，也可以与上述第六十二条列举的一项或数项情节一并考虑。

为适用第一款的目的，在第九十九条第四款规定的情况下，对于《刑事诉讼法典》第四百零七条第二款第一项规定的犯罪，如果被判处的最低刑罚是五年以下有期徒刑，则不考虑第一百三十三条第一款第三项、第二款所列举的标准。③

在任何情形下，对于其他犯罪还没有作出之前判决时，不能单独适用第一款所规定的量刑情节。④

第六十三条　增减刑罚的适用

当法律规定刑罚在特定的幅度内增加或者减少时，如果不存在使刑罚加重

① 此项由1990年2月7日第19号法律第二条修改。

② 本条由1944年9月14日第288号立法性命令第二条增加。

③ 本款由2005年12月5日第251号法律（《关于普通减轻情节、累犯、对累犯犯罪情节的比较评判、高利贷和时效问题的规定》）增加。意大利宪法法院在2011年6月10日以第183号判决宣布第一款部分违宪，因此，第一款的规定不能适用于犯罪人随后的犯罪行为。

④ 此款由2008年7月24日第125号法律第一条第一款第六项之二增加。

或者减轻的情节，刑罚的增减以法官对犯罪人本应适用的刑罚数量为基础实行。

如果存在数个加重情节或者数个减轻情节，刑罚的增减以实行前一项增减后所产生的刑罚数量为基础实行。

当对某一情节法律规定适用不同于对有关犯罪规定的一般刑罚的刑种，或者该情节属于导致特殊后果的情节时，因其他情节而进行的增减刑罚不以对有关犯罪规定的一般刑罚为基础，而以为上述特殊情节规定的刑罚为基础。导致特殊后果的情节系指意味着增加或者减少三分之一以上刑罚的情节。[①]

如果存在数个本条第三款列举的加重情节，仅适用为其中最严重情节规定的刑罚；但是，法官可以增加该刑罚。

如果存在数个本条第三款列举的减轻情节，仅适用为上述情节规定的最轻刑罚；但是，法官可以减少该刑罚。[②]

第六十四条　在只有一项加重情节情况下减少刑罚

当存在一项加重情节并且法律未对增加刑罚作出规定时，对所实施的犯罪本应科处的刑罚在直至三分之一的幅度内增加。

但是，因上述增加刑罚而应适用的有期徒刑不得超过三十年。

第六十五条　在只有一项减轻情节情况下减少刑罚[③]

当存在一项减轻情节并且法律未对减少刑罚作出规定时，遵循下列规则：

（一）[死刑由二十四年至三十年有期徒刑替代；][④]

（二）无期徒刑由二十年至二十四年有期徒刑替代；

（三）其他刑罚在不超过三分之一的幅度内减少。

第六十六条　在数项加重情节竞合情况下对增加刑罚的限制

如果存在数项加重情节，除属于第六十三条第三款列举的情节外，因增刑

---

① 本款由1984年7月31日第400号法律（《关于刑事司法管辖权和对独任法官判决的上诉的新规定》）第五条修改。

② 根据意大利《刑事诉讼法典》的规定，在某些特别诉讼程序中，法官也有权决定减轻刑罚。参见该法典第四百四十二条和第四百四十四条。

③ 本条由1981年第689号法律第一百零一条修改。

④ 此项已废除。

而应适用的刑罚不得超过法律为有关犯罪规定的最高刑的三倍,并且任何情况下不得超过:

(一)三十年,如果是有期徒刑。

(二)五年,如果是拘役。

(三)一万零三百二十九欧元,如果是罚金;二千零六十五欧元,如果是罚款;如果法官行使第一百三十三条之二之第二款列举的增刑权,罚金和罚款的数额分别不超过三万零九百八十七欧元和六千一百九十七欧元。

第六十七条　在数项减轻情节竞合情况下对减轻处罚的限制

当存在数项减轻情节时,因减轻处罚而适用的刑罚不得低于:

(一)[十五年有期徒刑,如果法律对有关犯罪规定的是死刑;][①]

(二)十年有期徒刑,如果法律为有关犯罪规定的是无期徒刑。

其他刑罚均予减轻。在此情况下,当不属于第六十三条第三款列举的情节时,所适用的刑罚不得少于法定刑罚的四分之一。

第六十八条　对情节竞合的限制

除第十五条规定的情况外,当一项加重情节本身包含着另一项加重情节,或者一项减轻情节本身包含着另一项减轻情节时,对于犯罪人,只考虑加重处罚最多的那项加重情节或者减轻处罚最多的那项减轻情节。

如果数项加重情节或者数项减轻情节各自意味着同样幅度的刑罚增加或者刑罚减少,只适用一次加重处罚或者减轻处罚。

第六十九条　加重情节与减轻情节的竞合

当加重情节和减轻情节一同出现并且法官认为前者占优势时,不考虑为减轻情节规定的减刑,只实行为加重情节规定的增刑。

如果减轻情节被认为优于加重情节,不考虑为后者规定的增刑,只实行为减轻情节规定的减刑。

如果法官认为加重情节和减轻情节相互均等,适用在不存在上述任何情节情况下本应科处的刑罚。

---

① 此项已废除。

本条的规定也适用于与犯罪人的人身有关的情节，但第九十九条第四款以及第一百一十一条和第一百一十二条第一款第四项规定的情况除外，对于这后一类情况，禁止认为减轻情节优于加重情节；本条的规定也适用于依法应判处不同种类刑罚的情节或者应适用特殊的量刑幅度的任何其他情节。①

第六十九条之二　排除法官对量刑情节比较适用的情形②

对于《刑事诉讼法典》第四百零七条第二款第一项第一目至第六目规定的犯罪减轻量刑情节，除了《刑法典》第九十八条与第一百一十一条、第一百一十二条第一款第三目和第四目以及第二款规定的加重量刑情节同时出现的情形，不能影响判定行为人其他行为是否构成犯罪，不能认为这些量刑情节均等或是哪一项占优以决定犯罪人实施其他犯罪的量刑；或是父母、兄长或姐姐行使父母职责时，证实其他行为构成犯罪，刑罚的减轻以根据上述加重情节增刑后的刑期为基础。

第七十条　客观情节和主观情节

在刑事法律的意义上，对情节作下列分类：

（一）涉及行为的性质、种类、手段、对象、时间、地点和其他任何方式的情节，涉及损害或危险的严重程度的情节，以及涉及被害人的地位或身份的情节，是客观情节；

（二）涉及故意或过失的程度、犯罪人的地位或身份、犯罪人与被害人的关

---

① 本款由1974年6月7日第220号法律和2005年12月5日第251号法律（《关于普通减轻情节、累犯、对累犯犯罪情节的比较评判、高利贷和时效问题的规定》）修改。修改前的表述是："以上规定也适用于与犯罪人的人身有关的情节和依法应判处不同种类刑罚的情节或者应适用特殊的量刑幅度的任何其他情节。"意大利宪法法院曾于1994年4月28日以第168号判决宣告本条第四款原来的表述在以下意义上违宪：当《刑法典》第九十八条规定的减轻情节与一个或数个可导致无期徒刑处罚的加重情节竞合时，可适用第六十九条第一款的规定；当《刑法典》第九十八条规定的减轻情节与一个或数个可导致其法定基础刑为无期徒刑之犯罪的加重情节竞合时，可适用第六十九条第一款和第三款的规定。意大利宪法法院以2012年11月5日第251号判决，2014年4月18日第105号、第106号判决，2016年4月7日第74号判决，2017年7月17日第205号判决，2020年4月24日第73号判决，2021年3月31日第55号判决，2021年7月8日第143号判决宣告本款违宪，因禁止对《刑法典》第九十九条第四款规定的累犯适用减轻量刑情节。

② 本条由2018年3月1日第21号立法政令第五条第一款第二项增加。

系的情节，以及与犯罪人的人身有关的情节，是主观情节。

与犯罪人的人身有关的情节涉及的是可归罪性和累犯问题。

第三节 数 罪

第七十一条 采用单一判决或者命令对数罪处罚

当采用单一判决或者命令针对同一人的数项犯罪处罚时，适用以下各条的规定。

第七十二条 数项可能导致判处无期徒刑和有期监禁刑的犯罪①

如果数罪中的每一项犯罪均可能导致判处无期徒刑，对罪犯适用无期徒刑，并且实行白天隔离六个月至三年。

如果数罪中的一项犯罪可导致判处无期徒刑并且其他一项或数项犯罪可导致判处总合刑期超过五年的有期监禁刑，适用无期徒刑，并且实行白天隔离二个月至十八个月。

被判处无期徒刑并实行白天隔离的人应参加劳动。

第七十三条 数项可能导致判处同种类有期监禁刑或财产刑的犯罪

如果数项犯罪可能导致判处同种类有期监禁刑，只适用一种刑罚，其刑期相当于对各项犯罪本应科处的总合刑期。

当对于数罪中的每一项犯罪均应科处二十四年以上有期徒刑时，适用无期徒刑。②

同种类财产刑应当全部予以适用。

第七十四条 数项可能导致判处不同种类监禁刑的犯罪

如果数项犯罪可能导致判处不同种类的监禁刑，各种监禁刑分别地和全部地予以适用。

---

① 本条由1962年11月25日第1634号法律第二条修改。

② 意大利宪法法院于1994年4月28日以第168号判决宣告本条第二款在以下意义上违宪：“对于实施了数项犯罪的未成年人，如果对各项犯罪均可科处二十四年以上有期徒刑，则规定适用无期徒刑。”

拘役刑最后执行。

第七十五条 数项可能导致不同种类财产刑的犯罪

如果数项犯罪可能导致判处不同种类的财产刑,各种财产刑分别地和全部地予以适用。

如果财产刑的款额未被全部清偿,在转换的效果上,已清偿的款额从罚金数额中扣除。

第七十六条 被视为单一刑罚的数项刑罚或者被分别看待的数项刑罚

除法律另有规定外,依照第七十三条的规定而相互竞合的同种类刑罚,在一切法律效果上,均被视为单一刑罚。

依照第七十四条和第七十五条的规定相互竞合的不同种类刑罚,在一切法律效果上,均被视为最严重刑种的单一刑罚。但是,在执行刑罚和适用保安处分时以及在由法律规定的其他任何情况中,它们被分别看待。

如果一项财产刑与另一项不同种类的刑罚相竞合,在任何的法律效果上,它们均被分别看待。

第七十七条 附加刑的确定

为确定附加刑和处罚的其他一切刑事效果,考虑对之宣告处罚的各单项犯罪和在非数罪情况下对各单项犯罪本应科处的主刑。

如果同种类附加刑相互竞合,这些附加刑全部适用。

第七十八条 对增加主刑的限制①

在第七十三条规定的数罪的情况下,根据该条应适用的刑罚不得超过竞合刑罚中最重刑的五倍,也不得超过:

(一)有期徒刑三十年。

(二)拘役六年。

(三)罚金一万五千四百九十三欧元,罚款三千零九十八欧元;如果法官行使第一百三十三条之二之第二款规定的增刑权,罚金和罚款的最高数额分别不得超过六万四千五百五十七欧元和一万二千九百一十一欧元。

---

① 本条由1981年第689号法律第一百零一条修改。

在第七十四条规定的数罪的情况下，根据该条应科处的刑期不得超过三十年。超过此限度的刑罚在任何情况下从拘役中扣除。

第七十九条　对增加附加刑的限制

数项暂时附加刑的总合刑期不得超过以下限度：

（一）十年，如果是褫夺公职或者是禁止从事某一职业或技艺；

（二）五年，如果是停止从事某一职业或技艺。

第八十条　以数项判决或者处罚令分别科处的数项刑罚

如果在宣告一项判决或者处罚令之后，需要对同一人在受到该处罚以前或者以后实施的另一犯罪进行审判，或者对同一人需要执行数项判决或者处罚令，也适用以上各条的规定。①

第八十一条　形式竞合　连续犯罪②

对于以单一的作为或者不作为触犯不同的法律条款或者实施违反同一法律的数项侵害行为的人，按照对最严重的侵害行为本应科处的刑罚处罚，并且可在三倍的幅度内增加刑罚。

如果某人为执行同一犯罪计划，以数个作为或者不作为，造成包括在不同的时间中造成对同一法律或者该法律的不同条款的数项触犯，依照第一款规定的方式处罚。

在本条规定的情况下，刑罚不得超过依照以上各条处刑时应遵守的限度。

除第三款列举的限度外，如果形式竞合的犯罪或者连续犯罪涉及较为严重的犯罪，并且是由对其已适用了第九十九条第四款关于累犯的规定，刑罚数量的增加不得少于为最为严重犯罪规定之刑罚的三分之一。③

第八十二条　对其他人的侵害

当由于错误地使用实施犯罪的工具或者其他原因造成侵害对象以外的其

---

① 根据1982年5月29日第304号法律（《关于维护宪法秩序的措施》）第四条的规定，对于以恐怖主义或颠覆民主制度为目的的犯罪，在犯罪人脱离犯罪集团或者与警察或司法机关合作的情况下，不适用《刑法典》第八十条的规定，而采用由该法律确定的比较优惠的并罚标准。

② 本条由1974年6月7日第220号法律第八条修改。

③ 本款由2005年12月5日第251号法律（《关于普通减轻情节、累犯、对累犯犯罪情节的比较评判、高利贷和时效问题的规定》）增加。

他人受到侵害时，犯罪人就像对其所希望侵害的人实施了犯罪一样承担责任；在加重和减轻情节问题上，适用第六十条的规定。

如果，除上述其他人外，犯罪人所希望侵害的人也受到侵害，对犯罪人处以为最严重犯罪规定的刑罚，并且在直至二分之一的幅度内增加刑罚。

第八十三条　非行为人希望发生的后果

除前条规定的情况外，当由于错误地使用实施犯罪的工具或者其他原因造成与所希望的后果不同的后果时，如果有关行为被法律规定为过失犯罪，犯罪人以过失的名义对其不希望发生的后果负责。

如果犯罪人也造成了所希望的后果，适用数罪并罚的规则。

第八十四条　复合犯罪

当本身可构成犯罪的行为被法律规定为某一犯罪的构成要件或者加重情节时，不适用以上各条的规定。

如果法律在为复合犯罪确定刑罚时要求参考为构成该复合犯罪的各项行为规定的刑罚，量刑时不得超过第七十八条和第七十九条列举的最高处罚限度。

第四章　罪犯和犯罪被害人

第一节　可归罪性

第八十五条　理解和意思能力

如果某人在实施行为时是不可归罪的,不得因被法律规定为犯罪的行为受到处罚。

具有理解和意思能力的人是可归罪的。

第八十六条　以令人实施犯罪为目的使他人处于无能力状态

如果某人使他人处于无理解或意思能力状态的目的是令其实施犯罪,造成这种无能力状态的人对无能力者实施的犯罪负责。

第八十七条　预先安排的无理解或意思能力

如果某人以实施犯罪或者为自己准备借口为目的使自己处于无理解或意思能力的状态,对该人不适用第八十五条前一部分的规定。

第八十八条　完全心智丧失

在实施行为时因疾病而处于足以排除理解或意思能力的精神状态的,是不可归罪的。

第八十九条　部分心智丧失

在实施行为时因疾病而处于严重降低但未丧失理解或意思能力的精神状态的,对所实施的犯罪负责;但减轻处罚。

第九十条　激动或者冲动状态

激动或者冲动状态既不排除也不降低可归罪性。

第九十一条　产生于偶然事件或不可抗力的醉酒状态

因意外事件或者因不可抗力而处于完全的醉酒状态，从而在实施行为时不具有理解或意思能力的，不是可归罪的。

如果醉酒状态是不完全的，但仍能大大降低理解或意思能力，却不能排除该能力，刑罚予以减轻。

第九十二条　自愿的、过失的或者预先安排的醉酒状态

如果醉酒状态不是产生于意外事件或者不可抗力，既不排除也不降低可归罪性。

如果醉酒状态是为了实施犯罪或者准备借口的目的而预先安排的，刑罚予以增加。

第九十三条　在麻醉品作用下实施行为

当行为是在麻醉品作用下实施的时，也适用前两条的规定。

第九十四条　惯常性醉酒

如果犯罪是醉酒状态中实施的，并且该状态属于惯常性醉酒，刑罚予以增加。

在刑事法律的意义上，那些沉溺于饮用酒精饮料并且经常处于醉酒状态的人，被视为惯常性醉酒者。

当沉溺于使用麻醉品的人在麻醉品作用下实施犯罪时，也适用本条第一部分规定的加重处罚。

第九十五条　慢性酒精或麻醉品中毒

在因酒精和麻醉品造成的慢性中毒状态中实施行为的，适用第八十八条和第八十九条中的规定。

第九十六条　聋哑状态（sordmuto）

处于聋哑状态的人[①]在实施行为时因其残疾而不具有理解或意思能力的，是不可归罪的。

如果理解或意思能力严重降低，但未完全丧失，刑罚予以减轻。

---

① 2006年2月20日第95号法律第一条将“聋人”（sordo）改为“聋哑人”。

第九十七条　不满十四岁的未成年人

在实施行为时不满十四岁的，是不可归罪的。

第九十八条　不满十八岁的未成年人

在实施行为时已满十四岁但尚不满十八岁的，如果具有理解和意思能力，则是可归罪的；但是，刑罚予以减轻。

如果所科处的监禁刑低于五年，或者科处的是财产刑，不适用有关的附加刑。如果所科处的刑罚较重，只适用不超过五年的褫夺公职，并且在法律规定的情况下，适用停止行使父母职责①。

第二节　累犯、惯犯、职业犯和倾向犯

第九十九条　累犯②

对于在因某一非过失犯罪受到处罚后又实施犯罪者，可以将本应对新的非过失犯罪科处的刑罚增加三分之一。

有下列情形之一的，刑罚可增加至二分之一：

（一）新的非过失犯罪具有同样的性质；

（二）新的非过失犯罪是在受到前一处罚后的五年内实施的；

（三）新的非过失犯罪是在刑罚执行期间或者之后实施的，或者是在被判刑人有意躲避刑罚的执行期间实施的。

如果同时存在第二款列举的数项情形，刑罚增加一半。

如果累犯者再次实施某一非过失犯罪，在本条第一款规定的情况下，刑罚增加一半；在第二款规定的情况下，刑罚增加三分之二。

如果属于《刑事诉讼法典》第四百零七条第二款第一项列举的犯罪之一，则必须对累犯加重处罚，并且，在第二款规定的情况下，所增加的刑罚不得少于

① 参见第十九条关于父母职责的注释。本款由2013年12月28日第154号立法政令第九十三条第一款第四项将“父母权”修改为“父母职责”。

② 本条先后由1974年6月7日第220号法律第九条和2005年12月5日第251号法律第四条修改。

对新罪应处刑罚的三分之一。①

在任何情况下,因累犯而增处的刑罚不得超过在实施新的非过失犯罪前被判处刑罚的总和。

第一百条 任择性累犯

[除属于同样性质的犯罪外,法官有权在重罪与违警之间、在故意犯罪或超意图犯罪与过失犯罪之间或者在违警之间排除累犯。]②

第一百零一条 同样性质的犯罪

在刑事法律的意义上,不仅违反相同法律条款的犯罪被视为具有同样性质的犯罪,而且那些虽由本法典的不同条款或者由不同的法律规定,但在具体案件中因有关行为的本质和动机而表现出相同的基本特点的犯罪,也被视为具有同样性质的犯罪。

第一百零二条 法律所推定的惯常性

在十年内因三次同样性质的非过失犯罪而被判处总共五年以上有期徒刑的人,如果又因另一同样性质的非过失犯罪受到处罚,并且该犯罪是在先前最后一次犯罪之后的十年内实施的,将被宣告为惯犯。

被判刑人服监禁性刑罚的时间和接受监禁性保安处分的时间,不计入前一款规定的十年期限之内。

第一百零三条 法官认定的惯犯

除前条列举的情况外,如果某人在因两次非过失犯罪而受到处罚后又因另一非过失犯罪被判处刑罚,当法官根据犯罪的种类、严重程度、实施犯罪的间隔时间、犯罪人的品行和生活特点以及第一百三十三条第一款列举的其他情形认为犯罪人沉湎于犯罪时,也可以宣告该人为惯犯。

第一百零四条 违警罪惯犯

如果某人在因三次性质相同的违警罪被判处拘役刑后又因另一同样性质

---

① 意大利宪法法院于2015年7月23日以第185号判决宣布本款违宪,应限制性适用“必须”对累犯加重刑罚。

② 本条由1974年6月17日第220号法令第十条废除。

的违警罪受到处罚，当法官根据犯罪的种类、严重程度、实施犯罪的间隔时间、犯罪人的品行和生活特点以及第一百三十三条第一款列举的其他情形认为犯罪人沉湎于犯罪时，宣告该人为违警罪惯犯。

第一百零五条　职业犯

符合宣告惯犯条件的人又因另一犯罪被处以刑罚，如果根据犯罪的性质、犯罪人的品行和生活特点以及第一百三十三条第一款列举的其他情形应当认定他惯于依靠包括只是部分地依靠犯罪的所得生活，则宣告该人为职业犯或者违警罪职业犯。

第一百零六条　犯罪消灭或者刑罚消灭的影响

在累犯和宣告惯犯或者职业犯问题上，也考虑因出现使犯罪消灭或刑罚消灭的原因而受影响的处罚。①

当有关原因也使刑事后果消灭时，不适用前一款的规定。

第一百零七条　以单一判决对数个犯罪处罚

即使采用单一判决对数个犯罪宣告处罚，也同样适用有关宣告惯犯和职业犯的规定。

第一百零八条　倾向犯

虽然不属于累犯、惯犯或者职业犯，但是，如果某人在实施侵犯个人生命或健康的非过失犯罪时，并且结合第一百三十三条第一款列举的情形，反映出特别的犯罪偏好，并且这种犯罪偏好的根源在于犯罪人特有的恶性，即使上述犯罪不是被规定在本法典第二编第十二章第一节当中，均宣告该人为倾向犯。

如果犯罪偏好产生于第八十八条和第八十九条规定的疾病，则不适用本条的规定。

第一百零九条　宣告惯犯、职业犯或者倾向犯的后果

除对累犯规定的加重处罚和其他法律条款规定的特殊后果外，宣告惯犯、职业犯或者倾向犯还意味着适用保安处分。

---

① 参见本法典第一百五十条至第一百八十一条。

惯犯或者职业犯的宣告可以在任何时候作出，包括在刑罚执行之后[①]；但是，如果是在处罚判决之后作出宣告，则不考虑犯罪人后来的品行，并且已科处的刑罚保持不变。

关于倾向犯的宣告只能通过处罚判决加以认定。

关于惯犯和职业犯的宣告以及关于倾向犯的宣告因复权而消灭。[②]

第三节 共同犯罪

第一百一十条 对共同犯罪人的处罚

当数人共同实施同一犯罪时，对于他们当中的每一人，均处以法律为该犯罪规定的刑罚，以下各条另有规定者除外。

第一百一十一条 指使不可归罪的人或者不受处罚的人员实施犯罪

指使因其人身条件或者个人身份而不可归罪的或者不受处罚的人员实施犯罪的，对该人员实施的犯罪负责，并且刑罚予以增加。如果属于可因之实行当场逮捕的犯罪，刑罚增加三分之一至一半。[③]

如果指使他人实施犯罪的人是对被指使者行使父母职责的人，刑罚可增至一半；如果属于可因之实行当场逮捕的犯罪，刑罚增加的幅度为三分之一至三分之二。[④]

第一百一十二条 加重情节

有下列情况之一的，对犯罪应科处的刑罚予以增加：

(一)共同参加犯罪的人数为五人或者五人以上的，法律另有规定的除外；

(二)除以下两项规定的情况外，发起或者组织犯罪合作的，或者在共同犯罪活动中起领导作用的；

---

① 参见本法典第二百零五条的规定。

② 根据1986年10月10日第663号法律第二十一条的规定，本款所列举的宣告可以撤销。

③ 本款由1991年7月12日第203号法律修改。

④ 本款由1992年2月18日第172号法律增加，又由2013年12月28日第154号立法政令第九十三条第一款第五项修改。

(三)在行使其权力、领导或监督职责时指使其属员实施犯罪的;

(四)除第一百一十一条规定的情况外,指使不满十八岁的未成年人或者处于精神病或精神缺陷状态的人实施犯罪的,利用上述人员实施或是直接参与可因之实行当场逮捕的犯罪的。①

利用由于其人身条件或身份的原因而不可归罪者或者不受处罚者实施,或是直接参与可因之实行当场逮捕的犯罪的,刑罚可增加至一半。②

如果指使他人实施犯罪或者利用他人实施犯罪的人是对被指使者或被利用者行使父母职责的人,在第一款第四项规定的情况下,刑罚可增加至一半;在第二款规定的情况下,刑罚可增加至三分之二。③

如果某一参加犯罪的人是不可归罪的或者不受处罚的,同样适用本条第一项至第三项规定的加重处罚。

第一百一十三条　在过失犯罪中的合作

在过失犯罪中,当危害结果是由数人的合作造成时,对每人均处以为该犯罪规定的刑罚。

对于指使他人在犯罪中合作的人,当具备第一百一十一条和第一百一十二条第三项和第四项规定的条件时,刑罚予以增加。

第一百一十四条　减轻情节

如果法官认为在第一百一十条和第一百一十三条规定的情况下参加共同犯罪的人在犯罪的准备或者执行过程中只起了轻微的作用,可以减轻处罚。④

上述规定不适用第一百一十二条列举的情况。

对于被指使实施犯罪或者在犯罪中合作的人,当具备第一百一十二条第一款第三项、第四项和第三款规定的条件时,也可以减轻处罚。⑤

---

① 此项由1991年7月12日第203号法律修改,后2009年7月15日第95号法律第三条第十五款第一项增加了“直接参与犯罪”一语。

② 本款由1991年7月12日第203号法律增加,后2009年7月15日第95号法律第三条第十五款第一项增加了“直接参与犯罪”一语。

③ 本款由2013年12月28日第154号立法政令将“父母权”修改为“父母职责”。

④ 参见第六十二条关于减轻情节的注释。

⑤ 本款由1992年2月18日第172号法律修改。

第一百一十五条 为实施犯罪而达成协议 教唆

除法律另有规定外，[①]如果两人或两人以上为实施犯罪的目的而达成协议，并且该犯罪没有实施，不得仅因协议行为而对任何人予以处罚。

但是，在为实施某一重罪而达成协议的情况下，法官可以适用保安处分。

在教唆他人实施犯罪的情况下，如果教唆已被接受，但犯罪没有实施，适用同样的规定。

如果教唆没有被接受，并且属于教唆实施某一重罪，对教唆人可处以保安处分。

第一百一十六条 某一共同犯罪人不希望实施的犯罪

如果已实施的犯罪是某一共同犯罪人不希望实施的犯罪，当结果是因其作为或者不作为造成的时，该人也对该犯罪负责。

如果已实施的犯罪重于所希望实施的犯罪，对于希望实施较轻犯罪的人减轻处罚。

第一百一十七条 对某一共同犯罪人改变罪名

如果由于犯罪人的人身条件或身份或者由于犯罪人与被害人之间的关系而对某一共同犯罪人改变罪名，其他人也对相同的犯罪负责。但是，如果这后一犯罪比较严重，对于不具备上述条件、身份或者关系的人，法官可以减轻处罚。

第一百一十八条 对加重情节或者减轻情节的考虑[②]

如果使刑罚加重或者减轻的情节涉及犯罪的原因、故意的强度、过失的程度或者犯罪人的人身条件，则只针对与之有关的人员加以考虑。

第一百一十九条 对排除刑罚情节的考虑

使某一共同犯罪人不受处罚的主观情节[③]仅针对与之相关的人具有效力。

排除刑罚的客观情节针对所有共同犯罪人均具有效力。

---

① 例如本法典第二百七十条、第二百七十一条、第三百零四条、第三百零五条、第三百零六条以及第四百一十四条规定的情况。

② 本条由 1990 年 2 月 7 日第 19 号法律第三条修改。

③ 参见本法典第四十六条、第四十八条、第八十八条、第九十六条、第九十七条、第九十八条和第六百四十九条。

第四节　犯罪被害人

第一百二十条　告诉权

当对犯罪不应实行公诉或者只有在提出要求[①]或申请[②]后才予追诉时，所有受该犯罪侵害的人均享有告诉权。

对于不满十四岁的未成年人和因精神病而被禁治产的人，告诉权由其父母或者监护人行使。

已满十四岁的未成年人和准禁治产人可以行使告诉权，也可以由其父母、监护人或者保佐人代替其行使，即使该未成年人或者禁治产人以明示的或者默示的方式作出相反的意思表示。

第一百二十一条　由特别保佐人行使的告诉权

如果犯罪被害人是不满十四岁的未成年人或者精神病人，并且没有人作为他们的代表，或者行使代表权的人与上述人员发生利益冲突，告诉权由特别保佐人行使。[③]

第一百二十二条　数名被害人中的一人告诉

如果所实施的犯罪使数人受到侵害，只要被害人中一人提出告诉，即可对该犯罪处罚。

第一百二十三条　告诉的扩展

告诉当然得扩展适用于所有实施了犯罪的人。

第一百二十四条　提出告诉的期限　弃权[④]

除法律另有规定外，自得知犯罪消息之日起经过三个月，告诉权不得再行使。

如果享有行使告诉权的人以明示的或者默示的方式表示弃权，告诉权不得

---

① 参见本法典第八条至第十一条。

② 参见本法典第九条和第四百二十四条以及《刑事诉讼法典》第三百四十一条的规定。

③ 参见《刑事诉讼法典》第三百三十八条。

④ 本条中的暂停期间参见 2020 年 2 月 17 日第 18 号立法性法令第八十三条第二款的规定。

行使。

当有权提出告诉的人实行了与告诉意思不相容的行为时,构成默示弃权。

放弃告诉当然得扩展适用于所有实施了犯罪的人。

第一百二十五条 未成年人或者准禁治产人在代表人弃权情况下提出告诉

父母、监护人或者保佐人放弃提出告诉的权利,不使已满十四岁的未成年人或者准禁治产人丧失提出告诉的权利。

第一百二十六条 告诉权的消灭

告诉权随被害人死亡而消灭。

如果告诉已经提出,被害人的死亡不使犯罪消灭。

第一百二十七条 要求对侵犯共和国总统的犯罪提起诉讼①

除本法典第二编第一章规定的情况外,如果经被害人告诉才处罚的犯罪是针对共和国总统实施的,告诉由司法部部长提出的追诉要求所取代。

第一百二十八条 提出追诉要求的期限

当某一犯罪的可处罚性取决于主管机关的追诉要求时,自得知有关犯罪消息之日起经过三个月,不得再提出该要求。

当对在国外实施犯罪的处罚取决于犯罪人处于意大利领域内时,自犯罪人处于意大利领域内之日起经过三年,不得再提出追诉要求。

第一百二十九条 追诉要求的不可撤销性和扩展

主管机关提出的追诉要求是不可撤销的。

第一百二十二条和第一百二十三条的规定也适用于上述追诉要求。

第一百三十条 被害人的申请

当某一犯罪的可处罚性取决于被害人的申请时,对于该申请也适用关于追诉要求的规定。但是,在涉及被害人的权能和代表问题上,适用关于告诉的规定。

第一百三十一条 复合犯罪 公诉

在第八十四条规定的情况下,如果上述某一犯罪属于复合犯罪的构成要件或者加重情节,并且对之应当实行公诉,则对复合犯罪一律实行公诉。

---

① 本条由 1947 年 11 月 11 日第 1317 号法律第三条修改。

第五章　对于特别轻微的犯罪结果不予处罚及刑罚的变更、适用和执行[①]

第一节　对于特别轻微的犯罪结果不予处罚及刑罚的变更和适用[②]

第一百三十一条之二　对特别轻微的犯罪结果排除刑罚[③]

对于应处最高不超过五年监禁刑、单独处以财产刑或是对前述监禁刑附加财产刑的犯罪行为，根据第一百三十三条第一款的规定进行评价，对于造成的损害或危险特别轻微且不具习惯性的犯罪行为可以免除刑罚。

根据第一款的规定，下列情形下不能认为犯罪行为特别轻微：当行为人是出于卑劣的或者无聊、残忍的理由实施行为，包括对动物实施的行为，或是实施虐待或从未成年人受害人中获利，包括受害人与行为人同龄但行为是出于从犯罪结果中获利的目的，尽管不是行为人所希望的结果，但造成受害人死亡或是严重伤害的结果。实施下列重罪的犯罪行为也不能认为是特别轻微：刑罚最高不超过二年六个月的有期徒刑，在体育运动期间或是因体育运动而实施的犯罪行为，或是根据第二百二十六条、第三百三十七条及第三百四十一条之二规定

---

① 本章由2015年3月16日第28号立法性法令第一条第一款修订及替代。

② 本节由2015年3月16日第28号立法性法令第一条第一款修订。

③ 本条由2015年3月16日第28号立法性法令第一条第二款增加。意大利宪法法院于2020年6月25日以156号判决宣布第一百三十一条之二中新增的“对于没有规定最短监禁刑期不可适用犯罪行为特别轻微不予处罚”这一部分内容违宪。

的情形,犯罪行为是针对公职人员、警察或是司法警察及代表行使司法警察职能的人员,以及第三百四十三条规定的情形。[①]

行为人被宣告为惯犯、职业犯或是同一种性质的犯罪的倾向犯,包括多次实施,习惯性及重复实施的犯罪行为,可以将其中任何一个行为单独地认定特别轻微。

根据第一款的规定确定监禁刑期限,不仅仅要考虑量刑情节,同样还要考虑法律针对特殊刑罚作出的特别规定以及特殊的效力。对于最后一种情形适用第一款规定时,法官不能考虑第六十九条量刑情节规定的量刑平衡。

第一款规定的适用,当法律有规定犯罪结果或危险特别轻微的情形可以视为减轻量刑情节。

第一百三十二条　法官裁量刑罚权力:限度

在法律规定的限度内,法官根据自己的裁量适用刑罚;也应当对这一裁量权的运用作出合理解释。

除法律明确规定的情况外,在加重或者减轻处罚时,不得超越为各种刑罚确定的限度。

第一百三十三条　犯罪的严重程度:从刑罚角度的考虑

在行使前条提到的裁量权时,法官应当根据下列情况认定犯罪的严重程度:

(一)行为的性质、类型、手段、对象、时间、地点和其他方式;

(二)对犯罪被害人造成的损害或者危险的程度;

(三)故意或者过失的程度。

法官还应当根据下列情况认定犯罪人的犯罪能力:

(一)犯罪的原因和犯罪人的特点;

(二)刑事处罚前科,尤其是犯罪人在犯罪前的品行和生活;

(三)犯罪时的品行或者犯罪后的品行;

---

① 本款由2019年8月8日第77号法律第十六条第一款第二项修改,又由2020年12月18日第173号法律第七条第一款修改。

（四）犯罪人所处的个人、家庭和社会生活环境。

第一百三十三条之二　犯罪人的经济条件；在适用财产刑时的评估①

在确定罚金或者罚款的数额时，除前一条所列举的标准外，法官还应当考虑犯罪人的经济条件。

当根据犯罪人的经济条件认为最高限度的罚金或者罚款不产生作用，或者最低限度的罚金或者罚款仍过于沉重时，法官可以将法律规定的罚金或者罚款数额提高直至三倍，或者降低直至三分之一。

第一百三十三条之三　分期支付罚金或者罚款②

法官可以根据犯罪人的经济条件，在处罚判决或者处罚令中决定罚金或者罚款在三个月至三十个月内分期支付。但是，每次分期付款不得少于十五欧元。

被判刑人可以在任何时间通过一次性付款使刑罚消灭。

第一百三十四条　刑罚的计算

以时间计算的刑罚按照日、月、年适用。

在判处以时间计算的刑罚时，不考虑日以下的单位；在判处财产刑时，不考虑欧元以下的单位。

第一百三十五条　财产刑与监禁刑之间的折抵

当因任何法律效果而应在财产刑与监禁刑之间实行折抵时，每二百五十欧元财产刑换算为一日监禁刑。③

第一百三十六条　财产刑的转换方式④

因被判刑人无支付能力而未执行的罚金或者罚款，可依法实行转换。

---

① 本条由1981年第689号法律第一百条增加。

② 本条由1981年第689号法律第一百条增加。

③ 2009年7月15日第94号法律第三十二条第六十二款将“三十八欧元折抵一日监禁刑”改为“二百五十欧元折抵一日监禁刑”。

④ 本条由1981年第689号法律修改。意大利宪法法院曾于1979年11月12日以第131号判决宣告《刑法典》第一百三十六条修改前的表述违宪，该表述是：“因被判刑人无支付能力而未执行的罚金或者罚款，分别转换为不超过三年的有期徒刑和不超过二年的拘役。在这样的情况下，上述监禁刑的最低期限可以低于第二十三条和第二十五条规定的限度。被判刑人仍可以通过支付罚金或者罚款，在扣除与已执行的监禁刑相对应的款额后，终止监禁刑的执行。”

第一百三十七条　预防性羁押[①]

在判决变为不可撤销的之前受到的羁押，从暂时监禁刑的总合刑期中或者从财产刑的数额中，予以扣除。

第一百三十八条　因在国外实施犯罪而受到的处罚和预防性羁押

当在国外进行的审判应在意大利领域内重新进行时，[②]在国外执行的刑罚一律予以计算，并且考虑刑罚的种类；如果在国外实行过预先羁押，适用前一条的规定。

第一百三十九条　附加刑的计算

在计算暂时附加刑时，不考虑被判刑人服监禁或者接受保安处分的时间，也不考虑被判刑人有意逃避刑罚或者保安处分的执行的时间。

第一百四十条　［附加刑的临时适用］[③]

第二节　刑罚的执行

第一百四十一条　［监禁刑的执行　特别场所］[④]

第一百四十二条　［执行对未成年人科处的监禁刑］[⑤]

第一百四十三条　［被判刑人在监狱中的分类］[⑥]

第一百四十四条　［对执行刑罚的监督］[⑦]

第一百四十五条　被判刑人的劳动报酬

在监狱中，对被判刑人付出的劳动支付报酬。

除本应清偿的债务外，对上述劳动报酬按下列次序提取：

---

① 1984年7月28日第398号法律将原来表述的"预先监禁"（carcerazione preventiva）修改为现在的"预防性羁押"（custodia cautelare）。

② 参见本法典第十一条。

③ 本条由关于实施《刑事诉讼法典》的协调性规定废除。

④ 本条由1975年7月26日第354号法律第八十九条废除。

⑤ 本条由1975年7月26日第354号法律第八十九条废除。

⑥ 本条由1975年7月26日第354号法律第八十九条废除。

⑦ 本条由1975年7月26日第354号法律第八十九条废除。

(一)应以损害赔偿名义支付的钱款;

(二)国家为维持被判刑人生活而支出的费用;

(三)为清偿诉讼费用而应支付的钱款。

[在任何情况下,均应当为被判刑人以个人储蓄名义保留相当于报酬的三分之一的款额。该款额不受查封或扣押。]①

第一百四十六条　应当推迟执行刑罚的情况②

有下列情况之一的,推迟执行不属于财产刑的刑罚:

(一)如果刑罚针对的是妊娠的女性;

(二)如果刑罚针对的是分娩不到一年的女性;

(三)如果被判刑人被认定感染上艾滋病、根据《刑事诉讼法典》第二百八十六条之二之第二款确定的严重免疫性疾病或者其他特别严重的疾病,以致其健康状况不允许其处于监禁状态的,只要该人所处的病情发展期根据监狱卫生部门或者监狱外卫生部门的审核认为不再适合狱中的处遇条件和治疗。

在第一款第一项和第二项规定的情况下,如果根据《民法典》第三百三十条的规定母亲被宣布停止对子女的职责、新生儿死亡或被遗弃或者被托付给除母亲外的其他人,并且只要终止妊娠或者分娩已超过二个月,不实行推迟执行刑罚;已获准推迟的,予以撤销。③

第一百四十七条　可以推迟执行刑罚的情况

有下列情况之一的,可以推迟执行刑罚:

(一)如果已经提出赦免请求,并且刑罚的执行不应当根据前一条的规定被推迟;

(二)如果应当针对处于严重疾病状态的人执行限制人身自由的刑罚;

---

① 本款实际上由1975年7月26日第354号法律第二十四条第二款废除,该款的新规定是:"在任何情况下,均应当为被判刑人保留相当于五分之三的报酬额,该款额不受查封或扣押;因必须支付生活费或赔偿对狱政机关的动产或不动产造成的损失而受到查封或扣押的,不在此限。"

② 本条由2001年3月8日第40号法律第一条修改。

③ 本款由2013年12月28日第28号立法性法令第九十三条第一款第七项修改。

(三)如果应当针对其子女不满三岁的女性执行限制人身自由的刑罚。[①]

在第一项列举的情况中,推迟执行刑罚的时间总共不得超过六个月,该期限自判决成为不可撤销的之日起计算,即使后来又重新提出赦免请求。

在第一款第三项列举的情况中,如果母亲被宣布停止《民法典》第三百三十条规定的对子女的职责、新生儿死亡、被遗弃或者被托付给除母亲外的其他人,则撤销推迟执行刑罚的决定。[②]

如果存在实施犯罪的具体危险,不得作出第一款列举的决定;已作出决定的,予以撤销。[③]

第一百四十八条　被判刑后患精神病

如果在执行限制人身自由的刑罚之前或者在执行期间被判刑人患精神病,当法官认为该疾病足以妨碍刑罚的执行时,裁定推迟或者停止执行,并且将被判刑人收容于司法精神病医院[④]或者医疗看守所。如果所科处的刑罚低于三年有期徒刑或者拘役,并且被判刑人不属于重罪或违警罪的惯犯、职业犯或者倾向犯,法官可以决定不将该被判刑人收容于司法精神病医院,而收容于普通精神病医院。[⑤]

---

① 本项由2001年3月8日第40号法律第一条修改。

② 本款由2001年3月8日第40号法律第一条修改,又由2013年12月28日第154号立法政令第九十三条第一款第八项修改。

③ 本款由2001年3月8日第40号法律第一条增加。

④ 1975年7月26日第354号法律和2000年6月30日第230号共和国总统令将manicomio giudiziario改为ospedale psichiatrico giudiziario。(manicomio giudiziario和ospedale psichiatrico giudiziario指的都是司法精神病医院,这是《意大利刑法典》中规定的特定机构,作为强制性的刑罚措施,针对的是实施了重罪的精神病人、惯常性醉酒及惯常性吸食毒品的犯罪行为人。行为人收押于司法精神病医院的时长由实施犯罪行为的严重程度所决定。上述人员如只实施了违警罪或被判处二年以下有期徒刑,或只判处罚金刑,则不纳入司法精神病医院的管辖范围。manicomio giudiziario强调对犯罪行为人人格的改变,随着意大利社会和司法理念的发展,司法精神病医院的核心作用变为给上述人员提供恢复性医治措施,对精神性疾病进行治疗,通过强制性措施防止其对社会具有危险性,因此用词改为了ospedale psichiatrico giudiziario,该词侧重从伦理角度对精神病犯罪行为人、惯常性醉酒、惯常性吸食毒品人员的恢复和改变,不再强调对整体人格的改造。——译者注)

⑤ 意大利宪法法院于1975年6月19日以第146号判决宣告本条在以下意义上违宪:法官在决定将在服刑期间患精神病的被判刑人收容于司法精神病医院时裁定暂时中止限制人身自由的刑罚;以及法官在决定将被判刑人收容于医疗看守所或者普通精神病医院时也裁定中止限制人身自由的刑罚。

当导致作出上述决定的原因消失时，撤销有关的收容所决定，并且对被判刑人执行刑罚。

第一百四十九条　[囚犯保护委员会　罚款收款处]①

---

①　本条由1975年7月26日第354号法律第八十九条废除。

第六章　犯罪和刑罚的消灭

第一节　犯罪的消灭

第一百五十条　罪犯在处罚前死亡

发生在处罚之前的罪犯死亡使犯罪消灭。

第一百五十一条　大赦

大赦使犯罪消灭；如果已经宣告处罚判决，不再执行处罚判决和附加刑。①

在数罪并罚的情况下，大赦适用于符合大赦条件的各单项犯罪。

因大赦而消灭的犯罪仅限于在大赦令发布的前一天已经实施的犯罪，除非大赦令另外规定了日期。

大赦可以附加条件或者义务。

大赦不适用于第九十九条后几款规定的累犯情况，也不适用于惯犯、职业犯和倾向犯，除非大赦令作出不同的规定。

第一百五十二条　撤回告诉

对于经被害人告诉才处罚的犯罪，撤回告诉使犯罪消灭。

撤诉分为诉讼中的或诉讼外的。诉讼外的撤诉分为明示的和默示的。当告诉人完成了与坚持告诉的意愿不相容的行为时，构成默示的撤诉。

告诉只能在宣告处罚判决之前撤回，法律另有规定的情况除外。

撤诉不得附加期限或者条件。在撤诉时可以表示放弃要求返还和赔偿损

---

① 意大利宪法法院于 1971 年 7 月 14 日以 175 号判决宣告本款在以下意义上违宪：它没有规定被告人有权放弃大赦的适用而要求对案件进行审判，从而通过这种审判获得关于自己完全无罪的认定。

失的权利。

第一百五十三条　撤诉权的行使　无权能情况

对于不满十四岁的未成年人和因精神病而被禁治产者，撤回告诉的权利由其法定代理人行使。

已满十四岁的未成年人和准禁治产者可以行使撤回告诉的权利，即使告诉是由其代理人提出的；但是，在任何情况下，未经该代理人准可，撤诉不具有效力。

代理人可以撤回由他自己或者被代理人提出的告诉；但是，如果被代理人作出相反的意思表示，撤诉不具有效力。

以上各款的规定也适用于未成年人在告诉提出之后满十四岁的情况。

第一百五十四条　数人告诉：只有一人撤诉

如果告诉是由数人提出的，只有当所有的告诉人均撤回告诉时，犯罪才消灭。

如果在数名犯罪被害人中只有一人提出告诉，该人所作的撤诉不妨碍其他人行使告诉权。

第一百五十五条　撤诉的接受

如果被告诉人以明示的或者默示的方式拒绝接受撤诉，撤诉不发生效力。当被告诉人完成了与接受撤诉的意愿不相容的行为时，构成默示的拒绝。

如果只针对共同犯罪人中的一人提出撤诉，该撤诉也扩大及其他人，但是，对于拒绝接受撤诉的人不发生效力。

关于接受撤诉的权能，适用第一百五十三条的规定。

如果被告诉人是未成年人或者是精神病患者，并且没有任何代理人，或者行使代理权的人与被告诉人发生利益冲突，接受撤诉的权利由特别保佐人行使。

第一百五十六条 撤诉权的消灭

撤回告诉的权利随犯罪被害人死亡而消灭。①

第一百五十七条 时效 时效的必要时间②

在相当于最高法定刑期的时间经过之后,时效使犯罪消灭;在任何情况下,对于重罪在不少于六年的时间经过之后,对于违警罪在不少于四年的时间经过之后,即使对这些犯罪已单处罚金刑,时效使犯罪消灭。

为确定时效的必要时间,考虑法律为既遂或者未遂犯罪规定的最高刑罚,不考虑为各加重情节规定的最高限度的增刑和为各减轻情节规定的最低限度的减刑,除非法律为加重情节规定的是与普通刑罚的种类不同的刑罚并且具有特殊的后果,在此种情况下,考虑为加重情节规定的最高增刑幅度。

不适用第六十九条的规定,时效的必要时间根据第二款的规定确定。

当法律规定对犯罪并处监禁刑和财产刑或者在这两种刑罚中选择其中之一时,为确定时效的必要时间,只考虑监禁刑。

当法律为犯罪规定的是不同于监禁刑和财产刑的其他刑罚时,适用三年的时效期限。

对于《刑事诉讼法典》第三百七十五条第三款、第四百四十九条、第五百八十九条第二款和第三款、第五百八十九条之二规定的犯罪以及第五十一条第三款之二和第三款之四规定的犯罪,以上各款规定的时效期限加倍计算。对于本

---

① 意大利宪法法院于1975年6月19日以第151号判决宣告本条在以下意义上违宪:它没有赋予犯罪被害人的继承人以撤回告诉的权利,如果所有的继承人都同意行使此权利的话。

② 2005年12月5日第251号法律(《关于普通减轻情节、累犯、对累犯犯罪情节的比较评判、高利贷和时效问题的规定》)对本条规定的时效制度作出重大修改。修改前的条款如下:"以下时间的经过使犯罪消灭:(1)二十年,如果法律为犯罪规定的刑罚是二十四年以上有期徒刑;(2)十五年,如果法律为犯罪规定的刑罚是十年以上有期徒刑;(3)十年,如果法律为犯罪规定的刑罚是五年以上有期徒刑;(4)五年,如果法律为犯罪规定的刑罚是五年以下有期徒刑或者拘役;(5)三年,如果属于依法应判处拘役的违警罪;(6)二年,如果属于依法应判处罚款的违警罪;为确定时效的必要时间,考虑法律为既遂或者未遂犯罪规定的最高刑罚,并且考虑为各加重情节规定的最高限度的增刑和为各减轻情节规定的最低限度的减刑。在加重情节与减轻情节并存的情况下,为此也适用第六十九条的规定。当法律规定对犯罪并处监禁刑和财产刑或者在这两种刑罚中选择其中之一时,为确定时效的必要时间,只考虑监禁刑。"

款规定的加倍计算时效同样适用于刑法典第二编第六章之二规定的重罪，第五百七十二条、第二编第十二章第三节第一部分规定的罪行，以及第六百零九条之二、第六百零九条之四、第六百零九条之五、第六百零九条之八，除了存在第六百零九条之二之第三款和第六百零九条之四之第四款规定减轻量刑情节的情形。①

时效一律可由被告人以明示的方式放弃。

对于法律规定应判处无期徒刑或者适用加重情节的后果为无期徒刑的犯罪，时效不使犯罪消灭。

第一百五十八条　时效期限的计算

对于既遂犯罪，时效的期限自既遂之日起计算；对于未遂犯罪，自犯罪人终止行为之日起计算；对于持续的或者连续的犯罪，自持续或者连续状态终止之日起计算。②

当法律规定犯罪的可罚性依赖于某一条件的出现时，时效的期限自该条件出现之日起计算。但是，对于经告诉、申请或者要求才处罚的犯罪，时效的期限自犯罪实施之日起计算。

对于《刑事诉讼法典》第三百九十二条第一款之二规定的犯罪，如果犯罪行为是针对未成年人所实施的，除了之前已经执行的刑罚，时效的期限自受犯罪侵害人年满十八岁之日起计算。在最后一种情形中，时效期限从获知犯罪消息之日起计算。③

---

① 本款分别由 2008 年 7 月 24 日第 125 号法律第四条第一款第一项、2015 年 5 月 22 日第 68 号法律第一条第六款、2016 年 7 月 11 日第 133 号法律第一条第四款修改。意大利宪法法院于 2014 年 5 月 25 日以第 143 号判决宣布本款“对于故意纵火罪可以使用加倍计算时效”部分违宪。

② 本款由 2019 年 1 月 9 日第 3 号法律第一条第二款修改。

③ 本款由 2017 年 6 月 23 日第 103 号法律第一条第十款增加，适用本款应参照 2017 年第 103 号法律第一条第十五款的规定。

第一百五十九条　时效的停缓[①]

在刑事诉讼程序或者预防性羁押因法律的特别规定而停缓的情况下，以及在以下情况下，时效处于停缓状态：

（一）等待对诉讼的批准，这一过程从检察官提出控诉之日到有管辖权的司法机关接受之日；[②]

（二）将问题推至另一审判，这一期限从原司法机关寄出到另一司法机关决定接受之日；[③]

（三）由于当事人或辩护人受阻的原因或者根据被告人或其辩护人的请求而暂时停缓刑事诉讼程序。在由于当事人或辩护人受阻而暂缓诉讼程序的情况下，庭审的推迟不得超过可预见的受阻原因终止之日的第六十日，否则，应当考虑超过六十日的受阻时间。《刑事诉讼法典》第七十一条第一款和第五款规定的权利仍予保留；

（三）之二　刑事诉讼程序停缓根据《刑事诉讼法典》第四百二十条之四的规定；[④]

（三）之三　需要外国公证的情形，对诉讼日期的起算，从公证人开始处理之日起至被请求方主管机关接收到请求文件之日或是从公证人开始处理之日起六个月。[⑤]

时效自有关的停缓原因终止之日起继续计算。

---

① 2005年12月5日第251号法律（《关于普通减轻情节、累犯、对累犯犯罪情节的比较评判、高利贷和时效问题的规定》）对本条规定的时效制度作出修改。修改前的条款如下："在等待对诉讼的批准、将问题推至另一审判、根据法律的特别规定暂缓刑事诉讼或者停止计算预防性羁押期限等情况下，时效处于停缓状态。在第一款规定的等待对诉讼的批准的情况下，时效的停缓自公诉人提出相关请求之日起发生。时效自有关的停缓原因消除之日起继续计算。在等待诉讼的批准的情况下，时效自主管机关接受有关要求之日起继续计算。"

② 本款由2017年6月23日第103号法律第一条第十一款第一项修改。

③ 本款由2017年6月23日第103号法律第一条第十一款第一项修改。

④ 本款由2014年4月28日第67号法律第十二条第一款增加。意大利宪法法院于2015年3月25日以第45号判决宣布本款部分违宪，由于当事人的精神状态受阻而无法参加诉讼或停缓，如果当事人的精神状态是可恢复的，不能够排除时效期限的计算停缓。

⑤ 本款由2017年6月23日第103号法律第一条第十一款第二项增加。

第一百六十条 时效的中断

关于适用人身防范措施的裁定,关于认可拘留或逮捕的裁定①,向公诉人报到,在公诉人、代表公诉人的司法警察或者法官面前接受讯问②或是向法官决定就撤销案件的请求进行庭审合议③,关于提交审判的要求④,关于进行初步庭审的命令⑤,关于进行简易审判的裁定⑥,关于就适用刑罚的要求进行庭审的命令⑦,提交或者传唤参加快速审判⑧,关于立即审判的命令⑨,关于进行审判的命令⑩以及关于传唤受审的命令⑪,均使时效中断。⑫

被中断的时效自中断之日起重新开始计算。如果存在数个中断原因,时效自最后一个中断原因重新开始计算;但是,在任何情况下,第一百五十七条规定的期限的延长不得超过第一百六十一条第二款规定的限度,但对于《刑事诉讼法典》第五十一条第三款之三和第三款之四列举的犯罪除外。⑬

第一百六十一条 时效停缓和中断的效力

时效的中断对于所有实施了犯罪的人均具有效力。时效的停缓仅限于对当事人进行的诉讼程序具有效力。⑭

除《刑事诉讼法典》第五十一条第三款之三和第三款之四列举的犯罪外,

---

① 参见《刑事诉讼法典》第三百九十一条第四款。

② 参见《刑事诉讼法典》第六十四条、第六十五条、第二百九十四条、第三百七十四条第二款、第三百八十八条、第三百九十一条第三款、第四百二十一条第二款、第四百二十二条第三款。

③ 参见《刑事诉讼法典》第四百零九条第三款和第四百一十条第三款。

④ 参见《刑法诉讼法典》第四百一十六条和第四百一十七条。

⑤ 参见《刑事诉讼法典》第四百一十八条。

⑥ 参见《刑事诉讼法典》第四百四十条第一款和第二款。

⑦ 参见《刑事诉讼法典》第四百四十七条第三款。

⑧ 参见《刑事诉讼法典》第四百五十条和第五百六十六条。

⑨ 参见《刑事诉讼法典》第四百 十九条第五款和第六款、第四百五十五条、第四百五十六条和第四百六十四条第一款。

⑩ 参见《刑事诉讼法典》第四百二十四条第一款和第四百二十九条。

⑪ 参见《刑事诉讼法典》第五百五十四条第一款和第二款、第五百五十五条、第五百六十条、第五百六十二条和第六百零一条。

⑫ 本款由2019年1月9日第3号法律第一条第一款第六项修改。

⑬ 此款由2005年12月5日第251号法律第六条修改。

⑭ 此款由2017年6月23日第103号法律第一条第十三款替代。

在任何情况下，时效的中断不得使时效必经时间增加四分之一；对于第三百一十八条、第三百一十九条、第三百一十九条之三、第三百一十九条之四、第三百二十条、第三百二十一条、第三百二十二条之二以及第六百四十条之二规定罪名中涉及本款出现的重罪，以及在第九十九条第二款规定的情况下，时效中断不得使时效必经时间增加至一半；在第九十九条第四款规定的情况下，不得使时效必经时间增加三分之二；在第一百零二条、第一百零三条和第一百零五条规定的情况下，不得使时效必经时间增加一倍。①

第一百六十一条之二　撤销计算时效的过程②

罪行时效的计算终结以第一审法院宣布判决为准。但是，在宣布废除的情形下，意味着第一审程序的倒退或是退回前一个程序阶段，时效的期限从正式宣布废除之日起重新计算。

第一百六十二条　违警罪的保证金

当法律对某些违警罪只规定处以罚款时，允许违警人在法庭辩论开始之前或者在宣告处罚令之前交纳一笔相当于法律为有关违警罪规定的最高罚款额三分之一的钱款，该款额不包括诉讼费。

交纳上述保证金使犯罪消灭。

第一百六十二条之二　为可处以其他刑罚的违警罪交纳保证金③

当法律规定对某些违警罪可处以拘役或者罚金时，可以允许违警人在法庭辩论开始之前或者在宣告处罚令之前交纳一笔相当于法律为有关违警罪规定的最高罚款额一半的钱款，该款额不包括诉讼费。

在请求交纳保证金时，违警人应当寄存一笔相当于上述最高罚款额一半的钱款。

当出现第九十九条第四款、第一百零四条或者第一百零五条规定的情况时，不允许交纳保证金；当可由违警人排除的损害结果或者危险结果持续存在

① 此款由 2017 年 6 月 23 日第 103 号法律第一条第十四款替代。

② 本条由 2021 年 9 月 27 日第 134 号法律第二条第一款第三项增加。

③ 本条由 1981 年 11 月 24 日第 689 号法律第一百二十六条增加。

时，也不允许交纳保证金。

在任何其他情况下，法官考虑到行为的严重程度，可以采用裁定的方式驳回关于交纳保证金的请求。

在第一审的最后辩论开始之前，可以再次提出交纳保证金的请求。

交纳本条第一款列举的钱款使犯罪消灭。

第一百六十二条之三　恢复性行为以消灭犯罪①

控告人撤回告诉，且被告人全部恢复了因犯罪造成的损害，包括以恢复或是补偿的方式，消除可能的损害后果或是危险状态，法官在听取当事人和犯罪人意见后、第一审辩论开始之前，可以宣告犯罪消灭。被告人根据《民法典》第一千二百零八条及后续条款规定，以实际捐赠的方式但未被受害人所接受的，或是被法官所认可，以恢复性的名义提供的捐赠钱款的，同样能够被认可是对犯罪损害的补偿。

当被告人出现欠缺适当履行能力情形时，对于他所没有偿还的部分，在第一款规定的日期前，被告人应要求法官在不超过六个月的期限内，确定另一个新的日期以进行偿还钱款，或是以赔偿的名义通过分期付款的形式缴纳应赔偿的总金额；在此情形下，法官如果接受了请求，应裁定程序停缓并在规定的期限之内确定后续的庭审日期，但应在之前日期的九十日内，以确定期限的计算。程序停缓期限内，时效期限的计算也停缓。适用第二百四十条第二款规定。

按照第一款规定，由恢复性行为产生的积极效果，法官应宣告犯罪消灭。

第一百六十三条　缓刑②

当宣告不超过二年的有期徒刑或拘役时，或者当单处或与监禁刑并处的财产刑依据第一百三十五条折抵后相当于总共不超过二年的剥夺自由刑时，法官可以决定：在五年的期限内暂缓执行刑罚，如果处罚针对的是重罪；或者在二年的期限内暂缓执行刑罚，如果处罚针对的是违警罪。在与不超过二年的监禁刑并处罚金的情况下，当根据第一百三十五条进行折抵后的总刑期超过二年时，

---

① 本条由2017年6月23日第103号法律第一条第一款增加。

② 本条由1981年第689号法律第一百零四条修改。

法官可以裁定监禁刑的执行予以暂缓。①

如果犯罪是由不满十八岁的未成年人实施的，当所科处的限制人身自由的刑罚不超过三年时，或者当单处或与监禁刑并处的财产刑依据第一百三十五条折抵后相当于总共不超过三年限制人身自由刑时，可以裁定暂缓执行。在与不超过三年的监禁刑并处罚金的情况下，当根据第一百三十五条进行折抵后的总刑期超过三年时，法官可以裁定监禁刑的执行予以暂缓。②

如果犯罪是由已满十八岁但不满二十一岁的人实施的，或者是由已满七十岁的人实施的，当所科处的限制人身自由刑不超过二年六个月时，或者当单处或与监禁刑并处的财产刑依据第一百三十五条折抵后相当于总共不超过二年六个月限制人身自由刑时，可以裁定暂缓执行。在与不超过二年六个月的监禁刑并处罚金的情况下，当根据第一百三十五条进行折抵后的总刑期超过二年六个月时，法官可以裁定监禁刑的执行予以暂缓。③

如果所科处的刑罚不超过一年，并且在宣告一审判决之前有关损害已经通过赔偿或者可能情况下的返还完全予以弥补，当犯罪人在第五十六条第四款规定的情况以外并且在上述期限内努力主动地和有效地排除或者减轻可由其排除的犯罪损害结果或危险结果时，法官可以裁定：在根据第一百三十五条折抵财产刑的情况下确定的刑罚暂缓执行一年。④

第一百六十四条　适用缓刑的限度⑤

只有当法官根据第一百三十三条列举的情节推定犯罪人将不再实施新的犯罪时，才允许适用缓刑。

有下列情形之一的，不得适用缓刑：

（一）以前曾因重罪受到过监禁刑处罚的，即使已经被宣告复权；被宣告为重罪或违警罪惯犯或者职业犯的；

---

① 本款最后一句由2004年6月11日第145号法律第一条增加。

② 本款最后一句由2004年6月11日第145号法律第一条增加。

③ 本款最后一句由2004年6月11日第145号法律第一条增加。

④ 本款由2004年6月11日第145号法律第一条增加。

⑤ 本条由1974年6月7日第220号法律第十二条修改。

(二)由于犯罪人被法律推定为具有社会危险性的人,应当在刑罚以外附加适用人身保安处分的。

刑罚的暂缓执行使保安处分不可适用,但没收财产除外。

缓刑只能适用一次。但是,在科处新的刑罚时,如果应科处的刑罚与在前一次处罚中科处的刑罚相加不超过第一百六十三条规定的限度,法官也可以决定适用缓刑。[①]

第一百六十五条　被判刑人的义务[②]

缓刑的适用可以以履行返还义务、支付以赔偿损失名义清算的钱款、支付暂时确定的赔偿数额、为弥补损害而公布处罚判决等为条件;除法律另有规定的情况外,还可以以排除犯罪的损害或危险结果或者在被判刑人不反对的情况下为集体提供一段时间的无酬服务活动为条件,在任何情况下,这种无酬服务活动的时间不超过被暂缓执行的刑罚的刑期,并且遵循由法官在处罚判决中列举的方式。[③]

对于曾经享受过缓刑待遇的人,缓刑的适用可以以履行前款规定的某一义务为条件。[④]

当刑罚的有条件暂缓是根据第一百六十三条第四款允许的时,不适用第二款的规定。[⑤]

对于判处第三百一十四条、第三百一十七条、第三百一十八条、第三百一十九条、第三百一十九条之三、第三百一十九条之四、第三百二十条、第三百二十一条和第三百二十二条之二罪名的判决,缓刑的适用应支付一笔根据第三百二十二条之四的规定以经济弥补名义而确定的钱款,进一步的权利由赔偿损害所

---

① 意大利宪法法院于1976年4月28日以第95号判决宣告本条最后一款在以下意义上违宪:在先科处的监禁刑没有被暂缓执行的情况下,如果随后应科处的刑罚与在前一次处罚中科处的刑罚相加不超过第一百六十三条规定的限度,它没有允许对处于此种条件下的被判刑人也适用缓刑。

② 本条由1981年第689号法律第一百二十八条修改。

③ 本款由2004年6月11日第145号法律第二条修改。

④ 本款由2004年6月11日第145号法律第二条修改。

⑤ 本款由2004年6月11日第145号法律第二条增加。

确定。①

对于涉及第五百七十五条重罪未遂的判决,或对于第五百七十二条、第六百零九条之二、第六百零九条之三、第六百零九条之四、第六百零九条之五、第六百零九条之八、第六百一十二条之二犯罪既遂或未遂情形,以及第五百八十二条、第五百八十三条之五犯罪根据第五百七十六条第一款第二项、第五项、第五项之一及第五百七十七条第一款第一项、第二款规定的加重情节,缓刑实施的条件可以规定参加在从事预防性措施的单位或社团举行的一项特定恢复性活动,以帮助被判刑人获得心理上的帮助和恢复。②

法官在判决中确定上述义务应当获得履行的期限。

对于实施第六百二十四条之二罪行的判决,缓刑的条件可以是支付所有应赔偿受犯罪侵害人所损失的钱款。③

第一百六十六条　缓刑的效力④

缓刑的适用扩及附加刑。但是,对于实施了第三百一十四条第一款、第三百一十七条、第三百一十八条、第三百一十九条、第三百一十九条之二、第三百一十九条之三、第三百一十九条之四之第一款、第三百二十条、第三百二十一条、第三百二十二条、第三百二十二条之二及第三百四十六条之二规定的重罪判决,法官可以规定缓刑的效力不及于褫夺公权,剥夺与公共行政部门签约权能的附加刑。⑤

在任何情况下,宣告缓刑本身不得成为适用防范措施的理由,也不妨碍取得公共或私人劳动岗位,但法律明确规定的情况除外;也不得成为拒绝给予工作所需要的准可、许可或者批准的理由。

第一百六十七条　犯罪的消灭

如果在规定的期限内被判刑人没有实施重罪或者同样性质的违警罪,并且

---

① 本款由2015年5月27日第69号法律第二条第一款增加,又由2019年1月9日第3号法律第一条第一款第七项替代。

② 本款由2019年6月19日第69号法律《缓刑的条件》第六条第一款增加。

③ 本款由2019年4月26日第36号法律第三条第一款增加。

④ 本条由1990年2月7日第19号法律第四条修改。

⑤ 本款由2019年1月9日第3号法律第一条第一款第八项修改。

履行了为其规定的义务，犯罪消灭。

在这种情况下，刑罚不再执行。①

第一百六十八条　缓刑的撤销②

除第一百六十四条最后一款规定的情况外，如果在规定的期限内被判刑人有下列情形之一的，缓刑当然撤销：

（一）实施某一应处以监禁刑的重罪或者同样性质的违警，或者未履行为其规定的义务的；

（二）因先前实施的犯罪又一次受到处罚，这后一刑罚与被暂缓执行的刑罚相加超过了第一百六十三条规定的限度的。

如果被判刑人因先前实施的犯罪又一次受到处罚，这后一刑罚与被暂缓执行的刑罚相加未超过第一百六十三条规定的限度，法官考虑到犯罪的性质和严重程度，可以撤销暂缓执行刑罚的决定。

如果缓刑的适用是在存在阻碍原因的情况下违反第一百六十四条第四款的规定而决定的，也予以撤销。即使缓刑是根据《刑事诉讼法典》第四百四十四条第三款的规定决定的，也同样予以撤销。③

第一百六十八条之二　因被告人悔罪实施的缓刑④

对只处以财产刑或最高不超过四年监禁刑的犯罪，或者是单独、附加或可选择处以财产刑的犯罪，以及根据《刑事诉讼法典》第五百五十条第二款规定的重罪，被告人可以要求通过悔罪程序而适用缓刑。

悔罪意味着体现出能够在犯罪之前数次实施消除损害后果或是危险的行为，或是在可能的情形下，赔偿因犯罪行为造成的损害。另外，还意味着被告人能够进行社会服务，进行社会服务是指行为人能够通过积极的行动表现愿意恢复给社会造成损失的意愿，或是遵守与社会服务、卫生医疗机构关系的相关规定，以及对居所、自由迁徙，以及禁止出入规定地点的规定。

---

① 本款由1990年2月7日第19号法律第六条修改。

② 本条由1974年6月7日第220号法律修改。

③ 本款由2001年3月26日第128号法律第一条增加。

④ 本条由2014年4月28日第67号法律《悔罪》第三条第十一款增加。

允许进行悔罪是指在公益场所工作。公益场所的工作是指提供无偿服务,同样包括被告人提供具有专业技能及才能的服务,时长不低于十日,在有利于集体工作的情形下,服务可以是不连续进行的,服务应在国家、大区、省、市镇的卫生医疗机构,或是在单位或组织,包括在意大利运营的国际组织中提供社会协助、志愿卫生服务。提供服务不得有损被告人的工作、研究、家庭及健康的需要,白天不得超过八小时。

允许被告人通过悔罪停缓程序只能实施一次。

通过悔罪停缓程序不可以适用于第一百零二条、第一百零三条、第一百零四条、第一百零五条及第一百零八条的罪名。

第一百六十八条之三　通过悔罪缓刑的效力①

在通过悔罪缓刑的过程中,对罪行时效的计算停缓。不可以适用第一百六十一条第一款的规定。

悔罪能够起到消灭罪行的积极效果。消灭的罪行不影响适用法律规定附加的行政处罚。

第一百六十八条之四　撤销通过悔罪的缓刑②

通过悔罪实施的缓刑程序在下列情形下应撤销:

(一)严重或反复违反执行处遇计划或是规定内容,或是拒绝在公益场所提供服务;

(二)悔罪期间实施了一个新的非过失重罪或是与之前程序中相同性质的犯罪。

第一百六十九条　对不满十八岁未成年人的司法宽免

如果法律对不满十八岁未成年人实施的犯罪规定处以最高不超过二年的限制人身自由的刑罚或者最高不超过五欧元的财产刑,即使后一刑罚与前一刑罚并处,当考虑到第一百三十三条列举的情节推测犯罪人将不再实施新的犯罪时,法官可以不宣布移交审判。

---

① 本条由2014年4月28日第67号法律第三条第十一款增加。

② 本条由2014年4月28日第67号法律第三条第十一款增加。

当进行有关审判时，法官可以依据同样的理由在判决书中不宣告处罚。

以上规定不适用于第一百六十四条第一款第一项规定的情况。

司法宽免只能准予一次。①②

第一百七十条　作为另一犯罪前提条件、构成要件或者加重情节的犯罪的消灭

当某一犯罪是另一犯罪的前提条件时，使前一犯罪消灭的原因不扩及后一犯罪。

当某一犯罪是另一复合犯罪的构成要件或者加重情节时，该犯罪的消灭原因不扩及复合犯罪。

当犯罪相互联系时，其中某一犯罪的消灭不排除对其他犯罪因牵连关系而导致的加重处罚。

第二节　刑罚的消灭

第一百七十一条　罪犯在宣告处罚后死亡

在宣告处罚判决后发生的罪犯死亡使刑罚消灭。

第一百七十二条　有期徒刑和罚金刑因时间经过而消灭

有期徒刑在经过相当于所处刑期两倍的时间后消灭，在任何情况下，上述时间不超过三十年并且不少于十年。

罚金刑在经过十年后消灭。

当罚金刑与有期徒刑并处时，为确定其中某一刑罚是否消灭，只考虑为有期徒刑规定的经过时间。

有关期限自处罚变为不可撤销的之日起计算，或者自被判刑人有意逃避已

---

①　意大利宪法法院于 1973 年 7 月 5 日以第 108 号判决宣告此款在以下意义上违宪：它没有允许针对与受到司法宽免的犯罪具有连续关系的其他犯罪扩展适用司法宽免。

②　意大利宪法法院于 1976 年 7 月 7 日以第 154 号判决宣告此款在以下意义上违宪：对于在第一次作出宽免判决之前实施的犯罪，如果所科处的刑罚未超过适用司法宽免的刑期限度，它不允许适用宽免。

开始的刑罚执行之日起计算。

如果刑罚的执行依赖于某一期限的届满或者某一条件的出现,刑罚消灭所需要的时间自该期限届满或者该条件出现之日起计算。

在数罪并罚的情况下,刑罚的消灭只针对单个犯罪而言,即使数项刑罚是在同一判决中科处的。

如果属于第九十九条后几款规定的累犯情况或者属于惯犯、职业犯或倾向犯,或者被判刑人在刑罚消灭所必须经过的时间中又因同样性质的犯罪被判处有期徒刑,不发生刑罚的消灭。

第一百七十三条　拘役刑和罚款刑因时间经过而消灭

拘役刑和罚款刑在经过五年后消灭。如果属于第九十九条后几款规定的累犯情况或者属于惯犯、职业犯或倾向犯,上述期限延长一倍。

如果罚款与拘役并处,为确定其中某一刑罚的消灭,只考虑为拘役规定的经过时间。

为计算有关的期限,适用前条第四款、第五款和第六款的规定。

第一百七十四条　特赦和恩赦

特赦和恩赦免除已科处的全部或部分刑罚,或者将其改变为法律规定的其他种类的刑罚。它们不使附加刑消灭,除非有关命令作出不同的规定;它们也不使处罚的其他刑事效果消灭。

在数罪并罚的情况下,特赦只能在根据数罪并罚的规定对刑罚进行累计后适用一次。

对于特赦,遵循第一百五十一条最后三款中的规定。

第一百七十五条　在司法档案证明书中不提及处罚①②

如果在首次受处罚时被判处的监禁刑不超过二年或者财产刑不超过五百一十六欧元,法官考虑到第一百三十三条规定的情节,可以在判决中决定:不在

---

① 本条由 1981 年第 689 号法律第一百零四条修改。

② 意大利宪法法院于 1988 年 3 月 17 日以第 304 号判决宣告本款在以下意义上违宪:当法官单处的财产刑不超过一百万里拉,即按照第一百三十五条的规定折抵后相当于二年监禁刑时,不能适用在司法档案证明书中不提及处罚。

应私人要求寄发的司法档案证明书中提及处罚，但与选举权有关的司法档案证明书除外。[①]

如果并处的监禁刑不超过二年并且财产刑在根据第一百三十五条的规定折抵并与上述监禁刑相加后总共剥夺被判刑人人身自由的时间不超过三十个月，也可以允许不提及处罚。

如果被判刑人后来又实施了重罪，不提及先前处罚的决定予以撤销。

第一百七十六条　假释[②]

被判处监禁刑的人在刑罚执行期间表现良好，令人确信有所悔改的，如果至少已服刑三十个月或者至少已服满所判刑期的一半并且剩余的刑期不超过五年，可以获准假释。

如果属于第九十九条后几款规定的累犯情况，为获准假释，被判刑人应当至少服刑四年并且至少服满所判刑期的四分之三。

被判处无期徒刑的人，在至少服刑二十六年后，可以获准假释。[③]

获准假释以履行因犯罪而承担的民事责任为条件，除非被判刑人证明自己处于不能履行该责任的状况。

第一百七十七条　假释的撤销或者刑罚的消灭[④]

对于获准假释的人，在处罚判决中或者在随后的决定中科处的监禁性保安处分暂缓执行。如果被假释的人实施了某一重罪或者同一性质的违警罪，或者违反第二百三十条第二项规定的监视自由的义务，假释将予以撤销。在这种情

---

① 意大利宪法法院于 1984 年 6 月 7 日以第 155 号判决宣告本款在以下意义上违宪：当对先前实施的犯罪判处的刑罚与已科处的刑罚相加不超过本款规定的限度时，不能允许进一步实行在司法档案证明书中不提及处罚。

② 本条由 1962 年 11 月 25 日第 1634 号法律第二条修改。

③ 本款由 1986 年 10 月 10 日第 663 号法律第二十八条修改，原先条款为被判处无期徒刑者规定的最短服刑期限为二十八年。

④ 本条由 1962 年 11 月 25 日第 1634 号法律第二条修改。

况下，在假释中度过的时间不计入刑期，并且被判刑人不得再次获准假释。[1][2][3]

在所判处的刑期时间全部经过后，或者在自决定假释之日起经过五年后，如果属于被判处无期徒刑的人，在没有发生任何导致撤销假释的原因的情况下，刑罚消灭，并且撤销法官在处罚判决中或者在随后的决定中适用的人身保安处分。

第一百七十八条　复权

复权使附加刑和处罚的其他一切刑事后果消灭，但法律另有规定的情况除外。

第一百七十九条　复权的条件

自主刑执行完毕或者以其他方式消灭之日起经过至少三年，[4]并且有实际的和持续的证据表明被判刑人行为端正的，则允许复权。

如果属于第九十九条后几款规定的犯罪情况，上述期限为至少八年。[5]

如果属于惯犯、职业犯或者倾向犯，上述期限为十年，[6]并且自送往农垦区或劳动场的命令被撤销之日起计算。

根据第一百六十三条第一款、第二款和第三款规定允许实施的缓刑，第一款期限的开始时间与停缓刑罚的期限相同。[7]

根据第一百六十三条第四款规定允许实施的缓刑，允许复权的时间应是第四款规定期限的一年之后，或是依据本条规定的其他条件。

---

① 意大利宪法法院于1989年5月25日以第282号判决宣告本款在以下意义上违宪：在撤销假释的情况下，它未允许监督法庭根据假释所持续的时间、被判刑人自由受限制的时间以及他在此期间的表现确定应执行的监禁刑。

② 意大利宪法法院于1998年12月23日以第418号判决宣告本款在以下意义上违宪：它规定在实施任何重罪或者同一性质违警罪的情况下一概撤销假释，而不是以被判刑人的行为与维持假释待遇不相容为条件。

③ 意大利宪法法院于1997年6月4日以第161号判决宣告本款在以下意义上违宪：它没有规定：被判处无期徒刑的人，在被撤销假释之后，如果具备有关的条件，可以重新获准假释。

④ 2004年6月11日第145号法律第三条将原先条款中的"五年"改为"至少三年"。

⑤ 2004年6月11日第145号法律第三条将原先条款中的"十年"改为"至少八年"。

⑥ 2004年6月11日第145号法律第三条第一款第三项删除了"或等同于"一词。

⑦ 本款由2004年6月11日第145号法律第三条第一款第四项增加。

有下列情形之一的，不得允许复权：

（一）对被判刑人正在执行保安处分，并且有关决定没有被撤销的，除非属于将外国人驱逐出境或者没收财产的情况；

（二）被判刑人没有履行因犯罪而承担的民事责任的，除非他证明自己处于不能履行该责任的状况。

根据前款规定准予的复权对于永久附加刑不产生效力。自复权之时经过不少于七年的期限后，如果被判刑人提供了关于其品行良好的有效和持续的证据，则永久附加刑被宣告消灭。[①]

第一百八十条　撤销复权判决

如果被复权的人在七年内实施某一非过失犯罪，并且对该犯罪应处以二年以上有期徒刑或者其他更重的刑罚，[②]复权判决当然得撤销。

第一百八十一条　在外国受处罚情况下的复权

如果外国的处罚判决根据第十二条的规定获得承认，也适用有关复权的规定。

第三节　共同规定

第一百八十二条　使犯罪或刑罚消灭的原因的效力

除法律另有规定外，[③]犯罪或者刑罚的消灭仅针对消灭原因与之有关的人员发生效力。

第一百八十三条　消灭原因的竞合

使犯罪或者刑罚消灭的原因在其出现时发挥作用。

当一个使犯罪消灭的原因与一个使刑罚消灭的原因竞合时，使犯罪消灭的原因优先，即使该原因是随后出现的。

---

① 本款由2019年1月9日第3号法律第一条第一款第九项规定增加。

② 2004年6月11日第145号法律第四条将原先条款中的“五年”和“三年”分别改为“七年”和“二年”。

③ 参见本法典第一百五十五条第二款和第五百五十六条第三款。

当数个使犯罪消灭的原因或者数个使刑罚消灭的原因在不同的时间出现时，先出现的原因使犯罪或者刑罚消灭，并且后出现的原因使尚未被先出现的原因消灭的刑事后果消灭。

如果数个原因同时出现，最有利的原因发挥使犯罪或者刑罚消灭的作用；但是，在此种情况下，对于尚未被最有利的原因消灭的刑事后果，也适用前一款的规定。

第一百八十四条　在数罪并罚情况下[死刑、]无期徒刑或者有期刑罚的消灭①

当[死刑、]无期徒刑因大赦、特赦或者恩赦而消灭时，针对其他犯罪科处的有期监禁刑完全执行。但是，如果被判刑人已经全部服完根据第七十二条第一款适用的白天隔离，针对上述其他犯罪科处的刑罚减少直至一半；如果对被判刑人的关押已经超过三十年，该刑罚消灭。

如果对被判处无期徒刑的人因其他犯罪而科处的有期监禁刑由于某一消灭原因的效力而不应继续执行，则不适用第七十二条第一款规定的白天隔离。如果监禁刑只应部分执行，根据第七十二条适用的白天隔离可以减少直至三个月。

---

① 死刑已被废除。

第七章　民事制裁

第一百八十五条　返还和赔偿损失

一切犯罪均承担按照民事法律的规定实行返还的责任。

一切造成财产损失或者非财产损失的犯罪均使犯罪人和按照民事法律应当为犯罪人的行为承担责任的人负有赔偿的义务。

第一百八十六条　通过公布处罚判决弥补损害

除在前一条和其他法律中所作的规定外，一切犯罪使犯罪人负有自费公布处罚判决的义务，只要这种公布构成弥补由犯罪造成的非财产损失的方式。

第一百八十七条　责任的不可分割性和连带性

返还的义务和公布刑事处罚判决的义务是不可分割的。

因同一犯罪被判刑的人对于赔偿财产损失或者非财产损失负有连带责任。

第一百八十八条　被判刑人的生活费用　偿还的义务

被判刑人有义务向国库偿还他在服刑场所的生活费用，并且按照民事法律以其全部现有的或者未来的动产和不动产对此义务负责。

该义务不扩及民事责任人，并且不向被判刑人的继承人转移。①

第一百八十九条　扣押

国家可以在下列情形对被告人财产进行法定抵押以支付钱款：

（一）财产刑以及其他任何应向国库偿还的费用；

（二）诉讼费用；

---

①　意大利宪法法院于1998年4月6日以第98号判决宣告本款在以下意义上违宪：它没有规定偿还刑事诉讼费用的义务不可向继承人转移。

(三)服刑场所的相关生活费用;

(四)应向公共卫生机构支付的费用,即受犯罪侵害人生病期间的食宿和治疗费用;

(五)因造成损失应当缴纳的赔偿金总额,包括诉讼费用;

(六)辩护人预计的费用以及所应当要获得的酬金。

法定抵押不能够影响利益人经司法抵押登记程序的权利,宣布判决后,这一权利同样是不可撤回的。

如果有合理理由认为出现了威胁或降低被告人履行法定抵押义务的情形,可以决定对被告人的动产进行扣押。

通过判决认可,允许进行法定抵押或是扣押的效力是不可撤销的。

如果被告人提供了担保,则不能进行法定抵押或扣押。

对根据本条规定扣押的债权人的效力,对其他债权人的优先权,不能在之前的日期或是之前形成的债权人使用优先权,除非优先权已经由法院通过担保形式支付。

第一百九十条　民事责任人的财产担保

如果法定抵押程序中出现要对被告人财产进行登记的情形,或是扣押程序中,民事责任人同时出现了前一条第三款规定的情形,那么,前一条规定的担保权效力同样可以及于民事责任人,限于前一条第二款、第四款和第五款规定的债权人。

第一百九十一条　以抵押或扣押担保的债权顺序

不动产抵押和动产扣押的价格是根据前面两条规定确立,提供担保的总金额以及不需要转移的罚款数额,支付的顺序依照以下规定:

(一)应支付给公共卫生机构用于被犯罪侵害人生病期间的治疗及食宿的费用;

(二)造成损害应支付的赔偿以及对相关的诉讼费用,只要钱款是在刑事有罪判决不可撤销之日起一年内提出的要求;

(三)辩护人预计的费用以及所应当要获得的酬金;

(四)诉讼费用;

（五）用于在服刑场所的生活费用。如果刑罚全部或部分还没有执行，应将应缴纳罚款的金额存于银行以支付前述费用；

（六）财产刑以及其他应向国库缴纳的总额。

第一百九十二条　犯罪人在犯罪后完成的无偿行为

犯罪人在犯罪后完成的无偿行为，相对于第一百八十九条列举的债权，不具有效力。

第一百九十三条　犯罪人在犯罪后完成的负债行为

犯罪人在犯罪后完成的、超出简单经营或者正常贸易经常范围的负债行为，被推定为是对第一百八十九条列举的债权的欺诈。

但是，为撤销这种负债行为，必须证明缔约另一方具有恶意。

第一百九十四条　犯罪人在犯罪前完成的负债行为或者无偿行为

犯罪人在犯罪前完成的无偿行为，当能够证明是为欺诈而实施的时，相对于第一百八十九条列举的债权不具有效力。

同样的规定也适用于超出简单经营或者正常贸易经营范围的负债行为；但是，为撤销这种负债行为，还必须证明缔约另一方具有恶意。

本条的规定不适用于犯罪实施一年以前的行为。

第一百九十五条　第三人的权利

在以上三条规定的情况中，第三人的权利由民事法律调整。

第一百九十六条　因从属人员受到罚金和罚款处罚而承担的民事责任[①]

在从属于他人权力、领导或者监督的人实施犯罪的情况下，享有上述权力或者担负领导或监督职责的人有义务为无支付能力的被判刑人支付罚金或者罚款的钱款，只要有关行为违反了前者有责任要求后者遵守的规定并且前者不应当对此承担刑事责任。

如果上述负责人员不具有支付能力，对被判刑人适用第一百三十六条的规定。

---

① 本条由1981年第689号法律第一百一十六条修改。

第一百九十七条　法人对支付罚金或罚款的民事责任[①]

除国家、大区、省和市镇外，拥有法人资格的机构，当其代表、经营者或者与其有从属关系的人受到处罚并且有关犯罪是对与犯罪人特有身份相关的义务的违反时，或者当有关犯罪是为法人利益而实施的时，有责任为无支付能力的被判刑人支付罚金或者罚款的钱款。

如果上述责任人也无支付能力，对犯罪人适用第一百三十六条的规定。

第一百九十八条　犯罪消灭或者刑罚消灭对民事责任的影响

犯罪的消灭或者刑罚的消灭不意味着因犯罪而承担的民事责任消灭，但前两条规定的责任除外。

---

① 本条由1981年第689号法律第一百一十六条修改。

第八章　行政保安处分

第一节　人身保安处分

第一分节　一 般 规 定

第一百九十九条　保安处分的适用：法律的明文规定

对任何人不得适用不是由法律明文规定的保安处分，也不得在法律规定的情况以外适用保安处分。

第二百条　相对于时间、地域和人员因素而适用保安处分

保安处分由适用该处分时生效的法律调整。

如果在保安处分应当执行时法律发生变化，适用在执行时生效的法律。

保安处分也适用于处于意大利领域内的外国人。

但是，对外国人适用保安处分不妨碍根据有关公共安全的法律将其驱逐出境。

第二百零一条　因在国外实施的行为而适用保安处分

当因在国外实施的行为而在国内进行诉讼或者重新进行审判时，也可以适用关于保安处分的意大利法律。

在第十二条第三项列举的情况下，适用意大利法律规定的保安处分一律以核实有关人员具有社会危险性为条件。

第二百零二条　保安处分的可适用性

只有对实施了被法律规定为犯罪的行为并且具有社会危险性的人，才可以适用保安处分。

刑事法律确定在哪些情况下可以因不被法律规定为犯罪的行为而对具有

社会危险性的人适用保安处分。

第二百零三条　社会危险性

在刑事法律的意义上，当实施了前条列举的某一行为的人员有可能重新实施被法律规定为犯罪的行为时，即使是不可归罪的或者不受处罚的，均被视为具有社会危险性。

具有社会危险性的人身特点，根据第一百三十三条列举的情节推论。

第二百零四条　对危险性的核实　推定的社会危险性[①]

第二百零五条　法官的决定

法官在处罚判决或者开释判决中对保安处分的适用作出决定。

在以下情况中，可以采用随后的处置决定适用保安处分：

（一）在宣告处罚的情况下，在刑罚执行期间或者在被判刑人有意逃避刑罚的执行期间；

（二）在宣告开释的情况下，如果推定有关人员具有社会危险性并且相关保安处分的最低持续期尚未经过；[②]

（三）法律规定的情况，并且不受时间的限制。

第二百零六条　临时适用保安处分[③]

在预审和审判期间，[④]可以决定将未成年、精神病人、惯常性醉酒者、使用麻醉品成瘾者、处于因酒精或麻醉品造成的慢性中毒状态的人暂时收容于教养院、司法精神病医院或者医疗看守所。[⑤]

---

① 本条由1986年10月10日第663号法律第三十一条废除。

② 意大利宪法法院于1982年7月8日以第139号判决宣告本款在以下意义上违宪：它没有规定对于因精神病而被开释的被告人，在决定将其收容于司法精神病医院时，负责调查的法官和负责执行的法官必须预先审核确认在适用该措施时仍然具有产生于该精神病的社会危险性。

③ 意大利宪法法院于2004年11月29日以第367号判决宣告本条在以下意义上违宪：它没有允许法官决定适用一项由法律规定的、有助于确保使精神病患者获得适当治疗并且控制其社会危险性的非监禁性保安处分，以取代收容于司法精神病医院。

④ 根据意大利1988年《刑事诉讼法典》第三百一十二条的规定，这里现应改为“在诉讼的任何阶段或者审级中”。

⑤ 意大利宪法法院于1998年7月24日以第324号判决宣告本条第一款在以下意义上违宪：它规定也可以决定将未成年人临时收容于司法精神病医院。

当法官认为该人不再具有社会危险性时,撤销上述决定。

临时执行保安处分的时间计入有关保安处分的最短持续期中。

第二百零七条　人身保安处分的撤销

如果被适用人身保安处分的人仍然具有社会危险性,该保安处分不得撤销。[①]

如果适用各种保安处分没有经过法律规定的最短时间,不得撤销。

第二百零八条　对危险性的复查

在法律为各种保安处分规定的最短持续期经过后,法官对被适用保安处分者的情况重新进行审查,以确定该人是否仍然具有社会危险性。

如果发现该人还具有社会危险性,法官为下一次复查确定新的期限。但是,当有理由认为社会危险性已经消除时,法官可以在任何时间进行新的核实工作。

第二百零九条　因数个行为而受到审判的人

当某人实施了包括在不同的时间中实施了数个可对之适用同一种类保安处分的行为时,只决定适用一种保安处分。

如果可适用的保安处分是不同种类的,法官综合估量产生于该人的危险,并且根据这种危险适用由法律规定的一项或数项保安处分。

对于因依法推定的危险性而应对之适用监禁性保安处分的人,在任何情况下均适用监禁性保安处分。

以上各款的规定也适用于正在执行保安处分的情况以及保安处分尚未开始执行的情况。

第二百一十条　犯罪消灭或者刑罚消灭的影响

犯罪的消灭阻止保安处分的适用,并且使保安处分的执行终止。

刑罚的消灭阻止保安处分的适用,法律规定可在任何时间决定适用的保安处分不在此限;但是,刑罚的消灭不妨碍适用已由法官作为十年以上有期徒刑的附加处分适用的保安处分。然而,送往农垦区或劳动场的处分由监视自由取代。

---

① 本条原有的第二款和第三款由意大利宪法法院于 1974 年 4 月 23 日以第 110 号判决宣告违反宪法,其中第二款后来被 1975 年 7 月 26 日第 354 号法律第八十九条废除。

当[死刑或者][1]无期徒刑因特赦或恩赦而无须全部或部分执行时,对被判刑人适用不少于三年的监视自由。

第二百一十一条　保安处分的执行

与监禁刑并处的保安处分,在监禁刑执行完毕或者以其他方式消灭后执行。

与非监禁刑并处的保安处分,在处罚判决成为不可撤销的后执行。

与监禁性保安处分并处的暂时非监禁性保安处分,在监禁性保安处分执行完毕后执行。

第二百一十一条之二　推迟执行保安处分[2]

对于本节规定的保安处分,适用第一百四十六条和第一百四十七条的规定。

当行为人实施了以暴力侵犯人身的或者使用武器的既遂或未遂重罪,并且具有实际危险重新实施这样的犯罪时,法官可以决定将其收容于某一治疗所或者其他适合该人情况或病情的医疗场所。[3]

第二百一十二条　停止执行或者变更保安处分的情况

如果对某一可归罪的人应当执行监禁刑,对该人适用的保安处分暂缓执行,并且在刑罚执行完毕后继续执行。

如果被处以监禁性保安处分的人患精神病,法官决定将其收容于司法精神病医院[4]或者医疗看守所。

当精神病结束时,法官在核实该人具有社会危险性后,如果认为不宜对其适用监视自由,则决定将其送往农垦区或劳动场,或者送往司法教养院。

如果被处以非监禁性保安处分或者交纳善行保证金的人患精神病并且被收容于普通精神病医院,终止执行上述保安处分。但是,如果所适用的是非监禁性人身保安处分,在精神病结束后,法官重新对危险性进行核实,如果发现该

---

① 死刑已废除。

② 本条由1999年7月12日第231号法律第七条增加。

③ 本款由2001年3月8日第40号法律(《为保护囚犯与未成年子女的关系而采取的监禁替代措施》)第二十一条增加。

④ 根据1975年7月26日第354号法律第六十二条和2000年6月30日第230号共和国总统令第一百一十一条的规定,"司法精神病院"一词被"司法精神病医院"一词所取代。

人仍然具有危险性，则适用非监禁性人身保安处分。

第二百一十三条　用于执行监禁性保安处分的场所　教育、治疗和劳动制度

监禁性保安处分在专门的场所执行。

女性被分配到与男性相分离的场所执行该处分。

在各个执行场所，考虑到被执行人的犯罪倾向和习惯，尤其考虑到产生于被执行人的社会危险性，实行特殊的教育、治疗和劳动制度。

劳动是有报酬的。从劳动报酬中提取为偿还生活费用而应支付的款额。

至于被收容于司法精神病医院者的生活费用，依照关于偿还住院费的规定执行。

第二百一十四条　不遵守监禁性保安处分

在被适用监禁性保安处分的人有意逃避该处分的执行的情况下，该保安处分的最短持续期从对该人重新执行之日起计算。

如果有关人员被收容于司法精神病医院或者医疗看守所，则不适用上述规定。

第二分节　特别规定

第二百一十五条　保安处分的种类

人身保安处分划分为监禁性的和非监禁性的。

监禁性保安处分是：

（一）送往农垦区或劳动场；

（二）收容于医疗看守所；

（三）收容于司法精神病医院；[①]

（四）收容于司法教养院。

非监禁性保安处分是：

（一）监视自由；

（二）禁止在一个或数个市镇或者一省或数省逗留；

（三）禁止去酒店和出售含酒精饮料的公共店铺；

---

①　参见本法典第二百一十二条第二款的注释。

(四)将外国人驱逐出境。

当法律规定适用保安处分,但未指出其种类时,法官决定适用监视自由,除非他认为对于因重罪而被判刑的人应当送往农垦区或劳动场。

第二百一十六条　送往农垦区或劳动场

下列人员被送往农垦区或劳动场:

(一)被宣告为惯犯、职业犯或者倾向犯的;

(二)在被宣告为惯犯、职业犯或者倾向犯并且对其不再适用保安处分后,又实施新的非过失犯罪,从而重新表现出犯罪的惯常性、职业性或者倾向性的;

(三)在法律明确规定的其他情况下的被判刑人或者被开释人。

第二百一十七条　最短持续期

送往农垦区或劳动场的最短持续期为一年。对于惯犯,最短持续期为二年;对于职业犯,最短持续期为三年;对于倾向犯,最短持续期为四年。

第二百一十八条　执行

在农垦区或劳动场,犯罪惯犯、职业犯和倾向犯安排到特别区域执行。

法官考虑到适用保安处分者的人身状况和能力,决定该处分是应在农垦区还是在劳动场执行。在执行过程中,上述决定可以变更。

第二百一十九条　送往医疗看守所

犯有非过失犯罪,但因精神病、酒精或麻醉品慢性中毒或者又聋又哑而被减轻处罚的被判刑人,如果法定最低刑为五年以上有期徒刑,则将其收容于治疗看守所,时间不少于一年。①

如果法律规定对所实施的犯罪处以[死刑、]②无期徒刑③或者最低不少于十年的有期徒刑,决定适用上述保安处分的时间不少于三年。

---

① 意大利宪法法院于 1983 年 7 月 15 日以第 249 号判决宣告本款在以下意义上违宪:对于被指控犯有非过失犯罪的被告人,如果因精神病而被减轻处罚,并不要求法官在决定将其送往医疗看守所前必须预先核实该人在适用本措施时具有产生于有关精神病的社会危险性。

② 死刑已废除。

③ 意大利宪法法院于 1983 年 7 月 15 日以第 249 号判决宣告本款在以下意义上违宪:对于被指控犯有依法应判处无期徒刑或者十年以上有期徒刑的犯罪的被告人,如果因精神病而被减轻处罚,并不要求法官在决定将其送往医疗看守所前必须预先核实该人在适用本措施时具有产生于有关精神病的社会危险性。

如果属于依法应判处监禁刑的其他犯罪，并且被判刑人具有社会危险性，收容于医疗看守所的时间不少于六个月；但是，法官可以将上述收容处分更换为监视自由。如果被判刑人因酒精或麻醉品慢性中毒而被减轻处罚，不实行上述更换。[①]

当应当决定收容于医疗看守所时，不适用其他监禁性保安处分。

第二百二十条 收容令的执行

将被判刑人收容于医疗看守所的命令，在限制人身自由的刑罚执行完毕或者以其他方式消灭后予以执行。

但是，考虑到被判刑人具体的精神病状况，法官可以决定在限制人身自由的刑罚开始执行或者终止执行之前实行收容。

当导致作出收容决定的原因消除时，有关决定予以撤销，但必须经过前条规定的最低期限。

被判刑人在离开医疗看守所后，接受刑罚的执行。

第二百二十一条 惯常性醉酒

对于因在惯常性醉酒状态中实施犯罪或者因在使用上瘾的麻醉品作用下实施犯罪而被判刑的人，当不应适用其他监禁性的保安处分时，将其收容于治疗看守所。

但是，如果属于依法应判处三年以下有期徒刑的犯罪，可以将收容于医疗看守所更换为监视自由。

上述收容在特别区域中实行，其最短持续期为六个月。

第二百二十二条 收容于司法精神病医院[②③]

在因精神病、酒精或麻醉品慢性中毒或者又聋又哑而被开释的情况下，一

---

① 意大利宪法法院于1988年12月13日以第1102号判决宣告本款在以下意义上违宪：它仅仅规定只有在决定适用送往医疗看守所这一保安处分时才必须预先审核是否具有产生于精神病的社会危险性，而没有规定在该保安处分的执行过程中也应当实行这样的审核。

② 根据1975年7月26日第354号法律第六十二条和2000年6月30日第230号共和国总统令第一百一十一条的规定，“司法精神病院”一词被“司法精神病医院”一词取代。

③ 意大利宪法法院于2003年7月18日以第253号判决宣告本条在以下意义上违宪：它不允许法官在该条所规定的情况下采用其他适合对精神病人进行治疗并足以控制其危险性的法定保安处分。

律决定适用收容于司法精神病医院,时间不少于二年;除非属于违警罪、非过失重罪或者其他依法应判处财产刑或者最高不超过二年有期徒刑的情况,在此种情况下,将有关的开释判决通知公共安全机关。①

如果法律为所实施的行为规定处以[死刑或者]②无期徒刑,收容于司法精神病医院的最短持续期为十年;如果依法应判处最低不少于十年的有期徒刑,上述收容的最短持续期为五年。③

如果对被收容于司法精神病医院的人应当执行限制人身自由的刑罚,在实行上述收容期间,推迟该刑罚的执行。

当不满十四岁的或者已满十四岁但不满十八岁的未成年人实施了被法律规定为犯罪的行为,并且由于其年龄原因而被开释时,如果处于本条前一部分列举的情况之中,对之也适用本条的规定。

第二百二十三条　将未成年人收容于司法教养院

收容于司法教养院是专门针对未成年人的保安处分,它的最短持续期不得少于一年。

如果这样的保安处分应当全部或部分在有关未成年人满二十一岁后适用或者执行,将其更换为监视自由,除非法官认为应决定将其送往农垦区或劳动场。

第二百二十四条　不可归罪的未成年人

如果由不满十四岁未成年人实施的行为被法律规定为重罪,并且该人具有危险性,特别是法官考虑到行为的严重程度以及该未成年人所生活的家庭道德环境,可决定将其收容于司法教养院或者对其实行监视自由。

如果法律规定对所实施的犯罪处以[死刑、]④无期徒刑或者最低不少于三

---

①　意大利宪法法院于1982年7月8日以第139号判决宣告本款在以下意义上违宪:它未规定对于因精神病而被开释的被告人,在决定将其收容于司法精神病医院以前,必须由负责调查或执行的法官审核他在适用此措施时具有产生于该精神病的社会危险性。

②　死刑已废除。

③　意大利宪法法院于1988年7月24日以第324号判决宣告本条第一款和第二款在以下意义上违宪:它规定对未成年人也适用收容于司法精神病医院这样的保安处分。

④　死刑已废除。

年的有期徒刑,并且该犯罪不属于过失犯罪,一律决定收容于司法教养院,为期不少于三年。①

如果未成年人在实施被法律规定为重罪的行为时已满十四岁但尚未满十八岁,并且根据第九十八条的规定被认定为不可归罪的,也适用以上各项规定。

第二百二十五条　可归罪的未成年人

当已满十四岁但不满十八岁的未成年人被认定为可归罪的时,法官考虑到前条前一部分列举的情形,可以决定在刑罚执行完毕后将其收容于司法教养院或者对其实行监视自由。

对于先前因缺乏可归罪性而被处以保安处分的未成年人,如果在该保安处分执行期间因重罪而被判刑,一律适用以上列举的某一保安处分。

第二百二十六条　未成年的惯犯、职业犯或者倾向犯

对于被宣告为惯犯、职业犯或者倾向犯的、不满十八岁的未成年人,一律决定收容于司法教养院;并且收容时间不得少于三年。当该人满二十一岁,法官决定将其送往农垦区或劳动场。

法律规定在哪些其他情况下应当决定将未成年人收容于司法教养院。

第二百二十七条　特别教养院

当法律规定无须核实有关未成年人是否具有社会危险性即可决定将其收容于司法教养院时,将该未成年人发送到特别教养院或者普通教养院的特别场所。

对于在收容于普通司法教养院期间表现出特殊的社会危险性的未成年人,也可以送往特别教养院或者普通教养院的特别场所。

第二百二十八条　监视自由

对处于监视自由状态者的监督由公共安全机关负责。

法官为处于监视自由状态者确定限制性规定,以使其避免重新犯罪的机会。

---

① 意大利宪法法院于1971年1月20日以第1号判决宣告:本款中的“一律”一词因要求必须将不满十四岁的未成年收容于司法教养院至少三年而违反《宪法》第三条。

法官可以随后对上述规定加以变更或者限制。

监视自由应以有利于被监视人员工作和重新适应社交生活的方式进行。

监视自由的最短持续期不得少于一年。

对未成年人的监督,在特别法未规定的情况下,遵循以上各款的规定。

第二百二十九条 可以适用监视自由的情况

除特别法律条款规定的情况外,有下列情况之一的,可以适用监视自由:

(一)被判处一年以上有期徒刑的;

(二)在本法典允许因不被法律规定为犯罪的行为而适用保安处分的情况下。

第二百三十条 应当适用监视自由的情况

有下列情形之一的,一律适用监视自由:

(一)被科处的有期徒刑不少于十年的;在此情况下,监视自由的期限不少于三年;

(二)当被判刑人获准假释时;

(三)对其不再执行保安处分的违警罪惯犯或职业犯重新实施犯罪,并且新罪再次表现出其犯罪惯常性或者职业性的;

(四)法律规定的其他情况。

在已适用送往农垦区或劳动场的情况下,在该保安处分执行完毕后,法官可以决定对应离场的人员适用监视自由,或者可以要求该人交纳善行保证金。

第二百三十一条 违反规定的义务

除第一百七十七条第一款规定的情况外,当处于监视自由状态者违反为其规定的义务时,法官可以为监视自由附加善行保证金。

考虑到违反义务行为的特别严重性和反复性,或者在违反义务者不交纳善行保证金的情况下,法官可以将监视自由更换为送往农垦区或劳动场;如果是未成年人,可以更换为收容于司法教养院。

第二百三十二条 处于监视自由状态的未成年人或者精神病人

未成年人和处于精神病状态的人,只当有可能将其托付给父母、负有教育和抚养义务的人或者社会扶助机构时,才能对其实行监视自由。

如果上述托付不能够实行或者被认为是不适宜的,将根据情况决定收容或者继续收容于司法教养院或医疗看守所。

如果未成年人在监视自由期间无悔改表现,或者处于精神病状态的人重新表现出危险性,分别将监视自由更换为收容于司法教养院或者收容于医疗看守所。

第二百三十三条　禁止在一个或数个市镇或者一省或数省逗留

对于犯有国事罪、危害公共秩序罪、出于政治原因而实施的犯罪或者起因于某一特定地点的特殊社会或伦理条件的罪行的人,可以禁止其在由法官指定的一个或数个市镇或者一省或数省逗留。

上述逗留禁令的持续期不少于一年。

在违反上述禁令的情况下,最短持续期重新计算,并且可以另外适用监视自由。

第二百三十四条　禁止去酒店和出售含酒精饮料的公共店铺

禁止去酒店和出售含酒精饮料的公共店铺的最短持续期为一年。

当属于因惯常性醉酒或者因在惯常性醉酒状态犯罪而被判刑的人时,上述禁令一律随刑罚而适用。

在违反上述禁令的情况下,可以另外适用监视自由或者要求交纳善行保证金。

第二百三十五条　将外国人驱逐出境①

法官可以决定将外国人或欧盟成员国公民驱逐出境,除法律明确规定的情况外,当外国人或是欧盟成员国公民被判处超过二年的有期徒刑时,法官作出将其驱逐出境的决定。

对于违反由法官宣告驱逐出境决定的外国人,可以处一到四年有期徒刑。在此情况下,应对犯罪人进行逮捕,如果已逃逸,应适用简易程序。

---

①　本条由2008年7月24日第125号法律第一条第一款第一项替代。

第二节 财产保安处分

第二百三十六条 财产保安处分的种类:一般规则

除特殊法律条款规定的措施外,财产保安处分是:

(一)交纳善行保证金;

(二)没收财产。

第一百九十九条、第二百条第一款、第二百零一条第一款、第二百零五条第一款和第二款第三项的规定,以及除没收财产情况外,第二百条第二款和第三款和第二百一十条的规定,也适用于财产保安处分。

第二百零二条、第二百零三条、第二百零四条第一款和第二百零七条的规定也适用于交纳善行保证金。

第二百三十七条 交纳善行保证金①

善行保证金通过在罚款收款处储存一笔不少于一百零三欧元二十九欧分并且不超过二千零六十五欧元八十三欧分的款额。

可以通过抵押或者连带担保的方式提供保证,以取代上述钱款储存。

上述保安处分的持续期不得少于一年,也不得超过五年,时间从保证金交纳之日起计算。

第二百三十八条 不履行交纳保证金的义务

如果不实行上述钱款储存或者不提供上述保证,法官将交纳善行保证金更换为监视自由。

第二百三十九条 履行或者违反善行义务

如果被处分者在保安处分执行期间未实施任何重罪或者依法应判处拘役的违警罪,决定退还被储存的钱款或者撤销抵押;并且连带担保消灭。在相反的情况下,为提供保证而交纳的钱款划归罚款收款处。

① 本条由1981年第689号法律第一百零四条修改,该法律提高了善行保证金的交纳数额。

第二百四十条　没收财产

法官可以决定没收为犯罪服务或者被用于实施犯罪的物品以及作为犯罪产物或收益的物品。

对于下列物品，一律决定予以没收：

（一）构成犯罪代价的物品；

（一）之二　财物及信息或电子工具被全部或部分用于实施第六百一十五条之三、第六百一十五条之四、第六百一十五条之五、第六百一十七条之二、第六百一十七条之三、第六百一十七条之四、第六百一十七条之五、第六百一十七条之六、第六百三十五条之二、第六百三十五条之三、第六百三十五条之四、第六百三十五条之五、第六百四十条之三及第六百四十条之五的罪行，包括构成了犯罪的产物或收益，如果不能对犯罪的产物或直接产物进行没收，则对其他源于犯罪的收益或其他用于犯罪的等值利益予以没收；①

（二）其制造、使用、携带、持有和转让构成犯罪的物品，即使在没有宣告处罚判决的情况下。

第一款及第一项、第一项之二前一部分的规定，如果物品、财物、信息或电子工具属于与犯罪无关的人则不能适用。第一项之二规定前一部分可以适用于《刑事诉讼法典》第四百四十四条规定依当事人之请求适用刑罚的案件。②

如果物品属于与犯罪无关者所有，并且能够通过行政批准程序获准制造、使用、携带、持有或者转让该物品，则不适用第二项的规定。

第二百四十条之二　特定案件的没收③

在定罪或者根据《刑事诉讼法典》第四百四十四条依当事人之请求适用刑罚的情况下，对于《刑事诉讼法典》第五十一条第三款之二规定的犯罪，本法典第三百一十四条、第三百一十六条、第三百一十六条之二、第三百一十六条之三、第三百一十七条、第三百一十八条、第三百一十九条、第三百一十九条之三、

---

① 本项由2016年10月29日第202号立法性法令第二条第一款第一项增加。

② 本款由2012年2月15日第12号法律替代。

③ 本条由2018年3月1日第21号立法政令第六条第一款加入。

第三百一十九条之四、第三百二十条、第三百二十二条、第三百二十二条之二、第三百二十五条、第四百一十六条，以实施本法典第四百五十三条、第四百五十四条、第四百五十五条、第四百六十条、第四百六十一条、第五百一十七条之三、第五百一十七条之四为目的，第五百一十八条之四、第五百一十八条之五、第五百一十八条之六及第五百一十八条之七，包括第四百五十二条之四、第四百五十二条之八之第一款、第四百九十三条之三、第五百一十二条之二、第六百条之二之第一款、第六百条之三之第一款和第二款、第六百条之四之第一项（与制造或贩卖色情物品有关的行为）、第六百条之五、第六百零三条之二、第六百二十九条、第六百四十条第二款第一项（但提供托词使他人免除兵役的情形除外），第六百四十条之二、第六百四十四条、第六百四十八条（但第四款规定除外）、第六百四十八条之二、第六百四十八条之三及第六百四十八条之三之一规定的犯罪，《民法典》第二千六百三十五条的规定的犯罪，或者对于以恐怖主义为目的，包括国际恐怖主义或者以颠覆宪法秩序为目的实施的犯罪，一律决定没收被判刑人不能说明其合法来源的钱款、财产和其他利益以及被判刑人享有的，包括通过自然人和法人中介享有的，或者有权以任何名义支配的、与其为缴纳所得税而申报的收入不相称或者与其经济活动不相称的钱款、财产或其他利益。在任何情况下，对于利用逃税所得钱款获取的财产，被判刑人不得将该财产解释为合法收入，除非纳税义务通过法律规定的履行方式得以消灭。对于第六百一十七条之五、第六百一十七条之六、第六百三十五条之二、第六百三十五条之三、第六百三十五条之四、第六百三十五条之五（当所规定的行为涉及三个或三个以上系统时）规定的犯罪，在定罪或者根据请求适用刑罚时，也同样决定实行前面规定的没收。

在第一款规定的情形下，如果不可能对该款规定的钱款、财产和其他利益实行没收，法官决定没收犯罪人所享有的，包括通过中介享有的，等值的合法来源钱款、财产和其他利益。①

---

① 本款由 2021 年 11 月 8 日第 195 号立法性法令第一条第一款第二项修改。

第二编

重罪分则

第一章　国　事　罪

第一节　危害国家的国际地位的犯罪

第二百四十一条　侵害国家的完整、独立和统一①

除了行为构成更为严重犯罪的，实施旨在将国家领域或者其一部分置于外国主权之下的行为的，或者实施旨在削弱国家独立的行为的，处以十二年以上有期徒刑。

如果行为是在违反与行使公共职责相关的义务的情况下实施的，刑罚予以加重。

第二百四十二条　公民持武器反对意大利国家

公民持武器反对意大利国家的，或者在与意大利国家交战的外国武装部队中服役的，处以无期徒刑。如果行使高级指挥权或者领导职责，处以无期徒刑。②

在敌对期间，处于敌国领域的意大利公民因受该国法律义务约束而被迫实施行为的，不受处罚。

在本章规定的意义上，由于任何原因而已丧失意大利公民籍的人也被视为“公民”。

在刑事法律的意义上，虽然不被意大利承认为国家、但仍被以交战方对待的政治实体也视为“交战国”。

---

① 本条由2006年2月24日第85号法律（《对刑法典关于见解犯罪的修改》）第十一条修改。

② 原来规定的刑罚是死刑。

第二百四十三条　为同意大利交战的目的与外国人勾结

与外国人相勾结，以使外国对意大利发动战争或者采取敌对行为的，或者为了同样目的实施其他行为的，处以十年以上有期徒刑。

如果随后发生战争或者出现敌对状态，适用无期徒刑。①

第二百四十四条　使意大利面临战争危险的、针对外国的敌对行为

未经政府批准，针对外国进行征兵或者实施其他敌对行为，以使意大利面临战争危险的，处以六年至十八年有期徒刑；如果战争发生，处以无期徒刑。②

如果有关敌对行为只可能使与某一外国政府的关系受到干扰，或者只可能使意大利或者处于任何地点的意大利公民面临报复或反击的危险，刑罚为三年至十二年有期徒刑。如果随后发生外交关系破裂，或者出现报复或反击，刑罚为五年至十五年有期徒刑。③

第二百四十五条　为使意大利中立或者参战而与外国人勾结

与外国人相勾结，以使意大利宣布或保持中立或者宣战的，或者实施旨在使意大利作出上述保证的行为的，处以五年至十五年有期徒刑。

为通过印刷品进行宣传而勾结的，刑罚予以增加。

第二百四十六条　外国人腐蚀意大利公民

以实施违反民族利益的行为为目的，公民为自己或其他人接受包括间接接受外国人给予的钱款或者任何其他利益的，要求外国人许诺给予钱款或其他利益的，或者仅仅接受有关许诺的，如果行为不构成更为严重的犯罪，处以三年至十年有期徒刑和五百一十六欧元至二千零六十五欧元罚金。④

对于给予或者许诺给予钱款或利益的外国人，处以同样的刑罚。

有下列情形之一的，刑罚予以增加：

（一）如果行为是在战争时期实施的；

（二）如果钱款或利益的给予或者许诺是为了通过印刷品进行宣传而实

---

① 原来规定的刑罚是死刑。

② 本款由1995年5月12日第210号法律第七条修改。

③ 本款由1995年5月12日第210号法律第七条修改。

④ 本款由1981年第689号法律第一百一十三条修改。

施的。

第二百四十七条　助战行为

在战争时期，为了帮助敌人进行危害意大利的军事行动，或者为了以其他方式破坏意大利的军事行动，与外国人勾结的，或者为了上述目的而实施其他行为的，处以十年以上有期徒刑；如果目的达到，处以无期徒刑。[①]

第二百四十八条　资助敌人

在战争时期，向敌国提供包括间接提供可能被用来损害意大利的资助或者其他物品的，处以五年以上有期徒刑。

上述规定不适用于在外国实施行为的外国人。

第二百四十九条　参与向敌人借贷

在战争时期，参与向敌国借贷或付款的，或者为与此有关的活动提供便利的，处以五年以上有期徒刑。

上述规定不适用于在外国实施行为的外国人。

第二百五十条　与敌人通商

在战争时期，并且在第二百四十八条列举的情况以外，公民或居住在意大利领域内的外国人与居住在任何地点的敌国属民或居住在敌国领域内的其他人通商的，包括间接通商的，处以二年至十年有期徒刑和相当于商品价值五倍的罚金，并且在任何情况下，罚金不少于一千零三十二欧元。[②]

第二百五十一条　不履行战时供应契约

在战争时期，完全或部分不履行与国家、其他公共机构、从事公共服务或公需服务的企业为国家武装力量或民众需求而缔结的、提供物品或劳务的契约的，处以三年至十年有期徒刑和相当于本应提供的物品或劳务价值三倍的罚金，并且在任何情况下，罚金不少于一千零三十二欧元。[③]

如果完全或部分不履行是因过失而发生的，刑罚减少一半。

---

① 原来规定的刑罚是死刑。

② 本条规定的罚金数额由 1981 年第 689 号法律第一百一十三条增加。

③ 本款规定的罚金数额由 1981 年第 689 号法律第一百一十三条增加。

对于从属供货人、中介和供应人的代理人，当他们违反自己的契约义务造成供应契约无法履行时，也适用同样的规定。

第二百五十二条　在战时供应中欺诈

在战争时期，在执行供应契约或者履行前条列举的其他契约义务中实施欺诈的，处以十年以上有期徒刑和相当于本应提供的物品或劳务价值五倍的罚金，并且在任何情况下，罚金不少于二千零六十五欧元。①

第二百五十三条　摧毁或者破坏军事设施

摧毁船舶、飞机、运输工具、道路、建筑物、仓库或者其他军事设施或为国家武装力量服务的设施的，或者使其完全或部分不可使用的，包括暂时性无法使用，处以八年以上有期徒刑。

有下列情况之一的，适用无期徒刑：②

(一)如果行为是为了与意大利交战的国家之利益而实施的；

(二)如果行为影响了国家的战备、战果或者军事行动。

第二百五十四条　过失提供便利

持有、保管或者监督前条列举的物品的人，因过失而致使该条列举之罪的执行成为可能的，或者仅为其提供便利的，处以一年至五年有期徒刑。

第二百五十五条　删除、伪造或者窃取涉及国家安全的文书或文件

全部或者部分删除、伪造、骗取、窃取、隐匿包括暂时隐匿涉及国家安全或者国家对内或对外政治利益的文书或文件的，处以八年以上有期徒刑。

如果行为影响了国家的战备、战果或者军事行动，适用无期徒刑。③

第二百五十六条　刺探涉及国家安全的消息

刺探为了国家安全或者国家对内或外政治利益而应当予以保密的消息的，处以三年至十年有期徒刑。

在本章规定的意义上，为了国家安全或者对内或对外政治利益而应当予以

---

① 本条规定的罚金数额由1981年第689号法律第一百一十三条增加。

② 原来规定的刑罚是死刑。

③ 原来规定的刑罚是死刑。

保密的消息也包括政府因对内或对外政治原因而不予公布的、载于政府文书中的消息。

如果属于主管机关禁止扩散的消息,刑罚为二年至八年有期徒刑。

如果行为影响了国家的战备、战果或者军事行动,适用无期徒刑。①

第二百五十七条　政治或军事间谍活动

以从事政治或军事间谍活动为目的,刺探为了国家安全或者对内或对外政治利益而应当予以保密的消息的,处以十五年以上有期徒刑。

有下列情形之一的,适用无期徒刑:②

(一)如果行为是为了与意大利交战的国家的利益而实施的;

(二)如果行为影响了国家的战备、战果或者军事行动。

第二百五十八条　刺探被禁止传播的消息的间谍活动

以从事政治或军事间谍活动为目的,刺探主管机关禁止传播的消息的,处以十年以上有期徒刑。

如果行为是为了与意大利交战的国家之利益而实施的,适用无期徒刑。

如果行为影响了国家的战备、战果或者军事行动,适用同样的刑罚。③

第二百五十九条　过失提供便利

持有有关文件或者得知有关消息的人,因过失而致使第二百五十五条、第二百五十六条、第二百五十七条和第二百五十八条规定之罪的实施成为可能,或者仅为其提供便利的,处以一年至五年有期徒刑。

如果行为影响了国家的战备、战果或者军事行动,适用三年至十五年有期徒刑。

对为国家军事利益被禁止进入的地点、陆域、水域或空域负有看守或者监督责任的人,因过失致使上述犯罪的实施成为可能,或者仅为其提供便利的,适用同样的刑罚。

---

① 原来规定的刑罚是死刑。

② 原来规定的刑罚是死刑。

③ 原来规定的刑罚是死刑。

第二百六十条　非法进入军事地点和非法持有间谍工具

有下列行为之一的，处以一年至五年有期徒刑：

（一）非法地或者以欺骗手段进入为国家军事利益而被禁止进入的地点、陆域、水域或空域的；

（二）在上述地点或者在其附近，被发现非法持有可用来实施第二百五十六条、第二百五十七条和第二百五十八条规定的某一犯罪的工具的；

（三）被发现非法持有足以提供第二百五十六条列举的消息的文件或者任何其他物品的。

如果以上各项规定的犯罪是在战时实施的，处以三年至十年有期徒刑。

本条规定同样可以适用于，办公室、科室或用于存放公共安全机关材料，因公共安全的原因被公共安全机关禁止进入的不动产场所。①

第二百六十一条　泄露国家秘密

泄露第二百五十六条列举的、具有保密特点的消息的，处以五年以上有期徒刑。

如果行为是在战时实施的，或者影响了国家的战备、战果或者军事行动，所判处的有期徒刑不得少于十年。

如果犯罪人以政治或军事间谍活动为目的实施行为，在本条第一款规定的情况下，处以无期徒刑；在本条第二款规定的情况下，处以无期徒刑。②

前几款规定的刑罚也适用于获取上述消息的人。

如果行为是因过失而实施的，在本条第一款规定的情况下，处以六个月至二年有期徒刑；如果出现第二款规定的某一情形，处以三年至十五年有期徒刑。

第二百六十二条　泄露被禁止扩散的消息

泄露主管机关禁止扩散的消息的，处以三年以上有期徒刑。

如果行为是在战时实施的，或者影响了国家的战备、战果或军事活动，处以十年以上有期徒刑。

---

① 本款由2013年10月15日第119号法律第七条第三款之二增加。

② 原来规定的刑罚是死刑。

如果犯罪人以从事政治或军事间谍活动为目的实施行为，在本条第一款规定的情况下，处以十五年以上有期徒刑；在本条第二款规定的情况下，处以无期徒刑。①

前几款规定的刑罚也适用于获取上述消息的人。

如果行为是因过失而实施的，在本条第一款规定的情况下，处以六个月至二年有期徒刑；如果出现第二款列举的某一情形，处以三年至十五年有期徒刑。

第二百六十三条　利用国家秘密

公务员或者受委托从事公务的人员，利用由于其职务或服务原因而知晓的并且为了国家安全应当保密的科学发明或发现或者工业实用新技术，为自己或者他人牟利的，处以五年以上有期徒刑和一千零三十二欧元以上罚金。②

如果行为是为了与意大利交战的国家的利益实施的，或者影响了国家的战备、战果或者军事行动，对犯罪人处以无期徒刑。③

第二百六十四条　对国家事务不忠

受意大利政府委托在国外处理国家事务的人，表现出不忠实于委托的，如果行为可能对国家利益造成损害，处以五年以上有期徒刑。

第二百六十五条　对政治的瓦解

在战争时期，传播或者通报虚假的、夸张的或者有偏向的消息或传闻，有可能引起公众恐慌、磨灭公众精神或者以其他方式削弱民族抗敌力量的，或者进行足以对民族利益造成损害的任何活动的，处以五年以上有期徒刑。

有下列情形之一的，处以十五年以上有期徒刑：

（一）如果行为是通过向军人进行的宣传或者通报实施的；

（二）如果犯罪人在与外国人勾结后实施行为。

如果犯罪人在与敌人勾结后实施行为，处以无期徒刑。

第二百六十六条　教唆军人不遵守法律

教唆军人不遵守法律或者违反自己的誓言、军事纪律或其他与其身份有关

---

① 原来规定的刑罚是死刑。

② 本款规定的罚金数额由1981年第689号法律第一百一十三条增加。

③ 原来规定的刑罚是死刑。

的义务的,或者唆使军人为违反法律、誓言、纪律或其他军事义务的行为辩护的,如果行为不构成更为严重的犯罪,仅因此行为,处以一年至三年有期徒刑。

如果行为是公开实施的,处以二年至五年有期徒刑。

如果行为是在战时实施的,刑罚予以增加。

在刑事法律的意义上,当行为发生于下列情况之一时,被认为是公开实施的:

(一)采用印刷品或者其他宣传工具的;

(二)在公共场所或者向公众开放的场所,并且当着数人的面实施行为的;

(三)在因其举行的地点、参加者的数量、目的或议题而具有非私人特点的集会上实施行为的。

第二百六十七条　对经济的瓦解

在战争时期,采用旨在挫伤外汇行情或者影响公私有价证券市场的手段,致使民族抗敌运动面临危险的,处以五年以上有期徒刑和三千零九十八欧元以上罚金。[①]

如果犯罪人在与外国人勾结后实施行为,所处的有期徒刑不得少于十年。

如果犯罪人在与敌人勾结后实施行为,所处的有期徒刑不少于十五年。

第二百六十八条　对同盟国的平等对待

当犯罪是针对为战争目的而与意大利结盟或者联合的外国实施的时,也适用第二百四十七条以及随后各条规定的刑罚。

第二百六十九条　[公民在外国的反民族活动][②]

第二百七十条　颠覆性结社[③]

在国家领域内发起、创建、组织或者领导旨在并且可能以暴力方式推翻国

---

① 本款规定的罚金数额由1981年第689号法律第一百一十三条增加。

② 本条由2006年2月24日第85号法律(《对刑法典关于见解犯罪的修改》)第十二条废除。原来的条文如下:公民在意大利领域外散布或者通报关于国家内部情况的虚假的、夸张的或有偏向的传言或消息,以致削弱国家在外国的信誉和威望的,或者进行任何足以对民族利益造成损害的活动的,处以五年以上有期徒刑。

③ 本条由2006年2月24日第85号法律(《对刑法典关于见解犯罪的修改》)第二条修改。

家现行的经济制度或社会制度或者以暴力方式废止国家的政治和法律制度的团体的,处以五年至十二年有期徒刑。

参加第一款所列举的团体的,处以一年至三年有期徒刑。

对于重新建立,包括以虚假名称或掩盖的方式重新建立已被责令解散的上述团体的,刑罚予以增加。

第二百七十条之二　以恐怖主义包括国际恐怖主义为目的或者以颠覆民主秩序为目的的结社①

发起、创建、组织、领导或者资助试图实施以恐怖主义或颠覆民主秩序为目的暴力行为团体的,处以七年至十五年有期徒刑。

参加上述团体的,处以五年至十年有期徒刑。

在刑事法律的意义上,当暴力行为针对的是某一外国、国际机构或者国际组织时,恐怖主义目的也成立。

对于被判刑人,必须一律没收服务于或为了用于实施犯罪的物品,构成犯罪所得、收益、利益的物品或是构成犯罪的物品。

第二百七十条之二之一　加重或减轻量刑情节②

实施以恐怖主义或颠覆民主秩序为目的的犯罪,对于处以无期徒刑之外的刑罚,刑罚应增加一半,除了量刑情节作为犯罪构成。

当同时存在其他加重量刑情节时,适用第一款规定的加重情节增加刑罚。当第九十八条和第一百一十四条列举之外的减轻量刑情节与第一款规定的加重量刑情节同时存在时,不可以认为这些量刑情节均等或是由特殊法律规定的加重量刑情节占优,也不可以适用普通犯罪的独立的量刑方式确定刑罚,刑罚的减轻以根据上述加重情节增刑后的刑期为基础。

实施以恐怖主义或颠覆民主秩序为目的的罪行,除了第二百八十九条之二的规定之外,对于共犯中与其他犯罪人脱离的情形,起到了避免犯意进一步发

---

① 本条由 1979 年 12 月 15 日第 625 号法令第三条增加,又由 2001 年 12 月 15 日第 438 号法律修改。又由 2015 年 4 月 17 日第 43 号法律第一条第三款之二修改,实施本罪涉及未成年人时还意味着适用附加刑:丧失父母职责。

② 本条由 2018 年 3 月 1 日第 21 号立法政令第五条第一款第三项增加。

展的作用，或是帮助警察部门以及司法机关收集确定的证据以确定行为人或是抓获其他共犯，无期徒刑应由十二年至二十年有期徒刑替代，并且刑罚在三分之一至一半幅度内减轻。

出现第三款规定量刑情节则不能适用于本条第一款规定的加重量刑情节。

除了第五十六条第四款规定的情况外，对于实施以恐怖主义或颠覆民主秩序为目的的犯罪，行为人主动阻止犯罪结果发生或提供确凿的证据以准确地还原事实或确定其他共犯人员时，不予处罚。

第二百七十条之三　协助结社者[①]

除共同犯罪或者包庇的情况外，为参加第二百七十条和第二百七十条之二列举之团体者提供藏身地、食宿、接待、交通工具或通信器材的，处以四年以下有期徒刑。

对于连续提供上述协助的，加重处罚。

为近亲属实施行为的，不受处罚。

第二百七十条之四　以恐怖主义包括国际恐怖主义为目的的招募人员[②]

除第二百七十条之二规定的情况外，以恐怖主义为目的，招募一人或数人实施暴力行为或者破坏重要公共服务设施的行为的，即使所针对的是某一外国、国际机构或国际组织，均处以七年至十五年有期徒刑。

第二百七十条之二规定的情况外，除了接受培训，被招募人员处以五年至八年有期徒刑。[③]

第二百七十条之四之一　以实现恐怖主义为目的的流动组织[④]

除第二百七十条之二和第二百七十条之四规定的情况外，任何组织，资助

---

① 本条由2001年12月15日第438号法律增加，又由2015年4月17日第43号法律第一条第三款之二修改，实施本罪涉及未成年人时还意味着适用附加刑：丧失父母职责。

② 本条由2005年7月31日第155号法律（《应对国际恐怖主义的紧急措施》）第十五条增加。又由2015年4月17日第43号法律第一条第三款之二增加了本条的附加刑，当涉及未成年人时，犯有本罪丧失父母职责。

③ 本款由2015年4月17日第43号法律第一条第一款增加。

④ 本条由2015年4月17日第43号法律第一条第二款增加，又由2015年4月17日第43号法律第一条第三款之二增加了本条的附加刑，涉及未成年人时，犯有本罪丧失父母职责。

或在外国境内进行流动宣传以完成实施第二百七十条之六规定的以恐怖主义为目的的行为，处以五年至八年有期徒刑。

第二百七十条之五 以恐怖主义包括国际恐怖主义为目的进行训练活动①

除第二百七十条之二规定的情况外，训练或者以其他方式指导他人准备或者使用爆炸物、武器、有害的或危险的化学物品或者细菌物品以及其他技术或方法，以实施具有恐怖主义目的的暴力行为或破坏重要公共服务设施的行为的，即使所针对的是某一外国、国际机构或国际组织，均处以五年至十年有期徒刑。同样的刑罚适用于接受训练人，包括获得及自动获得指导以完成第一款规定的行为，且实施这一行为唯一的目的是实现第二百七十条之六规定的行为。②

如果行为是由接受训练或指导的人通过信息或电子信息工具完成，前款规定的刑罚予以增加。③

第二百七十条之五之一 资助以恐怖主义为目的的行为④

除第二百七十条之二及第二百七十条之四之一规定的情况外，收集、捐赠或存放财产或现金，无论以任何方式使用全部或部分，使之成为实施行为的资金基础，实现或用于完成第二百七十条之六规定的以恐怖主义为目的的行为，处以七年至十五年有期徒刑。

存放或保管第一款规定的财产或现金，处以五年至十年有期徒刑。

第二百七十条之五之二 窃取被扣押的财产或现金⑤

窃取、破坏、消耗、摧毁、毁坏，由于实施第二百七十条之六规定的以恐怖主义为目的的行为，而被处于预防性扣押措施中的财产或现金，处以二年六个月有期徒刑和三千欧元至一万五千欧元罚金。

---

① 本条由2005年7月31日第155号法律（《应对国际恐怖主义的紧急措施》）第十五条增加，又由2015年4月17日第43号法律第一条第三款之二增加了本条的附加刑，涉及未成年人时，犯有本罪丧失父母职责。

② 本款由2015年4月17日第43号法律第一条第三款第一项修改。

③ 本款由2015年4月17日第43号法律第一条第三款第二项增加。

④ 本条由2016年7月28日第153号法律第四条第一条第一项增加。

⑤ 本条由2016年7月28日第153号法律第四条第一款第一项增加。

第二百七十条之六 以恐怖主义为目的的行为

被认为以恐怖主义为目的的行为是,从性质或内容,能够造成国家或国际组织的严重损害,通过恐吓民众或威胁公权力机关、国际组织的方式,包括任何行为方式,破坏或摧毁一个国家或是国际组织的基本政治体制、宪法、经济或社会秩序,包括其他意大利作为成员国签署的国际公约,对意大利有约束力的国际法中定义为恐怖主义的行为或是以恐怖主义为目的的行为。

第二百七十条之七 没收①

《刑事诉讼法典》第四百四十四条规定适用于实施第二百七十条之六规定以恐怖主义为目的行为的人,一律没收用于或以实施第二百七十条之六规定罪行为目的的物品,以及犯罪产生的价值、产物或利益,除非属于与犯罪行为无关的人,当不可能对属于罪犯拥有处置权的财物进行没收时,没收与其价值、产物或利益相当的财物。

第二百七十一条 [反民族结社]②

第二百七十二条 [颠覆性和反民族的宣传和颂扬]③

第二百七十三条 [非法建立具有国际性质的团体]④

第二百七十四条 [非法参加具有国际性质的团体]⑤

---

① 本条由2016年7月28日第153号法律第四条第一款第二项增加。

② 意大利宪法法院于2001年7月21日以第243号判决宣告本条违宪,本条因此而被废除。原来的条文如下:“除前条规定的情况外,在意大利领域内发起、创建、组织或者领导意图进行或者进行破坏或者压制民族感情的活动的团体的,处以一年至三年有期徒刑。参加上述团体的,处以六个月至二年有期徒刑。适用前条最后一款的规定。”

③ 本条由2006年2月24日第85号法律(《对刑法典关于见解犯罪的修改》)第十二条废除。原来的条文如下:“在意大利领域内宣传以暴力建立某一社会阶级对其他阶级的专政、以暴力方式压迫某一社会阶级,或者以暴力方式推翻国家现行的社会制度或经济制度的,或者宣传摧毁社会的任何政治和法律制度的,处以一年至五年有期徒刑。颂扬以上条款列举的行为的,处以同样的行为。”

④ 意大利宪法法院于1985年6月28日以第193号判决宣告本条违反《宪法》第十八条,本条因此而被废除。

⑤ 意大利宪法法院于1985年6月28日以第193号判决宣告此条违反《宪法》第十八条,本条因此而被废除。

第二百七十五条　[接受敌国的荣誉或利益]①

第二节　危害国家内部制度的犯罪

第二百七十六条　侵害共和国总统②

侵害共和国总统的生命、健康或者人身自由的，处以无期徒刑。

第二百七十七条　侵犯共和国总统的自由③

除前条规定的情况外，侵犯共和国总统的自由的，处以五年至十五年有期徒刑。

第二百七十八条　侵犯共和国总统的名誉或者威望④

侵犯共和国总统的名誉或者威望的，处以一年至五年有期徒刑。

第二百七十九条　[侵犯共和国总统的免责特权]⑤

第二百八十条　以恐怖主义或者颠覆为目的的侵害

以恐怖主义或者颠覆民主秩序为目的，侵害他人生命或者健康的，在侵害生命的情况下，处以二十年以上有期徒刑；在侵害健康的情况下，处以六年以上有期徒刑。

如果因侵害他人健康的行为导致极为严重的伤害，处以十八年以上有期徒刑；如果导致严重的伤害，处以十二年以上有期徒刑。

如果前几款规定的行为是针对正在行使司法、监所管教或者公共安全职责的人员实施的，刑罚增加三分之一。

---

① 本条由1999年6月25日第205号法律（《授权政府对轻微犯罪实行非刑罚化并修改刑罚和财税制度》）第十八条废除。原来的条文如下："公民从与意大利交战的国家接受学衔、学术身份、称号、勋章、其他公共荣誉标志、抚恤金或者与上述学衔、身份、称号、勋章或荣誉有关的利益的，处以一年以下有期徒刑。"

② 本条由1947年11月11日第1317号法律第二条修改。

③ 本条由1947年11月11日第1317号法律第二条修改。

④ 本条由1947年11月11日第1317号法律第二条修改。

⑤ 本条由2006年2月24日第85号法律（《对刑法典关于见解犯罪的修改》）第十二条废除。原来的条文如下："公开将对政府行为的指责或责任追究指向共和国总统的，处以一年以下有期徒刑或者五千里拉至五万里拉罚金。"

如果因前几款的行为造成死亡,在侵害生命的情况下,处以无期徒刑;在侵害健康的情况下,处以三十年有期徒刑。

当第九十八条和第一百一十四条列举之外的减轻情节与第二款和第四款规定的加重情节同时存在时,不得认为前者与后者对等或者前者优于后者,并且刑罚的减轻以根据上述加重情节增刑后的刑期为基础。①

第二百八十条之二　使用致命装置或爆炸装置的恐怖主义行为②

除行为构成更为严重的犯罪外,以恐怖主义为目的,通过使用爆炸装置或者其他致命装置实施任何旨在破坏他人的动产或不动产的,处以二年至五年有期徒刑。

在本条的意义上,武器和第五百八十五条列举的与武器相类似并且足以造成重大物质损害的物品被视为爆炸物或者其他致命装置。

如果行为针对的是共和国总统府、立法会议所在地、宪法法院所在地、政府机构所在地或者其他由宪法或宪法性法律规定的机构所在地,刑罚可增加至一半。

如果行为对公共安全造成危险,或者对国家经济造成严重损害,适用五年至十年有期徒刑。

当第九十八条和第一百一十四条列举之外的减轻情节与第三款和第四款规定的加重情节同时存在时,不得认为前者与后者对等或者前者优于后者,并且刑罚的减轻以根据上述加重情节增刑后的刑期为基础。

第二百八十条之三　使用核装置的恐怖主义行为③

实施第二百七十条之六规定的以恐怖主义为目的的行为,处以十五年以上有期徒刑:

(一)本人或委托他人使用放射性物质;

(二)制造或持有核装置;

---

① 本款由 2003 年 2 月 14 日第 34 号法律第四条修改。

② 本条由 2003 年 2 月 14 日第 34 号法律第三条增加。

③ 本条由 2016 年 7 月 28 日第 153 号法律第四条第一款第三项增加。

实施第二百七十条之六规定的以恐怖主义为目的的行为，具有下列情形，处以二十年以上有期徒刑：

（一）利用放射性物质或核装置；

（二）利用或破坏核设施造成泄漏或放射性物质泄漏的危险。

利用生物或化学脏弹物质实施的犯罪行为，同样适用第一款和第二款规定的刑罚。

第二百八十一条　［侵犯政府首脑的自由］[①]

第二百八十二条　［侵犯政府首脑的名誉］[②]

第二百八十三条　侵犯国家宪政[③]

采用暴力行动，实施旨在并且足以改变国家宪法或者政府形式的行为的，处以五年以上有期徒刑。

第二百八十四条　反对国家权力的武装暴动

发起针对国家权力的武装暴动的，处以无期徒刑。如果暴动发生，处以无期徒刑。[④]

对于参加暴动的人，处以三年至十五年有期徒刑；对于领导者，处以无期徒刑。[⑤]

即使武器只是被存放于储存地点，暴动仍然被认为是武装暴动。

第二百八十五条　破坏、洗劫和屠杀

以侵害国家安全为目的，在意大利领域内或者在其中某一部分，实施导致破坏、洗劫或者屠杀的行为的，处以无期徒刑。[⑥]

第二百八十六条　内战

在意大利领域内实施旨在挑起内战的行为的，处以无期徒刑。

---

① 本条由1994年9月14日第288号立法性命令第三条废除。

② 本条由1994年9月14日第288号立法性命令第三条废除。

③ 本条由2006年2月24日第85号法律（《对刑法典关于见解犯罪的修改》）第三条修改。

④ 原来规定的刑罚是死刑。

⑤ 原来规定的刑罚是死刑。

⑥ 原来规定的刑罚是死刑。

如果内战发生，对犯罪人处以无期徒刑。[①]

第二百八十七条　篡夺政治权力和军事指挥权

篡夺政治权力或者非法地继续行使该权力的，处以六年至十五年有期徒刑。

对于非法取得高级军事指挥权的人，处以同样的刑罚。

如果行为是在战时实施的，对犯罪人处以无期徒刑；如果行为损害了军事行动的结果，处以无期徒刑。[②]

第二百八十八条　未经批准为外国征兵或者进行武装

在意大利领域内，未经政府批准，招募或者武装意大利公民，以便为外国人服兵役或者维护其利益的，处以四年至十五年有期徒刑。[③]

如果在被招募者中有现役军人或者仍受军事服役义务约束的人，刑罚予以增加。

第二百八十九条　侵犯宪政机构和地区议会[④]

实施旨在完全或部分妨碍包括暂时妨碍下列事项之暴力行为的，如果不属于更为严重的犯罪，处以一年至五年有期徒刑：

（一）共和国总统或者政府行使法律所赋予的职权或特权；

（二）立法会议、宪法法院或者地区议会行使其职能。

第二百八十九条之二　以恐怖主义或者颠覆为目的进行绑架[⑤]

以恐怖主义或者颠覆民主秩序为目的而绑架他人的，处以二十五年到三十年有期徒刑。

如果绑架导致被绑架人死亡，并且这一结果不是犯罪人所希望的，对犯罪人处以三十年有期徒刑。

如果犯罪人造成被绑架人死亡，处以无期徒刑。

---

① 原来规定的刑罚是死刑。

② 原来规定的刑罚是死刑。

③ 本款由 1995 年 5 月 12 日第 210 号法律第七条修改。

④ 本条由 2006 年 2 月 24 日第 85 号法律第四条修改。

⑤ 本条由 1987 年 5 月 18 日第 191 号法律增加。

共同犯罪人脱离其他同伙，设法使被绑架人重新取得自由的，处以二年至八年有期徒刑；如果被绑架人因绑架行为而在释放后死亡，适用八年至十八年有期徒刑。

当存在某一减轻情节时，第二款规定的刑罚由二十年至二十四年有期徒刑取代；第三款规定的刑罚由二十四年至三十年有期徒刑取代。如果存在数项减轻情节，在第二款规定的情况下，因减轻处罚而适用的刑罚不得少于十年；在第三款规定的情况下，不得少于十五年。①

第二百八十九条之三　以强迫为目的进行绑架②

除了第二百八十九条之二和第六百三十条规定的情况外，绑架他人或者将其置于自己的控制之下，威胁将其处死、伤害或者继续处于被挟持状态，强迫作为第三方的国家、国际组织，自然人或法人或是自然人集体实施或不实施某一行为，并将上述行为的实施或不实施确定为释放被绑架者的条件，处以二十五年至三十年有期徒刑。

适用第二百八十九条之二之第二款、第三款、第四款和第五款规定。

如果行为情节轻微，适用第六百零五条规定的刑罚，加重一半至三分之二。

第二百九十条　侮辱共和国、宪法制度和国家武装力量

公开侮辱共和国、立法会议、政府、宪法法院或者司法制度的，处以一千欧元至五千欧元罚金。③

对于公开侮辱国家武装力量或者解放力量的人，处以同样的刑罚。

第二百九十条之二　代理共和国总统的同等地位④

在第二百七十六条、第二百七十七条、第二百七十八条、第二百七十九条和第二百八十九条的意义上，代理共和国总统等同于共和国总统。

---

① 本条由 1978 年 3 月 21 日第 59 号法令增加。

② 本条由 2018 年 3 月 1 日第 21 号立法政令第二条第一款第一项增加。

③ 本款由 2006 年 2 月 24 日第 85 号法律第十一条修改。修改前的刑罚是六个月至三年有期徒刑。

④ 本条由 1947 年 1 月 11 日第 1317 号法律第二条增加。

第二百九十一条　侮辱意大利民族

公开侮辱意大利民族的，处以一千欧元至五千欧元。①

第二百九十二条　侮辱国旗或者国家其他标志②

侮辱国旗或国家其他标志的，处以一千欧元至五千欧元罚金。如果该行为是在公共庆祝活动或者正式仪式场合实施的，罚金为五千欧元至一万欧元。

公开地和故意地毁灭、损坏、侵蚀、玷污国旗或其他国家标志的，或者使其不可使用的，处以二年以下有期徒刑。

在刑事法律的意义上，国旗是指国家的正式旗帜和任何带有国旗颜色的旗帜。

第二百九十二条之二　［加重情节］③

第二百九十三条　［加重情节］④

第三节　侵犯公民政治权利的犯罪

第二百九十四条　侵犯公民的政治权利

采用暴力、威胁或者欺骗的手段，完全或部分阻碍他人行使政治权利的，或者致使他人违反其意愿行使政治权利的，处以一年至五年有期徒刑。

第四节　侵犯外国、外国首脑及其代表的犯罪

第二百九十五条　侵害外国首脑

在意大利领域内，侵害外国国家首脑的生命、健康、或者人身自由的，在侵

---

① 本款由2006年2月24日第85号法律第十一条修改。修改前的刑罚是一年至三年有期徒刑。

② 本条由2006年2月24日第85号法律第五条修改。

③ 本条由1956年3月23日第167号法律第九条增加，被2006年2月24日第85号法律废除。废除前的条文如下："如果行为是由退伍军人实施的，在第二百七十八条、第二百九十条第二款和第二百九十二条列举情况下科处的刑罚予以增加。虽不再服兵役，但根据《平时军事刑法典》第八条和第九条的规定尚未终止与国家武装力量的从属关系的人，被视为退伍军人。"

④ 本条由2006年2月24日第85号法律废除。原来的条文如下："在前两条规定的情况下，如果行为由意大利公民在外国领域内实施的，刑罚予以增加。"

害生命的情况下,处以二十年以上有期徒刑;在其他情况下,处以十五年以上有期徒刑。如果行为造成外国首脑死亡,在侵害生命的情况下,对犯罪人处以无期徒刑;[1]在其他情况下,处以无期徒刑。

第二百九十六条　侵犯外国首脑的自由

除前条规定的情况外,在意大利领域内,侵害外国国家首脑的自由的,处以三年至十年有期徒刑。

第二百九十七条　[侵犯外国首脑的名誉][2]

第二百九十八条　[侵犯外国的国家代表][3]

第二百九十九条　侵犯外国国旗或国家的其他标志[4]

在意大利领域内,在公共场所、向公众开放或展示的场所侮辱依照意大利国内法使用的外国官方旗帜或者其他标志的,处以一百欧元至一千欧元罚款。[5]

第三百条　互惠条件

只有当外国法律给予意大利国家首脑或意大利国旗以对等的刑事保护时,才适用第二百九十五条、第二百九十六条、第二百九十七条和第二百九十九条的规定。

只有根据第二百九十八条规定,当外国给予意大利外交使团首脑以对等的刑事保护时,外国外交使团首脑才被等同于外国的国家首脑。

如果不存在对等的刑事保护,适用第十二章和第十三章的规定,但是,刑罚予以增加。

---

① 原来的刑罚是死刑。

② 本条由1999年6月25日第205号法律(《授权政府对轻微犯罪实行非刑罚化并修改刑罚制度和财税制度》)第十八条废除。原来的条文如下:“在意大利领域内,侵犯外国国家首脑的名誉或者威望的,处以一年至三年有期徒刑。”

③ 本条由1999年6月25日第205号法律(《授权政府对轻微犯罪实行非刑罚化并修改刑罚制度和财税制度》)第十八条废除。原来的条文如下:“如果前三条规定的行为是针对外国派往意大利政府的、因行使其职责或者行使其职责中具有外交使团首脑身份的外国国家代表实施的,也适用该前三条的规定。”

④ 本条由2006年2月24日第85号法律第六条修改。

⑤ 修改前的刑罚是六个月至三年有期徒刑。

第五节 一般规定和前几节的共同规定

第三百零一条 数罪

当第二百七十六条、第二百七十七条、第二百七十八条、第二百八十条、[第二百八十一条、第二百八十二条、][①]第二百九十五条、第二百九十六条[、第二百九十七条、第二百九十八条][②]列举的侵害生命、健康、自由或者名誉的犯罪根据前几节以外条款也被法律视为犯罪时,适用规定最重刑罚的条款。

但是,在应当适用不包含在前几节条款之内的规定的情况下,刑罚在三分之一至一半的幅度内增加。

当对生命、健康、自由或名誉的侵犯被法律视为另一犯罪的构成要件或者加重情节时,该犯罪不再构成复合犯罪,对犯罪人根据关于数罪并罚的规定分别判处刑罚,并且对上述侵犯行为适用包含在前几节中的规定。

第三百零二条 教唆实施第一节和第二节规定的犯罪

教唆实施本章第一节和第二节规定的、依法应判处无期徒刑或有期徒刑的某一非过失犯罪的,如果教唆未被接受,或者教唆虽被接受,但犯罪未被实施,处以一年至八年有期徒刑。如果犯罪行为通过信息或电子信息工具实施,刑罚应予增加。[③]

但是,应判处的刑罚一律不低于为被教唆实施之罪规定的刑罚的一半。

第三百零三条 [公开教唆和颂扬][④]

第三百零四条 以协议方式进行的政治预谋

当数人协议实施第三百零二条列举的某一犯罪时,如果犯罪未被实施,对

---

① 方括号中的内容由1944年11月14日第288号立法性命令第三条废除。

② 方括号中的内容由1999年6月25日第205号法律第十八条废除。

③ 本款由2015年4月17日第43号法律第二条第一款第一项修改。

④ 本条由1999年6月25日第205号法律第十八条废除。原来的条文如下:“公开教唆实施前条列举的一项或数项犯罪的,仅因该教唆行为,处以三年至十二年有期徒刑。对于公开颂扬前条列举的一项或数项犯罪的,处以同样的刑罚。”

于参加该协议的人,处以一年至六年有期徒刑。

对于倡议者,刑罚予以增加。

但是,应判处的刑罚一律不超过为协议实施之罪规定的刑罚的一半。

第三百零五条 以结伙方式进行的政治预谋

当三人或者三人以上以实施第三百零二条列举的某一犯罪为目的相互结伙时,对于发起、创建或者组织上述团伙的人,仅因此行为,处以五年至十二年有期徒刑。

对于仅参加上述团伙的行为,处以二年至八年有期徒刑。

对于团伙的首领,处以为发起者规定的相同刑罚。

如果上述团伙倾向于实施以上列举的两项或两项以上的犯罪,刑罚予以增加。

第三百零六条 武装团伙:组建和参加

当为实施第三百零二条列举的某一犯罪而组建武装团伙时,对于发起、创建或者组织该团伙的人,仅因此行为,处以五年至十五年有期徒刑。

对于仅参加上述武装团伙的行为,处以三年至九年有期徒刑。

对于武装团伙的首领或者资助者,处以为发起者规定的相同刑罚。

第三百零七条 为参加预谋或武装团伙的人提供协助

除共同犯罪或者包庇的情况外,为某一参加前几条列举的团伙或武装团伙的人提供藏身地、食宿、招待、交通工具或通信器材的,处以二年以下有期徒刑。①

如果以上帮助是以连续方式提供的,刑罚予以增加。②

为帮助自己的近亲属而实施上述行为的,不予处罚。

在刑事法律的意义上,近亲属是指直系尊亲属、直系卑亲属、配偶、同性婚姻的配偶③、兄弟、姐妹、同一亲等的姻亲、叔舅和甥侄;但是,如果配偶已经死

---

① 本款由2001年12月15日第438号法律第一条修改。

② 本款由2001年12月15日第438号法律第一条修改。

③ 本款由2017年1月19日第6号立法性命令增加“同性婚姻配偶”一语。

亡并且没有子女，姻亲不被称为近亲属。

第三百零八条 预谋：不受处罚的情况

在第三百零四条、第三百零五条和第三百零七条规定的情况下，在实施为之而达成协议或者结伙的犯罪之前，并且在逮捕或者追诉之前，有下列情形之一的，不受处罚：

（一）解散或者决定解散有关团伙的；

（二）不是发起者或首领，并且退出协议或团伙的。

以任何方式阻止执行为之而达成协议或者结成团伙的犯罪的人，同样不受处罚。

第三百零九条 武装团伙：不受处罚的情况

在第三百零六条和第三百零七条规定的情况下，在实施为之而组建武装团伙的犯罪之前，并且在主管机关或公安机关发出勒令之前或者在发出勒令之后立即有下列行为之一的，不受处罚：

（一）解散或者决定解散武装团伙的；

（二）不是发起者或首领，并且退出武装团伙的，或者在未进行抵抗的情况下投降并且交出或放下武器的。

以任何方式阻止武装团伙犯罪的，同样不受处罚。

第三百一十条 战争时期

在刑事法律的意义上，"战争时期"一词也包括面临紧迫的战争危险的时期，只要战争随后发生。

第三百一十一条 减轻情节：行为轻微

当由于行为的性质、种类、手段、方式或情节或者由于损害或危险的具体程度而认为有关行为轻微时，对本章列举之罪规定的刑罚予以减轻。

第三百一十二条 将外国人驱逐出境①

当外国人或欧盟其他成员国公民因触犯本章罪名被处以限制人身自由的刑罚，以及法律规定的其他情况，法官可以裁决将外国人或是欧盟其他成员国

① 本条由2008年7月24日第125号法律第一条第一款替代。

公民驱逐出境。①

违反驱逐令,处以一年至四年有期徒刑。在此情况下,应逮捕行为人,如果行为人逃逸,适用简易程序。

第三百一十三条　对追诉的批准或要求

对于第二百四十四条、第二百四十五条、第二百六十五条、第二百六十七条、第二百六十九条、[第二百七十三条、第二百七十四条、]②第二百七十七条、第二百七十八条、第二百七十九条、第二百八十七条和第二百八十八条规定的犯罪,未经司法部部长批准,不得进行追诉。

当第二百四十七条、第二百四十八条、第二百四十九条、第二百五十条、第二百五十一条和第二百五十二条规定的犯罪是针对为战争目的与意大利结盟或者联合的国家实施的时,未经司法部部长批准,也不得对上述各条规定的犯罪进行追诉。

当第二百九十条规定的犯罪是针对立宪会议或者立法会议实施的时,未经受到侮辱的会议的批准,对于该条规定的犯罪不得进行追诉。在其他情况下,未经司法部部长批准,不得进行追诉。③

对于第二百九十六条、第二百九十七条、与第二百九十八条和第二百九十六条有联系的第二百九十七条以及第二百九十九条规定的犯罪,只有经司法部部长提出追诉要求,才予以处罚。

---

① 本条由2009年7月15日第94号法律第一条第三款替代。

② 第二百七十三条和第二百七十四条被意大利宪法法院于1985年6月28日第193号判决宣告违宪。

③ 意大利宪法法院于1969年2月17日以第15号法律宣告本款在以下方面违宪:它授权司法部部长而不是宪法法院对追诉侮辱宪法法院的犯罪给予批准。

第二章　侵犯公共管理罪

第一节　公务员侵犯公共管理的犯罪

第三百一十四条　贪污①

公务员或受委托从事公务的人员，因其职务或服务的原因占有或者掌握他人的钱款或动产，将其据为己有的，处以四年至十年六个月有期徒刑。②

当犯罪人仅以暂时使用物品为目的，并且在暂时使用后立即予以归还时，适用六个月至三年有期徒刑。

第三百一十五条　［侵吞私人财物］③

第三百一十六条　利用他人的错误贪污④

公务员或受委托从事公务的人员，在行使其职务或服务时，利用他人的错误，为自己或第三人非法接受或者保留钱款或其他利益的，处以六个月至三年有期徒刑。

当行为侵害欧盟的经济利益时，并且损害或收益超过十万欧元，处以六个月至四年有期徒刑。⑤

---

① 本条由 1990 年 4 月 26 日第 86 号法律第一条修改。

② 本条由 2015 年 5 月 27 日第 69 号法律第一条第一款第四项修改。

③ 本条由 1990 年 4 月 26 日第 86 号法律第二十条废除。

④ 本条由 1990 年 4 月 26 日第 86 号法律第二条修改。

⑤ 本款由 2020 年 7 月 30 日第 75 号法律第一条第一款第一项增加。

第三百一十六条之二 盗用公有捐助财产[①]

不属于公共行政机关的人员，在从国家、其他公共机构或欧洲共同体获得旨在促进公益活动或事业的开展和进行的资助、补助、经费或者其他此类捐助，不将其用于上述目的的，处以六个月至四年有期徒刑。[②]

第三百一十六条之三 非法获取国家的捐助[③]

除行为构成第六百四十条之二规定的犯罪外，通过使用或者提交虚假声明、文件或不真实的证明物品，或者通过不如实报告情况，为自己或他人非法获取帮助、资助、优惠信贷或者其他此类捐助的，无论其称谓如何，只要上述捐助是由国家、其他公共机构或者欧洲共同体给予的，处以六个月至三年有期徒刑。如果行为是由公务员或受委托从事公务的人员滥用其身份或职权的手段实施的，处以一年至四年有期徒刑。如果行为侵害了欧盟的经济利益时，并且损害或收益超过十万欧元，处以六个月至四年有期徒刑。[④]

如果非法获取的钱款相当于或者少于三千九百九十九欧元九十六欧分[⑤]，仅适用五千一百六十四欧元至二万五千八百二十二欧元的行政罚款制裁。在任何情况下，上述制裁不得超过所获好处的三倍。

第三百一十七条 索贿[⑥]

公务员或受委托从事公务的人员，滥用其身份或者权力，强迫或者诱使他人非法地向自己或第三人给予或者许诺给予钱款或其他利益的，处以六年至十二年有期徒刑。

---

① 本条由1990年4月26日第86号法律第三条增加，并经1992年2月7日第181号法律第一条修改，又经2022年3月29日第25号法律第二十八条之二之第一款第二项修改。

② 本款由2022年3月29日第25号法律第二十八条之二之第一款第二项修改。

③ 本条由2000年9月29日第300号法律(《批准关于公务员腐败问题的公约》)第四条增加，又经2022年3月29日第25号法律第二十八条之二之第一款第三项第一目修改。

④ 本款由2022年3月29日第25号法律第二十八条之二之第一款第九项修改。

⑤ 本款金额由2022年10月13日第13号法律第五十八条提高。

⑥ 本条由1990年4月26日第86号法律第四条修改，又由2015年5月27日第69号法律第三条第一款第一项替代。

第三百一十七条之二　附加刑[①]

因第三百一十四条、第三百一十七条、第三百一十八条、第三百一十九条、第三百一十九条之二、第三百一十九条之三、第三百一十九条之四之第一款、第三百二十条、第三百二十一条、第三百二十二条、第三百二十二条之二及第三百四十六条之二规定的犯罪而受到处罚意味着褫夺公职终身和终身剥夺与公共行政部门签约的权能,为获得公共服务的情况除外。但是,如果被处以二年以下有期徒刑,或者存在第三百二十三条之二之第一款规定的减轻情节,处罚意味着暂时禁止担任公职和暂时剥夺与公共行政部门签约的权能,处罚期限为五年以上七年以下。

如果存在第三百二十三条之二之第二款规定的减轻情节,处罚意味着适用本条第一款规定的附加刑,期限为一年以上五年以下。

第三百一十八条　因职务行为受贿[②]

公务员利用自己的职能或权力为自己或第三人接受不应接受的钱款或利益的,或者接受有关的许诺的,处以三年至八年有期徒刑。[③]

第三百一十九条　因违反职责义务的行为受贿[④]

公务员因不履行或拖延其职务行为或者因曾未履行或曾拖延其职务行为,或者因实施违反其职责义务的行为或者因曾实施过违反其职责义务的行为,为自己或第三人接受钱款或其他利益的,或者接受有关的许诺的,处以六年至十年有期徒刑。

第三百一十九条之二　加重情节[⑤]

如果实施第三百一十九条规定的行为涉及授予公职、发给薪金或补贴、签

---

① 本条由1990年4月26日第86号法律第五条增加,又由2019年1月31日第3号法律第一条第一款第十三项替代。

② 本条由1990年4月26日第86号法律第六条修改,又由2012年11月6日第190号法律第一条替代。

③ 本款由2019年1月31日第3号法律第一条第一款第十四项修改。

④ 本条由1990年4月26日第86号法律第七条修改,又由2015年5月27日第69号法律第一条第一款第六项修改。

⑤ 本条由1990年4月26日第86号法律第八条增加,又由2010年7月30日第122号法律第二十九条第七款修改。

订与公务员所属的行政机关有关的合同,包括钱款或给予回扣,刑罚予以增加。

第三百一十九条之三 在司法行为中受贿①

如果实施第三百一十八条和第三百一十九条列举的行为是为了帮助或者损害民事诉讼、刑事诉讼或者行政诉讼中的一方当事人,处以六年至十二年有期徒刑。②

如果上述行为导致对某人不公正地判处五年以下有期徒刑,处以六年至十四年有期徒刑;如果导致对某人判处五年以上有期徒刑或者无期徒刑,处以八年至二十年有期徒刑。③

第三百一十九条之四 诱使给予或许诺给予不应接受的利益④

除了行为构成更为严重的犯罪,公务员或受委托从事公务的人员,滥用其身份或权力,诱使他人给他本人或第三人,给予或许诺给予不应接受的现金或其他利益,处以六年至十年六个月有期徒刑。⑤

根据第一款规定的情况,给予或许诺给予人处以三年以下有期徒刑,当行为侵害了欧盟的经济利益时,并且损害或收益超过十万欧元,处以四年以下有期徒刑。⑥

第三百二十条 受委托从事公务人员的受贿⑦

第三百一十八条、第三百一十九条的规定也适用于受委托从事公务的人员;当受委托从事公务的人员被授予公职人员身份时,第三百一十八条的规定也对之适用。⑧

在任何情况下,刑罚在不超过三分之一的幅度内减少。

---

① 本条由1990年4月26日第86号法律第九条修改。

② 本款由2015年5月27日第69号法律第一条第一款第七项修改。

③ 本款由2015年5月27日第69号法律第一条第一款第七项修改。

④ 本条由2012年11月6日第190号法律第一条增加。

⑤ 本款由2015年5月27日第69号法律第一条第七十五款第七项修改。

⑥ 本款由2020年7月14日第75号立法性法令第一条第一款第三项修改。

⑦ 本条由1990年4月26日第86号法律第十条修改。

⑧ 本款由2012年11月6日第190号法律第一条替代。

第三百二十一条 对行贿者的刑罚[①]

第三百一十八条第一款、第三百一十九条、第三百一十九条之二、第三百一十九条之三以及与第三百一十八条和第三百一十九条相联系的第三百二十条规定的刑罚，也适用于向公务员或受委托从事公务的人员给予或者许诺给予钱款或其他利益的人。

第三百二十二条 教唆受贿[②]

提议或者许诺向公务员或受委托从事公务的人员给予不应接受的钱款或其利益，以诱使其实施职务行为或权力的，如果该提议或者许诺未被接受，处以第三百一十八条第一款规定的刑罚，并且减少三分之一。[③]

如果作出上述提议或许诺是为了诱使公务员或受委托从事公务的人员不实施或拖延实施其职务行为，或者是为了诱使其实施违反其义务的行为，在该提议或许诺未被接受的情况下，对犯罪人[④]处以第三百一十九条规定的刑罚，并且减少三分之一。

公务员或受委托从事公务的人员促使他人许诺给予或者给予钱款或其他利益的，以行使职责或权力的，对之处以第一款规定的刑罚。[⑤]

公务员或受委托从事公务的人员促使私人为第三百一十九条规定的目的而许诺给予或者给予钱款或其他利益的，对之处以第二款规定的刑罚。

第三百二十二条之二 国际法院、欧洲共同体机构、国际议会、国际组织成员、欧洲共同体和外国职员贪污、索贿、非法诱使给予或许诺给予利益、贿赂和教唆贿赂[⑥]

第三百一十四条、第三百一十六条、第三百一十七条至第三百二十条以及第三百二十二条第三款和第四款的规定也适用于以下人员：

---

① 本条由 1990 年 4 月 26 日第 86 号法律第十一条修改。

② 本条由 1990 年 4 月 26 日第 86 号法律第十二条修改。

③ 本款由 2012 年 11 月 6 日第 190 号法律第一条修改。

④ 1992 年 2 月 7 日第 181 号法律在此增加“对犯罪人”一语。

⑤ 本款由 2012 年 11 月 6 日第 190 号法律第一条修改。

⑥ 本条由 2000 年 9 月 29 日第 300 号法律第三条增加。

（一）欧洲共同体委员会的成员、欧洲议会的成员、欧洲共同体法院的成员和欧洲审计法院的成员；

（二）根据欧洲共同体官员章程或者欧洲共同体职员聘用制度雇佣的官员和职员；

（三）由欧洲共同体成员国或者其中设立的公私机构指挥的人员，如果他们履行与欧共体官员或职员相对应的职责；

（四）根据欧洲共同体设立所依据的条约而组建的机构的成员和属员；

（五）在欧盟其他成员国行使与公务员和受委托从事公务人员职责相对应的职责或活动的人员；

（五）之二　国际刑事法院的法官、检察官、检察官助理、成员及雇员，根据国际刑事法院公约，成员国中负责与国际刑事法院联络以及与国际刑事法院承担相同职责的人员和雇员，成员以及组成国际刑事法院公约基础的上述集体；①

（五）之三　在国际公共组织当中行使或者从事相当于公务员和受委托从事公务人员的职责或活动的人员；②

（五）之四　国际议会的成员、国际组织或超国家组织成员，以及国际法院的法官和官员；③

（五）之五　如果行为侵害了欧盟经济利益时，行使或从事与非欧盟成员国联络的公务员或受委托从事公务的人员。④

即使钱款或其他利益是向以下人员给予、提议给予或者许诺给予的，也适用第三百一十九条之四之第二款、第三百二十一条和第三百二十二条第一款和第二款的规定：⑤

（一）本条第一款列举的人员；

---

① 本款由 2012 年 12 月 20 日第 237 号法律第十条第一款第一项增加。

② 本款由 2019 年 1 月 9 日第 3 号法律第一条第一款第十五项第二目增加。

③ 本款由 2019 年 1 月 9 日第 3 号法律第一条第一款第十五项第二目增加。

④ 本款由 2020 年 7 月 14 日第 75 号立法性法令第一条第一款第四项增加。

⑤ 本段由 2012 年 11 月 6 日第 190 号法律第一条第七十五款第十四项第一目修改。

（二）在外国或者国际公共组织中行使与公务员和受委托从事公务人员职责相对应的职责或活动的人员，只要行为的实施是为了在国际经济活动中为自己或他人谋取不正当的好处。[①]

第一款列举的人员，当行使相应的职责时，被等同于公务员，在其他情况下，被等同于受委托从事公务的人员。

第三百二十二条之三　没收[②]

在处罚或者根据《刑事诉讼法典》第四百四十四条的规定依当事人之请求适用刑罚的情况下，对于实施第三百一十四条至第三百二十条规定的犯罪的人员，即使属于第三百二十二条之二之第一款列举的人员，一律决定没收构成犯罪收益或所得的财物，除非它们归与犯罪无关的人员所有；在不可能实行上述没收的情况下，按照与犯罪所得相对应的价值或收益[③]，没收由犯罪人支配的财物。

在处罚或者根据《刑事诉讼法典》第四百四十四条的规定依当事人之请求适用刑罚的情况下，对于实施第三百二十一条规定的犯罪的人员，即使属于第三百二十二条之二之第二款列举的人员，一律决定没收构成犯罪收益的财物，除非它们归与犯罪无关的人员所有；在不可能实行上述没收的情况下，按照与犯罪收益相对应的价值，没收由犯罪人支配的财物，在任何情况下，没收的数额不低于向公务员、受委托从事公务人员或第三百二十二条之二之第二款列举人员给予或者许诺给予的钱款或其他利益。

在第一款和第二款规定的情况下，法官采用处罚判决确定应没收的钱款数额或者指出应没收的财物，说明哪些构成犯罪收益或所得，或者构成与犯罪收益或所得相对应的价值。

第三百二十二条之三之一　对扣押财产的保管[④]

对于在涉及第三百二十二条之三列举之犯罪的刑事诉讼过程中被扣押的

---

① 本项由2019年1月9日第3号法律第一条第一款第十五项第三目修改。

② 本条由2000年9月29日第300号法律第三条增加。

③ “收益”一语由2012年11月6日第190号法律第一条增加。

④ 本条由2019年1月9日第3号法律第一条第一款第十六项增加。

财产，除了钱款以及其他可处置的财产之外，司法机关可以将其托付给因工作需要而提出相关请求的司法警察机关进行司法保管。

第三百二十二条之四　恢复财产[①]

实施第三百一十四条、第三百一十七条、第三百一十八条、第三百一十九条、第三百一十九条之三、第三百一十九条之四、第三百二十条、第三百二十一条及第三百二十二条之二规定的犯罪被判处的刑罚，一律以赔偿损失的名义缴纳一笔相当于犯罪要价或犯罪获利的钱款，以作为对受到公务员或受委托从事公务人员行为侵害的行政管理工作的经济弥补。[②]

第三百二十三条　滥用职权[③]

除行为构成更为严重的犯罪外，公务员或受委托从事公务的人员，在行使职务或服务时，违反法律或条例的规定或是虽法律没有明示但是留于自由裁量情况时，在涉及本人或近亲属利益时或者在法律规定的其他情况下，不实行回避的，有意为自己或其他人获取不正当的财产利益的，或者对他人造成非法损害的，处以一年或四年有期徒刑。[④]

如果上述利益或者损害明显重大，刑罚予以增加。

第三百二十三条之二　减轻情节[⑤]

如果第三百一十四条、第三百一十六条、第三百一十六条之二、第三百一十六条之三、第三百一十七条、第三百一十八条、第三百一十九条、第三百一十九条之四[⑥]、第三百二十条、第三百二十二条、第三百二十二条之二和第三百二十三条规定的行为特别轻微，刑罚予以减轻。

对于第三百一十八条、第三百一十九条、第三百一十九条之三、第三百一十九条之四、第三百二十条、第三百二十一条、第三百二十二条和第三百二十二条

---

① 本条由 2015 年 5 月 27 日第 69 号法律第四条第一款第一项增加。

② 本款由 2019 年 1 月 9 日第 3 号法律第一条第一款第十六项修改。

③ 本条由 1990 年 4 月 26 日第 86 号法律第十四条增加，又由 2020 年 9 月 11 日第 120 号法律第二十三条第一款修改。

④ 本款由 2012 年 11 月 6 日第 190 号法律第一条修改，之前的刑罚为六个月至三年有期徒刑。

⑤ 本条由 1990 年 4 月 26 日第 86 号法律第十四条增加。

⑥ 第三百一十九条之四引入本条的规定由 2012 年 11 月 6 日第 190 号法律第一条增加。

之二规定的情况，如果行为人采取了有效的措施避免犯罪行为或是后续危险结果的发生，或是提供了有效定罪以及确定个人其他的法律责任的证据，或是提供了扣押物或是其他可转移的利益，刑罚减轻三分之一至三分之二。①

第三百二十三条之三　不受处罚的情况②

实施第三百一十八条、第三百一十九条、第三百一十九条之三、第三百一十九条之四、第三百二十条、第三百二十一条和第三百二十二条之二规定的罪行，以及第三百五十三条、第三百五十三条之二、第三百五十四条中列举的贿赂行为和非法引诱行为的人，如果在得知已因上述行为对他开展调查之前，并且在实施有关行为后四个月之内，自愿供述并提供本人或是其他犯罪行为人的刑事责任有效且具体足以证明定罪的证据，则不受处罚。

检举人不受处罚须具备以下条件：该检举人在第一款规定的同一期限内上交所取得的利益，或者提供有助于查清有关利益实际受益人的具体材料。

如果第一款规定的检举是为实施被检举的犯罪行为而预先设计的，上述不受处罚的事由不可适用。对于在行动中违反了 2006 年 3 月 16 日第 146 号法律第九条规定的秘密侦查人员，也不适用上述不受处罚的规定。

第三百二十四条　[在公职行为中谋私利]③

第三百二十五条　利用因职务原因而知晓的发明或发现

公务员或受委托从事公务的人员，利用自己因职务原因或服务原因而知晓的并且应当予以保密的科学发明或发现或者工业实用新技术，为自己或其他人牟利的，处以一年至五年有期徒刑和五百一十六欧元以上罚金。④

第三百二十六条　泄露和利用职务秘密⑤

公务员或受委托从事公共职务的人员，违反与其职务或服务有关的义务或者滥用其身份，泄露应当予以保密的职务信息的，或者以任何方式为了解上述

---

① 本款由 2015 年 5 月 27 日第 69 号法律第一条第一款第九项增加。

② 本条由 2019 年 1 月 9 日第 3 号法律第一条第一款第十八项增加。

③ 本条由 1990 年 4 月 26 日第 86 号法律第二十条废除。

④ 此罚金数额由 1981 年第 689 号法律第一百一十三条提高。

⑤ 本条由 1990 年 4 月 26 日第 86 号法律第十五条修改。

信息提供便利的,处以六个月至三年有期徒刑。

如果提供便利只是因过失而造成的,处以一年以下有期徒刑。

公务员或受委托从事公务的人员,为自己或其他人获取不正当的财产利益,非法利用应当予以保密的职务信息的,处以二年至五年有期徒刑。如果实施行为的目的是为自己或其他人获取不正当的非财产利益或者为了对他人造成不正当损害,处以二年以下有期徒刑。

第三百二十七条 [挑动蔑视和侮辱国家制度、法律或权力机关]①

第三百二十八条 拒绝职务行为 不作为②

公务员或受委托从事公务的人员无理拒绝因司法、公共安全、公共秩序或者公共卫生和保健等原因应立即予以履行的职务的,处以六个月至二年有期徒刑。

除第一款规定的情况外,公务员或受委托从事公共职务的人员,自利害关系人提出要求之日起的三十日内,不履行其职务行为并且不对拖延理由加以说明的,处以一年以下有期徒刑或者一千零三十二欧元以下罚金。上述要求应当以书面形式提出,并且三十日期限自收到书面要求之日起计算。

第三百二十九条 军人或公共武装力量属员拒绝或者拖延执行命令

军人或公共武装力量属员无理拒绝或者拖延执行主管机关依照法定程序向其提出的要求的,处以二年以下有期徒刑。

第三百三十条 [集体离弃公共职务、职业、服务或工作]③

第三百三十一条 中断公共服务或公需服务

经营涉及公共服务或公需服务的企业的人,中断服务或者停止在其企业中的工作,以致干扰服务的正常进行的,处以六个月至一年有期徒刑和五百一十

---

① 本条由1999年6月25日第205号法律废除。原来的条文如下:"公务员在行使职务时挑动他人蔑视国家制度,不遵守法律,不遵守主管机关的决定或与公共职务或服务有关的义务的,或者颂扬违反法律、主管机关的决定或上述义务的行为的,当行为未被专门的法律条款规定为犯罪时,处以一年以下有期徒刑或者四十万里拉以下罚金。上述规定也适用于受委托从事公务的公职人员和宗教司铎。"

② 本条由1990年4月26日第86号法律第十六条修改。

③ 本条由1990年6月12日第146号法律第十一条废除。

六欧元以上罚金。

对于领导人、发起者或者组织者，处以三年至七年有期徒刑和三千零九十八欧元以上罚金。

第三百三十二条 [在发生离弃公共职务或者中断公共服务情况时不履行职责义务]①

第三百三十三条 [个人离弃公共职务、服务或工作]②

第三百三十四条 窃取或者损坏在刑事诉讼中扣押的或由行政机关决定扣押的物品③

仅以帮助物品所有主为目的，窃取、隐匿、毁灭、损耗或者破坏在刑事诉讼中决定扣押的或者由行政机关决定扣押的并且托付其看管的物品的，处以六个月至三年有期徒刑和五十一欧元至五百一十六欧元罚金。

如果窃取、隐匿、毁灭、损耗或者破坏行为是由受委托对物进行看管的所有主实施的，处以三个月至二年有期徒刑和三十欧元至三百零九欧元罚金。

如果行为是由未受托看管物的所有主实施的，处以一个月至一年有期徒刑和三百零九欧元以下罚金。

第三百三十五条 过失违反与看管刑事诉讼中扣押的或由行政机关决定扣押的物品有关的义务④

在看管在刑事诉讼中决定扣押的或者由行政机关决定扣押的物品时，因过失造成该物品的毁灭或损耗，或者为毁灭或损耗提供便利的，处以六个月以下有期徒刑或者三百零九欧元以下罚金。

---

① 本条由1999年6月25日第205号法律废除。原来的条文如下："公务员或者负责提供公共服务或公需服务的人，在发生以上各条规定的、他本人并未参加的某一犯罪时，拒绝或者拖延设法恢复他所从事或负责的服务的，或者拒绝或者拖延采取必要的行动以确保服务的正常继续的，处以一百万里拉以下罚金。"

② 本条由1990年6月12日第146号法律第十一条废除。

③ 本条由1981年第689号法律第八十六条修改。

④ 本条由1981年第689号法律第八十六条修改。

第三百三十五条之二　财产处置[1]

除第三百二十二条之三所作的规定外，在对本节规定的犯罪处罚的情况下，也适用第二百四十条第一款规定情况下的没收。

第二节　私人侵犯公共管理的犯罪

第三百三十六条　对公务员使用暴力或威胁

对公务员或受委托从事公务的人员使用暴力威胁，以迫使其实施违反其职责的行为或者不履行职务行为或服务行为的，处以六个月至五年有期徒刑。

如果实施前款行为是为了迫使某一上述人员履行自己的职务行为或服务行为，或者为了对该人施加任何影响，处以三年以下有期徒刑。

第三百三十七条　抗拒公务员

使用暴力或威胁反抗正在履行公务行为或服务行为的公务员或受委托从事公务的人员的，或者抗拒根据要求向公务员或受委托从事公务人员提供协助者的，处以六个月至五年有期徒刑。

第三百三十七条之二　窝藏、保管或者变造交通工具[2]

如果所窝藏或者保管的交通工具，就经核准的性能而言，存在技术上的变造、更改或者设定，以致足以对警方工作人员的身体健康构成威胁的，处以二年至五年有期徒刑和二千五百八十二欧元至一万零三百二十九欧元罚金。

变造交通工具，增加足以对警方工作人员的身体健康构成威胁的技术更改或设定的，处以第一款规定的刑罚。

如果犯罪人具备从事有关技术活动准可、批准、许可或者其他资格，随处罚撤销使上述活动合法化的资格。

---

① 本条由2001年3月27日第97号法律第六条增加。

② 本条由2001年3月19日第92号法律（《修改关于打击走私经加工的烟草的规定》）第四条增加。

第三百三十八条　对政治、行政、司法机构及其成员使用暴力或威胁[①]

对政治、行政或司法机构及其代表，或者对以集体形式组建的任何公共机关及其代表使用暴力或威胁，以便完全或部分阻止，包括暂时阻止其活动，或者以任何方式干扰其活动的，处以一年至七年有期徒刑。[②]

实施行为是为了获得、制造障碍或阻止以重新开始或通过任何的措施包括立法，或导致同样的情况发生，处以同样的刑罚。[③]

实施行为是为了对从事公共服务或公需服务的企业的集体决定施加影响的，如果有关决定涉及公共服务或公需服务的组织或提供，处以同样的刑罚。

第三百三十九条　加重情节

如果暴力或威胁是在公共场合或向公众开放的场所使用武器实施，由经过化装的人或由数人结伙实施的，通过匿名文字或象征方式实施的，或者采用了因秘密结社而存在或足以推断产生的恐吓力量，[④]前三条规定的刑罚予以增加。

如果暴力或威胁是由五人以上结伙实施的，并且使用了武器，即使只是其中某一人使用武器，或者是由十人以上结伙实施的，即使未使用武器，在第三百三十六条第一款、第三百三十七条和第三百三十八条规定的情况下，处以三年至十五年有期徒刑；在第三百三十六条第一款规定的情况下，处以二年至八年有期徒刑。

除了行为构成更严重的犯罪，第二款的规定同样适用于，通过抛投或使用可伤人的物体或其他用于侵害的物体，包括烟花，实施暴力或威胁，以致对人产生危险的情形。[⑤]

---

① 本条名称由2017年7月3日第105号法律第一条第一款第一项修改。

② 本款由2017年7月3日第105号法律第一条第一款第三项修改。

③ 本款由2017年7月3日第105号法律第一条第一款第二项增加。

④ 本款由2019年8月8日第77号法律第七条第一款第一项修改。

⑤ 本款由2007年4月4日第41号法律增加。

第三百三十九条之二 加重情节 以侵害政治、行政或司法机构代表实施的恐吓行为①

除了行为构成更严重的犯罪，如果行为重复实施，并对政治、行政、司法机构及其成员造成侵害，或造成对履行、承担职责或服务人员的侵害，第五百八十二条、第六百一十条、第六百一十二条和第六百三十五条规定的刑罚应增加三分之一至一半。

第三百四十条 中断公共职务、公共服务或公需服务

除特别法律条款规定的情况外，造成公共职务、公共服务或公需服务中断的，或者干扰其正常进行的，处以一年以下有期徒刑。

当第一款规定的行为是在公共场合或向公众开放的场所实施，处以二年以下有期徒刑。②

对于首领、发起者或者组织者，处以一年至五年有期徒刑。

第三百四十一条 [侮辱公务员]③

第三百四十一条之二 侮辱公务员④

在公共场合或公众开放的场所且有数人在场，侵犯正在执行公务的公务员的名誉或威望，或由于公务的原因，侵犯公务员的名誉或威望，处以六个月至三年有期徒刑。⑤

如果侵犯行为表现为归罪某一特定的事实，刑罚予以增加。如果特定事实或对公务性侵犯的归罪性是在判决之后才被证实的，对犯罪行为人不予处罚。

被告人在庭审之前，如对恢复了损害，对受犯罪行为侵害的人及其所属的

---

① 本条由2017年7月3日第105号法律第三条第一款增加。

② 本款由2019年8月8日第77号法律第七条第一款第二项增加。

③ 本条由1999年6月25日第205号法律废除。原来的条款如下：“因执行职务的原因，当面侵犯公务员的名誉或威望的，处以六个月至二年有期徒刑。因其职务原因，通过针对公务员的电报、电话、文字或图画实施上述行为的，处以同样的刑罚。如果侵犯行为表现为归罪某一特定的事实，处以一年至三年有期徒刑。如果行为是以暴力或威胁的方式实施的，或者是在一人或数人在场的情况下实施的，刑罚予以增加。”

④ 本条由2009年7月15日第94号法律第一条第八款增加，把之前删除的第三百四十一条经过修改重新编入了刑法典。

⑤ 本款由2019年8月8日第77号法律第七条第一款第二项之二修改。

单位进行了赔偿,罪行消灭。

第三百四十二条 侮辱政治、行政或司法机构

面对政治、行政或司法机构及其代表或者以集体形式组建的公共机关,侵犯或是当面侵犯上述机构、代表或者集体的名誉或威望的,处以一千欧元至五千欧元罚金。[①]

对于因其职务原因,通过针对上述机构、代表或集体的电报、文字或图画实施上述行为的,处以同样的刑罚。

如果侵犯行为表现为归罪某一特定的事实,处以二千欧元至六千欧元罚金。[②]

适用前条最后一款的规定。

第三百四十三条 侮辱庭审中的司法官员

在庭审中侵犯司法官员的名誉和威望的,处以六个月至三年有期徒刑。[③]

如果侵犯表现为归罪某一特定的事实,处以二年至五年有期徒刑。

如果行为是以暴力或威胁的方式实施的,刑罚予以增加。

第三百四十三条之二 国际刑事法院[④]

行为实施对象是下列人员时,第三百三十六条、第三百三十七条、第三百三十八条、第三百三十九条、第三百四十条、第三百四十二条、第三百四十三条的规定同样适用于:

(一)国际刑事法院;

(二)法官、检察官、检察官助理及国际刑事法院成员及雇员;

(三)依据国际刑事法院成立公约规定行事的人员,与国际刑事法院承担相同职责的人员和雇员;

(四)构成国际刑事法院成立公约基础的成员及上述单位。

---

① 本款由1999年6月25日第205号法律第十八条修改,之前刑罚为三年以下有期徒刑。

② 本款刑罚之前为一年至四年有期徒刑。

③ 本款由1999年6月25日第205号法律第十八条修改,又由2019年6月14日第53号法律第七条第一款第二项之三修改。

④ 本条由2012年12月20日第237号法律第十条第二款增加,以协调意大利国内法与国际刑事法院章程。

第三百四十四条　［侮辱公职人员］[①]

第三百四十五条　通过破坏张贴物侵犯主管机关

因对主管机关的蔑视而移动、撕毁根据该机关的命令向公众张贴或者展示的文字或图画，或者以其他方式使其无法阅读或无法使用的，处以一百零三欧元至六百一十九欧元行政处罚。[②]

第三百四十六条　［因吹嘘信誉受贿］[③]

第三百四十六条之二　非法影响力交易罪[④]

除了共同实施第三百一十八条、第三百一十九条、第三百一十九条之三规定的犯罪以及第三百二十二条之二中规定的贿赂犯罪之外，利用或吹嘘自己与公务员、受委托从事公务人员或第三百二十二条之二规定的其他主体实体的关系或宣称关系，非法要求向自己或他人给予或许诺给予钱款或其他利益，以作为自己向公务员、受委托从事公务的人员或第三百二十二条之二规定的其他主体进行非法斡旋的报答，或是因上述人员通过行使职责或权力而向其支付报酬，处以一年至四年六个月有期徒刑。

本条刑罚同样适用于非法给予或许诺给予钱款或其他好处的行为人。

如果行为人非法给予或许诺给予钱款或其他好处是为了自己或他人，获得公务员或受委托从事公务人员的资格，刑罚应予增加。

其他刑罚应予增加的情况，如果行为与司法活动相关或公务员、受委托从事公务的人员或根据第三百二十二条之二列举的其他主体实施违反其职责义务或者不履行或延迟履行职务行为而向其支付的报酬。

---

① 本条由1999年6月25日第205号法律废除。原来的条文如下："第三百四十一条的规定也适用于对提供公共服务的公职人员造成侵犯的情况；但是，刑罚减少三分之一。"

② 1999年12月30日第507号立法性命令将此条的刑罚改为行政处罚。

③ 本条由2019年1月9日第3号法律第一条第一款第十九项废除。原来的条文如下："吹嘘自己在公务员或提供公共服务的公职人员中的信誉，为自己或其他人接受、要求给予或者要求许诺给予钱款或其他利益，以作为自己向公务员或公职人员进行斡旋的报答的，处以一年至五年有期徒刑和三百零九欧元至二千零六十五欧元罚金。如果犯罪人以需要收买公务员或公职人员的帮助或者应当给予上述人员以报酬为借口，为自己或其他人接受、要求给予或者要求许诺给予钱款或其他利益，处以二年至六年有期徒刑和五百一十六欧元至三千零九十八欧元罚金。"

④ 本条由2012年11月6日第190号法律第一条增加，又由2019年1月31日第3号法律修改。

如果犯罪行为特别轻微，刑罚可以减轻。

第三百四十七条　篡夺公共职务

篡夺公共职务或者与公职有关的职权的，处以二年以下有期徒刑。

公务员或公职人员在接到使其终止或者停止行使职务或职权的通知后继续行使该职务或职权的，也处以同样的刑罚。

处罚意味着公布处罚判决。

第三百四十八条　非法行使职业①

非法行使需要获得国家的特别资格批准的职业的，处以六个月以下有期徒刑和一万欧元至五万欧元罚金。

刑罚意味着公布处罚判决，并没收用于或服务于犯罪行为的物品，如果行为人实施犯罪是通过职业规定或活动，判决还应附随主管机关的裁定，以公告或登记褫夺职业资格或禁止从事职业活动一年至三年。

如果是因为职业人员实施的行为确定他人构成第一款的犯罪或直接使得他人共同构成犯罪，处以有期徒刑一年至五年和一万五千欧元至七万五千欧元罚金。

第三百四十九条　侵犯印章

侵犯根据法律的规定或者主管机关的命令为确认对某物的保存或认定而加盖的印章的，处以六个月至三年有期徒刑和一百零三欧元至一千零三十二欧元罚金。

如果犯罪人是对物实行保管的人，处以三年至五年有期徒刑和三百零九欧元至三千零九十八欧元罚金。②

第三百五十条　过失提供便利

对物实行保管的人因过失而使侵犯印章行为成为可能的，或者为其提供其他便利的，处以一百五十四欧元至九百二十九欧元行政处罚。③

---

① 本条由2018年2月15日第3号法律第十二条第一款替代。

② 本条的罚金数额由1981年第689号法律第一百一十三条增加。

③ 1999年12月30日第507号立法性命令第三十九条将此条的刑罚改为行政处罚。

第三百五十一条　侵犯对物的公共保管

窃取、隐匿、毁灭、损耗或者破坏保存于公共办公室、公务员或提供公共服务人员处的犯罪物证、文书、文件或其他动产的，如果行为不构成更为严重的犯罪，处以一年至五年有期徒刑。

第三百五十二条　出卖已被决定扣押的印刷品

在公共场所或向公众开放的场所，出卖、分发或者张贴主管机关已经决定予以扣押的文字或图画的，处以一百零三欧元至六百一十九欧元行政处罚[①]。

第三百五十三条　扰乱拍卖自由

采用暴力、威胁、捐赠、许诺、串通或其他欺诈手段，阻碍或者干扰公开拍卖中的竞争或私人为公共行政机关进行的竞价的，或者使竞买人离去的，处以六个月至五年有期徒刑和一百零三欧元至一千零三十二欧元罚金。[②]

如果犯罪人是由法律或主管机关为拍卖或上述竞价指定的负责人，处以一年至五年有期徒刑和五百一十六欧元至二千零六十五欧元罚金。[③]

本条规定的刑罚也适用于由公务员或由被依法授权者主持的、以私人名义进行的私人竞价的情况；但是，刑罚可减少至一半。

第三百五十三条之二　扰乱自由选择竞标者的程序[④]

除了行为构成更为严重的犯罪，采用暴力、威胁、捐赠、许诺、串通或其他欺诈手段，干扰为设立招标的告示行政程序或是其他同等竞标者，以影响公共行政机关作为合同方选择竞标者方式的行为，处以六个月至五年有期徒刑和一百零三欧元至一千零三十二欧元罚金。

第三百五十四条　不参加拍卖

由于自己或其他接受了钱款或其他利益或者接受了关于给付钱款其他利益的许诺，不参加前条列举的拍卖或者竞价的，处以六个月以下有期徒刑或者

---

① 1999年12月30日第507号立法性命令第四十条将此条的刑罚改为行政处罚。

② 本款的罚金数额由1981年第689号法律第一百一十三条增加，又由2010年8月13日第13号法律第九条修改刑罚，之前为二年以下有期徒刑。

③ 本条的罚金数额由1981年第689号法律第一百一十三条增加。

④ 本条由2010年8月13日第136号法律第十条增加。

五百一十六欧元以下罚金。[①]

第三百五十五条　不履行公共供应契约

不履行产生于与国家、其他公共机构、从事公共服务或公需服务的企业签订的供应契约的义务，致使公共设施或公共服务所必需的物品或劳务完全或部分缺乏的，处以六个月至三年有期徒刑和一百零三欧元以上罚金。[②]

如果公共供应涉及下列事项之一，刑罚予以增加：

（一）食品、药品、为陆地、水上或空中通信服务的物品或劳务，为电报或电话联系服务的物品或劳务；

（二）用于武装或者装备国家武装力量的物品或劳务；

（三）用于排除公共危险或公共事故的物品或劳务。

如果行为是因过失而实施的，处以一年以下有期徒刑或者五十一欧元至二千零六十五欧元罚金。[③]

当从属供应人、中介或者供应人的代表因违反契约义务而造成供应短缺时，对上述人员适用同样的规定。

第三百五十六条　在公共供应中欺诈

在执行前条列举的供应契约或履行前条列举的其他契约义务时实行欺诈的，处以一年至五年有期徒刑和一千零三十二欧元以上罚金。[④]

在前条第二款规定的情况下，刑罚予以增加。

第三节　本章各节的共同规定

第三百五十七条　公务员的概念[⑤]

在刑事法律的意义上，公务员系指在立法、司法或行政方面行使公共职能

---

① 本条的罚金数额由1981年第689号法律第一百一十三条增加。

② 本款的罚金数额由1981年第689号法律第一百一十三条增加。

③ 本款的罚金数额由1981年第689号法律第一百一十三条增加。

④ 本款的罚金数额由1981年第689号法律第一百一十三条增加。

⑤ 本条先后由1990年4月26日第86号法律第十七条和1992年2月7日第181号法律修改。

的人员。

在刑事法律的意义上，由公法规范和权力性文书调整的并且以形成和表现公共行政机关意志为特点的或者表现为行使批准权或证明权的行政职能是公共职能。

第三百五十八条　受委托从事公务人员的概念①

在刑事法律的意义上，受委托从事公务的人员系指以任何名义提供公共服务的人员。

上述公共服务应当理解为采用公共职能的形式加以调整的，但缺乏公共职能所包含的权力的活动，行使简单的指挥任务和提供单纯的物质劳作不在此范围之内。

第三百五十九条　从事公需服务的人员

在刑事法律的意义上，下列人员属于从事公需服务的人员：

（一）从事法律服务职业或卫生服务职业的个人，以及从事其他当公众必须依法加以利用时，法律禁止在未经国家特别资格批准情况下从事的职业的个人；

（二）虽然不行使公共职能并且也不提供公共服务，但所履行的职务被公共行政机关的文书宣布具有公需性质的个人。

第三百六十条　公务员身份的终止

当法律把公务员、受委托从事公务的人员或从事公需服务的人员身份视为某一犯罪的构成要件或者加重情节时，如果行为与已行使的职务或服务有关，上述身份在犯罪实施时的终止不排除该要件或加重情节的存在。

---

①　本条由1990年4月26日第86号法律第十八条修改。

第三章　侵犯司法管理罪

第一节　妨害司法活动的犯罪

第三百六十一条　公务员不报告犯罪

公务员不向对之负有报告义务的司法机关或其他主管机关报告在行使职务中或者因职务原因而获知的犯罪消息的,或者延误报告的,处以三十欧元至五百一十六欧元罚金。①

如果犯罪人是应当报告犯罪消息并且已获知此类信息的司法警察官员或警员,处以一年以下有期徒刑。

以上规定不适用于被害人告诉才处罚的犯罪。

第三百六十二条　受委托从事公务的人员不报告犯罪

受委托从事公务的人员不向前条列举的机关报告在从事服务中或者因服务原因而获知的犯罪消息的,或者延误报告的,处以一百零三欧元以下罚金。②

如果属于被害人告诉才处罚的犯罪,上述规定不予适用;上述规定也不适用于重返社会治疗机构的负责人在执行由公共服务部门确定的计划时因受吸毒者信任而被告知有关犯罪的情况。③

第三百六十三条　严重的不报告行为

在前两条规定的情况下,如果不报告或者延误报告涉及的是国事罪,处以

---

① 本款的罚金数额由 1981 年第 689 号法律第一百一十三条提高。

② 本款的罚金数额由 1981 年第 689 号法律第一百一十三条提高。

③ 本款由 1975 年 12 月 22 日第 685 号法律第一百零四条修改。

六个月至三年有期徒刑；如果犯罪人是司法警察官员或警员，处以一年至五年有期徒刑。

第三百六十四条　公民不报告犯罪

公民在获知有关依法应判处无期徒刑的国事罪的消息后，不立即向第三百六十一条列举的机关报告的，处以一年以下有期徒刑或者一百零三欧元至一千零三十二欧元罚金。

第三百六十五条　不汇报

在从事卫生职业中，当所治疗或处理的情况可能具有犯罪特点并且对该犯罪应当实行公诉时，不向第三百六十一条列举的机关进行汇报的，或者延误汇报的，处以五百一十六欧元以下罚金。①

当上述汇报可能致使被治疗者面临刑事追诉时，不适用以上规定。

第三百六十六条　拒绝应依法履行的职务

在被司法机关任命为鉴定人、译员或者刑事法官扣押的物品的保管人后，采用欺诈手段摆脱出庭义务或者不履行职务的，*处以六个月以下有期徒刑或者三十欧元至五百一十六欧元罚金。②

应司法机关的召唤履行上述某一职务的人，拒绝提供自己的一般情况的，拒绝按照要求提供宣誓的，或者拒绝担任或履行上述职务的，处以同样的刑罚。

以上各款的规定也适用于应召向司法机关提供证言的证人和任何其他应召行使司法职能的人。

如果犯罪人是鉴定人或译员，处罚意味着禁止从事有关职业或技艺。

第三百六十七条　谎报犯罪

通过向司法机关或者有义务向其报告的其他主管机关报案或者提出告诉、要求或申请，包括以匿名或使用假名的方式，虚假地确认发生了犯罪，或者伪造犯罪痕迹，以致可能为核实该情况而提起刑事诉讼的，处以一年至三年有期

---

① 本款的罚金数额由1981年第689号法律第一百一十三条提高。

* 现行的意大利《刑事诉讼法典》已经不再要求证人和鉴定人在作证前宣誓。——译者注

② 本款的罚金数额由1981年第689号法律第一百一十三条提高。

徒刑。

第三百六十八条　诬告

通过向司法机关、有义务向其报告的其他主管机关或国际刑事法院[①]报案或者提出告诉、要求或申请，包括以匿名或使用假名的方式，对明知其无罪的人提出犯罪指控的，或者伪造该人的犯罪痕迹的，处以二年至六年有期徒刑。

如果所指控的犯罪依法应判处十年以上有期徒刑或者其他更重的刑罚，处罚予以增加。

如果诬告导致五年以上有期徒刑的处罚，处以四年至十二年有期徒刑；如果诬告导致无期徒刑的处罚，处以六年至二十年有期徒刑。

第三百六十九条　自我诬告

通过向前条列举的机关发表声明包括使用匿名文字或假名发表声明的，或者通过向司法机关坦白，声称自己实施了犯罪，而自己明知该犯罪并未发生或者是由他人实施的，处以一年至三年有期徒刑。

第三百七十条　对构成违警罪的行为实行谎报或者诬告

如果谎报或者诬告的是被法律规定为违警罪的行为，以上各条规定的处罚予以减轻。

第三百七十一条　当事人虚假宣誓

民事审判中的当事人进行虚假宣誓的，处以六个月至三年有期徒刑。

在必须进行宣誓的情况下，如果属于在对诉讼请求作出最终判决之前进行的虚假宣誓，犯罪人不受处罚，即使上述判决还不是不可撤销的。

判决意味着褫夺公权。

第三百七十一条之二　向公诉人或国际刑事法院检察官提供虚假情况[②]

在刑事诉讼中，当应公诉人或国际刑事法院检察官的要求而为调查的目的提供情况时，进行虚假陈述的，或者对自己所知晓的有关事实完全或部分不予

---

① “国际刑事法院”一语由 2012 年 12 月 20 日第 237 号法律第十条第三款增加。

② 本条由 1992 年 6 月 8 日第 306 号法令第十一条增加，又由 2012 年 12 月 20 日第 237 号法律第十条第四款第二项修改。

透露的，处以四年以下有期徒刑。①

在拒绝提供情况的情况下，立即暂停审判，在其他情况下，刑事诉讼暂缓进行，直至为之而调查情况的诉讼宣告了第一审判决或者该诉讼先行宣告撤销案件或不起诉判决之时。②

本条第一款和第二款的规定同样可以适用于《刑事诉讼法典》第三百九十一条之二之第十款规定的情况，应辩护人的要求开展调查时提供虚假陈述。③

第三百七十一条之三　向辩护人虚假陈述④

在《刑事诉讼法典》第三百九十一条之二之第一款和第二款规定的情况下，在为利用该条第三款第四项列举之权利的情况下，进行虚假陈述的，处以四年以下有期徒刑。

刑事诉讼暂缓进行，直至为之而进行陈述的诉讼宣告了第一审判决或者该诉讼先行宣告撤销案件或不起诉判决之时。

第三百七十二条　虚假证明

作为证人向司法机关、国际刑事法院提供证言的人确认虚假事实的，否认事实真相的，或者对自己知晓的并且被询问的事实完全或部分地不予以透露的，处以二年至六年有期徒刑。⑤

第三百七十三条　虚假鉴定或翻译

被司法机关任命为鉴定人或译员的人提供虚假的意见或解释的，或者确认不符合真相的情况的，处以前条规定的刑罚。

除褫夺公职外，上述处罚还意味着禁止从事有关的职业或技艺。

第三百七十四条　诉讼欺诈

在民事诉讼或行政诉讼中，以欺骗正在进行调查或司法实验的法官为目

---

① 本款由 2012 年 12 月 20 日第 237 号法律第十条第四款修改。

② 本款由 1995 年 8 月 8 日第 332 号法律第二十五条增加。

③ 本款由 2000 年 12 月 7 日第 397 号法律第十九条增加。

④ 本条由 2000 年 12 月 7 日第 397 号法律增加。

⑤ 本款刑罚由 1992 年第 356 号法律增加，又经 2012 年 12 月 20 日第 237 号法律第十条第五款修改。

的,有意改变有关地点、物品或人身的状况的,或者鉴定人在进行鉴定时作出上述改变的,如果行为不被特别的法律条款规定为犯罪,处以一年至五年有期徒刑。①

如果行为是在刑事诉讼中、国际刑事法院②或是在刑事诉讼前实施的,适用同样的规定;但是,在这种情况下,如果所涉及的是经告诉、要求或申请才予处罚的犯罪,并且有关的告诉、要求或者申请并未提出,则不予处罚。③

第三百七十四条之二　在向司法机关、国际刑事法院提供的文书中进行虚假陈述和证明④

除行为构成更为严重的犯罪外,在向司法机关、国际刑事法院提供的证明或文书中虚假陈述或者证明与被告人、被判刑人或处于防范程序中人员有关的条件、身份、医疗情况、现存或即将建立的工作关系的,处以一年至五年有期徒刑。

如果行为是由公务员、受委托从事公务的人员或从事卫生职业的人员实施的,处以二年至六年有期徒刑。

第三百七十五条　在刑事诉讼程序中实施欺诈和误导⑤

除行为构成更为严重的犯罪,公务员和受委托实施公共服务的人员阻止、制造障碍或误导调查或刑事诉讼程序,处以三年至八年有期徒刑:

(一)有意改变犯罪有关的实质、地点、物品或人身的状况的;

(二)受司法机关或是司法警察要求,在刑事诉讼程序中提供虚假或否认真实的信息,或者对自己所知晓的有关事实完全或部分不予透露的。

如果行为扰乱、毁灭、隐匿、或者破坏证据,全部或部分的,或是全部或部分地人为改变资料或是其他物品以阻碍其成为证据、用以作为证实犯罪或证言

---

① 本款由2016年7月11日第133号法律第一条第二款修改,之前刑罚为六个月至三年有期徒刑。

② “国际刑事法院”一语由2012年12月20日第237号法律第十条第六款增加。

③ 本款由2016年7月11日第133号法律第一条第二款修改。

④ 本条由1992年6月8日第356号立法性命令增加,又经2012年12月20日第237号法律第十条第七款第二项修改。

⑤ 本条由2016年7月11日第133号第一条第一款替代。

的,刑罚增加三分之一至一半。

如果行为与第二百七十条、第二百七十条之二、第二百七十六条、第二百八十条、第二百八十条之二、第二百八十三条、第二百八十四条、第二百八十五条、第二百八十九条之二、第三百零四条、第三百零五条、第三百零六条、第四百一十六条之二、第四百一十六条之三及第四百二十二条,或是根据1982年1月25日,第17号法律第二条规定罪行涉及的刑事程序产生联系,或是行为涉及非法贩卖武器或核、化学、生物材料或所有《刑事诉讼法典》第五十一条第三款之二列举的罪行,处以六年至十二年有期徒刑。

如果行为人采取了有效措施对地点、物品、人员或证据恢复原状,包括避免犯罪行为或是后续危险结果的发生,或是向司法警察或其他司法机关提供了具体帮助,以对受误判的刑事诉讼程序以及个人的法律责任,形成事实重建的,刑罚减轻一半至三分之二。

当第九十八条和第一百一十四条列举之外的减轻量刑情节与本条第二款和第三款规定的加重量刑情节同时存在时,不可以认为这些量刑情节均等,刑罚的减轻以根据上述加重情节增刑后的刑期为基础。

处以三年以上的有期徒刑意味着褫夺公权。

当公务员或受委托从事公务的人员,自被撤销公务员或服务身份起,上述条款规定的刑罚同样适用。如果所涉及的是经告诉、要求或申请才予处罚的犯罪,并且有关的告诉、要求或者申请并未提出,则不予处罚。

本条规定同样适用于国际刑事法院依据国际刑事法院章程规定的罪行进行调查或是诉讼程序。

第三百七十六条　澄清

当发生第三百七十一条之二、第三百七十一条之三、第三百七十二条和第三百七十三条,包括第三百七十五条第一款第二项、第三百七十八条规定的情况时,如果犯罪人在其履行职务或者提供陈述的刑事诉讼中并且在法庭辩论结束之前撤回虚假内容,并且澄清真相,不予处罚。①

---

① 本条由2016年7月11日第133号法律第三条第一款修改。

第三百七十七条　妨碍司法[①]

向应召向司法机关、国际刑事法院或是在调查期间应辩护人要求提供陈述、进行鉴定、提供技术咨询或进行翻译的人员，给付或者许诺给付钱款或其他利益，以便引诱其实施第三百七十一条之二、第三百七十一条之三、第三百七十二条和第三百七十三条规定的犯罪的，如果上述给付或许诺未被接受，处以上述各条规定的刑罚，并在一半至三分之二的幅度内减轻处罚。[②]

如果上述给付或许诺被接受，但作假行为未实施，适用同样的规定。

为达到第一款列举的目的而使用暴力或威胁的，如果目的没有达到，处以该款为有关犯罪规定的刑罚，并在不超过三分之一的范围内减轻处罚。[③]

如果与第三百三十九条规定的情况同时存在，第一款和第三款规定的刑罚予以增加。

处罚意味着褫夺公职。

第三百七十七条之二　引诱不向司法机关提供陈述或提供不真实陈述[④]

除行为构成更为严重的犯罪外，使用暴力或威胁，提供或许诺提供钱款或其他利益，引诱受司法机关应召，在刑事诉讼程序中提供陈述的人，不向司法机关报道，提供陈述或提供不真实陈述，当行为人选择不回应时，处以二年至六年有期徒刑。

第三百七十八条　人身包庇

在某一依法应判处[死刑、][⑤]无期徒刑或有期徒刑的犯罪发生后，虽然没有参与该犯罪，但帮助某人躲避主管机关，包括国际刑事法院机构开展的调查或者摆脱该机关搜寻的，处以四年以下有期徒刑。[⑥]

当所实施的是第四百一十六条之二规定的犯罪时，在任何情况下，均处以

---

① 本条的标题由2006年3月16日第146号法律第十四条修改，原来的标题是“贿赂证人”。

② 本条由1992年第356号法律第十一条和2000年12月7日第397号法律第二十二条修改，又经2012年12月20日第237号法律第十条第八款替代。

③ 本款由2006年第146号法律第十四条增加。

④ 本条由2001年3月1日第63号法律第二十条增加。

⑤ 死刑已废除。

⑥ 本条由2012年12月20日第237号法律第十条第九款修改。

二年以上有期徒刑。①

如果所实施的是依法应判处其他种类刑罚的重罪或者是违警罪，处以五百一十六欧元以下罚金。②

当犯罪人所帮助的人是不可归罪的或者经查并未实施犯罪时，本条的有关规定仍然适用。

第三百七十九条　物品包庇

除共同犯罪的情况以及第六百四十八条、第六百四十八条之二和第六百四十八条之三规定的情况外，帮助某人保护犯罪所得、犯罪收益或犯罪代价的，如果所涉及的是重罪，处以五年以下有期徒刑；如果所涉及的是违警罪，处以五十一欧元至一千零三十二欧元罚金。③

适用前条第二款和最后一款的规定。

第三百七十九条之二　泄露有关刑事程序的秘密④

除行为构成更为严重的犯罪外，由于参加或者出席某一刑事程序而获知秘密消息的人非法泄露该秘密消息的，处以一年以下有期徒刑。在预先调查过程中提供陈述的人不遵守公诉人根据《刑事诉讼法典》第三百九十一条之五作出的禁止性规定的，适用同样的刑罚。

第三百八十条　不忠实的辩护或咨询意见

辩护人或技术顾问因不忠实于自己的职业义务，致使他在司法机关、国际刑事法院面前所维护、协助或代表的当事人之利益遭受损害的，处以一年至三年有期徒刑和五百一十六欧元以上罚金。⑤

有下列情形之一的，刑罚予以增加：

（一）如果犯罪人在与对方当事人串通后实施行为；

---

① 本款由1982年9月13日第646号法律第二条增加。

② 本款的罚金数额由1981年第689号法律第一百一十三条增加。

③ 本款的罚金数额由1981年第689号法律第一百一十三条增加。

④ 本条由2000年12月7日第397号法律第二十一条增加。

⑤ 本款的罚金数额由1981年第689号法律第一百一十三条增加，又由2012年12月20日第237号法律第十条第十款修改。

（二）如果所实施的行为使被告人受到损害。

如果所实施的行为致使被指控犯有依法应判[死刑、][①]无期徒刑或五年以上有期徒刑的被告人受到损害，处以三年至十年有期徒刑和一千零三十二欧元以上罚金。[②]

第三百八十一条 辩护人或技术顾问的其他不忠实行为

辩护人或技术顾问在司法机关主持的程序中同时为相互对立的当事人提供辩护或咨询意见的，即使是通过中介提供的，除行为构成更为严重的犯罪外，处以六个月至三年有期徒刑和一百零三欧元以上罚金。[③]

如果辩护人或技术顾问在已经向一方当事人提供辩护、协助或代理之后，未经该方当事人同意，在同一诉讼中又为对方当事人提供辩护或咨询，处以一年以下有期徒刑和五十一欧元至五百一十六欧元罚金。[④]

第三百八十二条 辩护人夸耀信誉

辩护人夸耀自己在处理案件的法官或公诉人中的信誉的，或者夸耀自己在证人、鉴定人或译员中的信誉的，借口须向上述法官、公诉人、证人、鉴定人或译员提供好处或者应使上述人员得到报酬，而为自己或第三人接受或许诺接受由其客户给予的钱款或其利益的，或者向其客户索要或者要求许诺给予钱款和其他利益的，处以二年至八年有期徒刑和一千零三十二欧元以上罚金。[⑤]

第三百八十三条 褫夺公职

因第三百八十条、第三百八十一条第一款和第三百八十二条规定的犯罪而受到处罚意味着褫夺公职。

第三百八十三条之二 加重情节[⑥]

在第三百七十一条之二、第三百七十一条之三、第三百七十二条、第三百七

---

① 死刑已废除。

② 本款的罚金数额由1981年第689号法律第一百一十三条增加。

③ 本款的罚金数额由1981年第689号法律第一百一十三条增加。

④ 本款的罚金数额由1981年第689号法律第一百一十三条增加。

⑤ 本款的罚金数额由1981年第689号法律第一百一十三条增加。

⑥ 本条由2016年7月11日第133号法律第一条第一款增加。

十三条、第三百七十四条及第三百七十五条规定的情况下，如果行为导致应判处低于五年有期徒刑的刑罚，处以四年至十年有期徒刑；如果行为导致应判处五年以上有期徒刑的刑罚，处以六年至十四年有期徒刑；如果行为导致应判处无期徒刑的刑罚，处以八年至二十年有期徒刑。

第三百八十四条 不受处罚的情况[①]

在第三百六十一条、第三百六十二条、第三百六十三条、第三百六十四条、第三百六十五条、第三百六十六条、第三百六十九条、第三百七十一条之二、第三百七十一条之三、[②]第三百七十二条、第三百七十三条、第三百七十四条和第三百七十八条规定的情况下，因保护自己或近亲属的自由或名誉免受严重的和不可避免的损害而被迫实施行为的，不受处罚。

在第三百七十一条之二、第三百七十二条和第三百七十三条规定的情况下，如果行为是由依照法律本不应被要求为调查的目的而提供情况或者本不应担任证人、鉴定人、技术顾问或译员的人实施的，或者本不能被要求提供证言或回答问题的人实施的，[③]或者是由本应被告知有权不提供情况、证言、鉴定、咨询意见或翻译的人实施的，则不具有可罚性。[④]

第三百八十四条之二 在向国外请求调查取证的视听连线中实施行为的可罚性[⑤]

如果第三百六十六条、第三百六十七条、第三百六十八条、第三百六十九条、第三百七十一条之二、第三百七十二条和第三百七十三条规定的犯罪是在向国外请求调查取证过程的视听连线中实施的，被视为是在意大利领域实施的，并且依照意大利法律处罚。

---

① 本条由1992年第356号法律第十一条修改。

② “第三百七十一条之三”由2000年12月7日第397号法律第二十二条增加。

③ “或者本不能被要求提供证言或回答问题的人实施的”一句是由2001年3月1日第63号法律（《正当程序》）第二十一条增加的。

④ 意大利宪法法院于1996年12月27日以第416号判决宣告在以下意义上违宪：根据《刑事诉讼法典》第一百九十九条的规定，有些人本应当被告知有权不提供证言，而该款没有排除这些人向司法警察提供虚假的或有所保留的情况的可罚性。

⑤ 本条由2001年10月5日第367号法律第十七条增加。

第三百八十四条之三　特殊量刑情节[①]

如果实施了第三百七十一条之二、第三百七十一条之三、第三百七十二条、第三百七十四条和第三百七十八条的罪名，以阻止、妨碍或误导涉及第二百七十条、第二百七十条之二、第二百七十六条、第二百八十条、第二百八十条之二、第二百八十三条、第二百八十四条、第二百八十五条、第二百八十九条之二、第三百零四条、第三百零五条、第三百零六条、第四百一十六条之二、第四百一十六条之三和第四百二十二条罪行开展的调查或刑事程序，或是根据 1982 年 1 月 25 日，第 17 号法律第二条规定，或是行为涉及非法贩卖武器或核、化学、生物材料或所有《刑事诉讼法典》第五十一条第三款之二规定的罪行，刑罚增加一半至三分之二并不可根据第三百七十一条之二和第三百七十一条之三的规定暂缓刑事诉讼程序。

如果行为人采取了有效措施对地点、物品、人员或证据恢复原状，包括避免犯罪行为或是后续危险结果的发生，或是向司法警察或其他司法机关提供了具体帮助，以对受误判的刑事诉讼程序以及个人法律责任，形成事实重建的，刑罚减轻一半至三分之二。

第二节　侵犯司法裁决的权威的犯罪

第三百八十五条　脱逃

因犯罪而被依法逮捕或监禁的人脱逃的，处以一年至三年有期徒刑。[②]

如果犯罪人在实施行为时使用了对人的暴力或威胁，或者破坏了监禁设施，处以二年至五年有期徒刑；如果暴力或威胁是采用武器实施的，或者是由多人结伙实施的，处以三年至六年有期徒刑。[③]

---

① 本条由 2016 年 7 月 11 日第 133 号法律第二条第一款增加。

② 本款由 2010 年 11 月 26 日第 199 号法律第二条第一款第一项修改刑罚，之前的刑罚为六个月至一年有期徒刑。

③ 本款由 2010 年 11 月 26 日第 199 号法律第二条第一款修改刑罚，修改前的刑罚分别为一年至三年有期徒刑，三年至五年有期徒刑。

当被告人在自己的住所或有关决定指定的其他地点处于逮捕状态时，离开上述地点的，适用以上规定；同样的规定也适用于获准在刑罚场所以外劳动的被判刑人。①

如果脱逃者在判罚前自动向监狱投案，刑罚予以减轻。②

第三百八十六条　协助脱逃

帮助因犯罪而被依法逮捕或监禁的人脱逃的，或者为脱逃提供方便的，处以六个月至五年有期徒刑。

如果行为是为了帮助被判处［死刑、］③无期徒刑的人脱逃而实施的，处以三年至十年有期徒刑。

如果犯罪人为实施行为使用了前条第二款列举的某一手段，刑罚予以增加。

有下列情形之一的，刑罚予以减轻：

（一）如果犯罪人是被帮助人的近亲属；

（二）如果犯罪人在脱逃后三个月的期限内设法将脱逃人捉捕或者将其送交主管机关。

处罚意味着褫夺公职。

第三百八十七条　看管人的过失

由于职务原因负责看管包括临时看管因犯罪而被逮捕或监禁者的人，因过失造成该被逮捕或监禁者脱逃的，处以三年以下有期徒刑或者一百零三欧元至一千零三十二欧元罚金。④

如果犯前款之罪的人在发生脱逃后的三个月内设法将脱逃者捉捕或者送交主管机关，则不受处罚。

---

① 本款先后由 1977 年 1 月 12 日第 1 号法律和 1982 年 8 月 12 日第 532 号法律第二十九条修改。

② 意大利宪法法院 1994 年 3 月 7 日至 7 月 15 日以第 13 号判决宣布本款违反意大利《宪法》第三条。

③ 死刑已废除。

④ 本款罚金数额由 1981 年第 689 号法律第一百一十三条增加。

第三百八十七条之二　违反接近被害人的家庭住址和经常出现场所的禁止令①

行为人违反法律禁令规定的义务，或是违反《刑事诉讼法典》第二百八十二条之二和第二百八十二条之三列举的预防措施或是根据本法典第三百八十四条之二作出的决定，处以六个月至三年有期徒刑。

第三百八十八条　故意不执行法官的决定

为避免履行产生于处罚判决的民事义务或正在由司法机关审核的民事义务，对自己的或他人的财物实施作假或欺诈行为的，或者为了同样的目的实施其他欺诈行为的，在没有遵从关于执行判决的勒令的情况下，处以三年以下有期徒刑或者一百零三欧元至一千零三十二欧元罚金。②

逃避《民法典》第三百四十二条之三规定的保护令，或是针对配偶方单独诉讼程序中可推定的同样内容或是因婚姻关系撤销产生民事效力的相关程序，以及逃避执行民事法官、行政法官和审计法官的决定的，如果该决定涉及的是托付未成年人或其他无能力者，或者是为维护所有权、占有或债权而制定的预防措施，处以同样的刑罚。③

逃避执行法官为保护工业产权作出的禁止令或矫正令决定，处以同样的刑罚。④

第一款规定的刑罚还可适用于行为人违反法官在工业产权权利程序中规定的义务。⑤

窃取、隐匿、毁灭、损耗或者破坏被查封或者受到司法扣押或保全扣押的物品的，处以一年以下有期徒刑或三百零九欧元罚金。⑥

如果行为是由所有主对受托看管的物品实施的，处以二个月至二年有期徒

---

① 本条由2019年7月19日第69号法律第四条第一款增加。

② 本款罚金数额由1981年第689号法律第一百一十三条增加。

③ 本条由2018年3月1日第21号立法政令第二条第一款第二项修改。

④ 本条由2018年5月11日第63号立法性命令第九条第一款第二项增加。

⑤ 本条由2018年5月11日第63号立法性命令第九条第一款第二项增加。

⑥ 本款罚金数额由1981年第689号法律第一百一十三条增加。

刑和三十欧元至三百零九欧元罚金；如果行为是由看管人仅仅为了协助上述物品的所有主而实施的，处以四个月至三年有期徒刑和五十一欧元至五百一十六欧元罚金。①

看管人对被查封的物品或者受司法扣押或保全扣押的物品无故拒绝、忽视、推迟职务行为的，处以一年以下有期徒刑或者五百一十六欧元以下罚金。②

被司法官员要求对可查封的物品或债权作出说明的债务人、经管人、债务公司总经理或清算人，不在十五日的期限内作出答复的，或者作出虚假陈述的，处以第七款规定的刑罚。③

犯罪人经被害人告诉才受处罚。④

第三百八十八条之二　故意违反与看管被查封物或者受到司法扣押或保全扣押的物品有关的义务⑤

看管被查封物或者受到司法扣押或保全扣押的物品的人，因过失造成物品毁灭或损耗的，或者为对物品的隐匿或窃取提供便利的，经被害人告诉，处以六个月以下有期徒刑或者三百零九欧元以下罚金。

第三百八十八条之三　故意不执行财产刑⑥

为逃避执行罚金、罚款或者财产性行政制裁，对自己的或其他人的财物实施作假或欺诈行为的，或者为同样的目的实施其他欺诈行为的，如果没有按期遵从付款的勒令，处以六个月至三年有期徒刑。⑦

第三百八十九条　不遵守附加刑

在受到随后适用附加刑的处罚判决之后，违反产生于该附加刑的义务或禁令的，包括临时义务和禁令的，处以二个月至六个月有期徒刑。

---

① 本款由1981年第689号法律第八十七条修改。

② 本款由1981年第689号法律第八十七条修改。

③ 本款由2006年2月24日第52号法律第二条增加，又由2018年5月11日第63号立法性命令第九条第一款第二项修改。

④ 本款由1981年第689号法律第八十七条修改。

⑤ 本条由1981年第689号法律第八十八条增加。

⑥ 本条由1981年第689号法律第一百零九条增加。

⑦ 本条由1981年第689号法律第一百零九条增加。

第三百九十条　帮助他人不执行刑罚

除共同犯罪的情况外，帮助他人逃避刑罚的执行的，如果属于因重罪被判刑的情况，处以三个月至五年有期徒刑；如果属于因违警罪被判刑的情况，处以五十一欧元至一千零三十二欧元罚金。

适用第三百八十六条第四款的规定。

第三百九十一条　帮助他人不执行监禁性保安处分

帮助被判处监禁性保安处分的人脱逃的，为上述人员提供便利的，隐藏脱逃者的，或者帮助脱逃者躲避主管机关搜寻的，处以二年以下有期徒刑。适用第三百八十六条第四款的规定。

如果脱逃是因负有看管职责包括临时看管职责的人的过失而发生的，对犯罪人处以一千零三十二欧元以下罚金。[①] 适用第三百八十七条第二款的规定。

第三百九十一条之二　给依据1975年7月26日第354号法律第四十一条之二规定的禁止性规范的被关押人提供帮助进行联系　联系以躲避禁令[②]

给依据1975年7月26日第354号法律第四十一条之二规定被监禁的人提供帮助，或其他方式以躲避规定的禁令，处以二年至六年有期徒刑。[③]

如果行为是由公务员、受委托从事公务或是从事法医职业的人员实施的，处以三年至七年有期徒刑。[④]

第一款规定的刑罚同样适用于根据1975年7月26日第354号法律第四十一条之二规定强制措施的被监禁人，与他人进行沟通以躲避上述限制令。[⑤]

第三百九十一条之三　对部分被关押人开放不应开放的联络资格[⑥]

除了第三百九十一条之二规定的情况之外，帮助被关押人获得电话设备或其他用于联系的设备，或在不应使用的情况下同意使用上述设施，或是在监狱

---

① 本款罚金数额由1981年第689号法律第一百一十三条增加。

② 本条由2009年7月15日第94号法律第二条第二十六款增加，又由2020年10月21日第130号立法性法令第八条第一款第一项替代。

③ 本款由2020年10月21日第130号立法性法令第八条第一款第二项修改。

④ 本款由2020年12月18日第173号法律第八条第一款第三项修改。

⑤ 本款由2020年12月18日第173号法律第八条第一款第四项增加。

⑥ 本条由2020年10月21日第130号立法性法令第九条第一款增加。

内引入上述设备以使某个被关押人获得上述设施为目的,处以一年至四年有期徒刑。

如果行为是由公务员、受委托从事公务人员或是法医职业的人员实施的,处以二年至五年有期徒刑。

除了行为构成更为严重的犯罪,前款规定的刑罚同样适用于被关押人员接收或使用不应获得的电话设备或其他用于联系的设备。

第三节 擅自捍卫私人要求

第三百九十二条 擅自采用对物的暴力

以行使自己所主张的权利为目的,在能够诉诸法官的情况下擅自通过对物的暴力自行其是的。经被害人告诉,处以五百一十六欧元以下罚金。①

在刑事法律的意义上,当物被损坏、变形或者改变用途时,即发生对物的暴力。

当信息程序受到篡改、修改、全部或部分删除或者信息系统或通信系统的功能受到阻碍或干扰时,也构成对物的暴力。②

第三百九十三条 擅自采用对人的暴力

为了前条列举的目的,在能够诉诸法官的情况下擅自通过对人身的暴力或威胁自行其是的,经被害人告诉,处以一年以下有期徒刑。

如果在实施行为中也采用了对物的暴力,除有期徒刑外,并处二百零六欧元以下罚金。③

如果对人身的暴力或威胁是使用武器实施的,刑罚予以增加。

第三百九十三条之二 不受处罚的情况

当公务员或受委托从事公务的人员或是履行公务期间实施了前述条款规

① 本款罚金数额由1981年第689号法律第一百一十三条增加。

② 本款由1993年12月23日第547号法律第一条增加。

③ 本款罚金数额由1981年第689号法律第一百一十三条增加。

定的罪行,不可适用第三百三十六条、第三百三十七条、第三百三十八条、第三百三十九条、第三百三十九条之二、第三百四十一条之二、第三百四十二条的规定,除非行为超越了行使职权范围的裁量限度。

第三百九十四条　[决斗挑战]①

第三百九十五条　[挑战的传递者]②

第三百九十六条　[在决斗中使用武器]③

第三百九十七条　[适用为杀人罪和人身伤害罪规定的刑罚的情况]④

第三百九十八条　[加重情节　不受处罚的情况]⑤

---

① 本条由1999年6月25日第205号法律第十八条废除。原来的条文如下:“向他人提出决斗挑战的,即使挑战未被接受,在决斗未发生的情况下,处以四万至四十万里拉罚金。同样的刑罚也适用于接受挑战的人,并且以决斗没有发生为条件。”

② 本条由1999年6月25日第205号法律第十八条废除。原来的条文如下:“传递决斗挑战的,处以四万至四十万里拉罚金;但是,如果决斗没有发生,处罚予以减轻。”

③ 本条由1999年6月25日第205号法律第十八条废除。原来的条文如下:“在决斗使用武器的,即使未给对手造成人身伤害,均处以六个月以下有期徒刑或者十万至二百万里拉罚金。有下列情形之一的,对决斗人处以下刑罚:(1)如果行为给对手造成严重的或者极为严重的人身伤害,处以二年以下有期徒刑;(2)如果行为造成死亡,处以一年至五年有期徒刑。对决斗的主持人或证人以及为决斗提供便利的人,处以十万里拉至二百万里拉罚金。如果决斗的主持人或证人就是挑战的传递者,对其不适用前条的规定。”

④ 本条由1999年6月25日第205号法律第十八条废除。原来的条文如下:“有下列情形之一的,适用包含在第十二章第一节中的有关规定,以取代前条的规定:(1)如果决斗的条件没有事先由主持人或证人确定,或者决斗是在上述人员不在场的情况下发生的;(2)如果在决斗中使用的武器是不平等的,并且不是刀、剑或装载同等弹药的手枪,或者如果所使用的是精密武器或连发武器;(3)如果在选择武器或者决斗中实施了欺诈或者违反了既定的条件;(4)如果已经明确商定,或者根据决斗的种类、决斗者间的距离或既定的条件可以确定决斗者一方必定死亡。对于在选择武器或决斗方面实行的欺诈或者对既定条件的违反,不仅由实行欺诈的人或违反条件的人承担责任,而且也由在决斗前或决斗期间知晓上述情况的决斗者、主持人或证人承担责任。”

⑤ 本条由1999年6月25日第205号法律第十八条废除。原来的条文如下:“如果犯有第三百九十四条以及第三百九十六条第一款和第二款规定的某一罪行的人是非法造成该行为的主要原因,对该人的处罚增加一倍。有下列情形之一的,不予处罚:(1)决斗挑战的传递人、主持人、证人以及为决斗提供了便利的人,如果阻止使用武器,或者在造成任何损害之前设法终止决斗的进行;(2)决斗的主持人或证人在决斗之前竭尽全力对当事人进行调解的,或者由于他们的工作致使决斗的结局不像可能发生的那样严重的;(3)医务人员向决斗者提供医疗帮助的。”

第三百九十九条 [与事实无关的决斗人]①

第四百条 [因拒绝决斗而实施的侵犯和挑动决斗]②

第四百零一条 [为营利的目的挑动决斗]③

① 本条由1999年6月25日第205号法律第十八条废除。原来的条文如下:"当决斗人中的一方与导致决斗的事实无关,并且以有直接利害关系者的名义进行决斗时,第三百九十六条第一款和第二款规定的刑罚予以增加。如果决斗人是近亲属,或者作为主持人或证人的人代替缺席的决斗人进行决斗,不适用上述关于增加刑罚的规定。"

② 本条由1999年6月25日第205号法律第十八条废除。原来的条文如下:"因某人未提出决斗挑战、未接受挑战或者未进行决斗而公开侵犯该人的,或者公开对其表示蔑视的,处以六个月以下有期徒刑或者十万里拉至一百万里拉罚金。对于通过表示自己的蔑视而挑动他人进行决斗的人,处以同样的刑罚。"

③ 本条由1999年6月25日第205号法律第十八条废除。原来的条文如下:"当挑动决斗的人、提出决斗挑战的人或者以挑动决斗或提出决斗挑战相威胁的人,以获取钱款或其他利益为目的而实施行为时,适用第六百二十九条的规定。在决斗的情况下,也适用第十二章第一节的规定。"

第四章 侵犯宗教感情和对死者怜悯罪

第一节 侵犯宗教信仰的犯罪①

第四百零二条 [侮辱国家的信仰]②

第四百零三条 通过人身侮辱侵犯宗教信仰③

通过对从教人员的侮辱公开侵犯国家的信仰的,处以一千欧元至五千欧元罚金。

通过对宗教司铎的侮辱侵犯宗教信仰的,处以二千欧元至六千欧元罚金。

第四百零四条 通过对物的侮辱或损坏侵犯宗教信仰④

在用于礼拜的场所、公共场所或向公众开放的场所,通过对构成礼拜对象的物品、礼拜供奉品或礼拜中必须使用的物品的侮辱侵犯宗教信仰的,或者当宗教司铎在私人场所履行宗教职务时实施行为的,处以一千欧元至五千欧元罚金。

公开地和故意地毁坏、消耗、侵蚀构成礼拜对象的物品、礼拜供奉品或礼拜中必须使用的物品的,或者使上述物品不可使用或加以玷污的,处以二年以下有期徒刑。

---

① 2006年2月24日第85号法律第十条将本章原来的标题“侵犯国家信仰和合法宗教的犯罪”作了这样的修改。

② 意大利宪法法院于2000年11月20日以第508号判决宣告本条违宪,本条因此而被废除。原来的条文如下:“公开侮辱国家的信仰的,处以一年以下有期徒刑。”

③ 本条由2006年2月24日第85号法律第七条修改。

④ 本条由2006年2月24日第85号法律第八条修改。

第四百零五条　干扰宗教仪式①

在有宗教司铎参加的礼拜中,或者在用于礼拜的专门场所、公共场所或向公众开放的场所进行的礼拜中,妨碍或者干扰宗教仪式、程序或手续的进行的,处以二年以下有期徒刑。

如果同时发生对人的暴力或威胁行为,处以一年至三年有期徒刑。

第四百零六条　[侵犯国家中的合法宗教]②

第二节　侵犯对死者的怜悯的犯罪

第四百零七条　侵犯陵墓

侵犯坟墓、陵墓或棺墓的,处以一年至五年有期徒刑。

第四百零八条　侮辱坟墓

在墓地和其他下葬的地点,对坟墓、陵墓、棺墓、用于祭奠死者、保卫或者装饰墓地的物品实施侮辱的,处以六个月至三年有期徒刑。

第四百零九条　干扰葬礼或殡葬服务

除第四百零五条规定的情况外,妨碍或者干扰葬礼或殡葬服务的,处以一年以下有期徒刑。

第四百一十条　侮辱尸体

对尸体或者骨灰实施侮辱行为的,处以一年至三年有期徒刑。

如果犯罪人对尸体进行毁损或者肢解,或者对其实施任何残酷的或猥亵的行为,处以三年至六年有期徒刑。

第四百一十一条　毁灭、湮没或者窃取尸体

对尸体或其一部分实行毁灭、湮没或窃取的,或者窃取或损耗骨灰的,处以二年至七年有期徒刑。

---

①　本条由2006年2月24日第85号法律第八条修改。

②　本条由2006年2月24日第85号法律第十条废除。原来的条文如下:“针对国家中的合法宗教实施第四百零三条、第四百零四条和第四百零五条规定的某一行为的,依照上述各条规定的刑罚处罚,但是,刑罚予以减轻。”

如果行为是在墓地或者其他埋葬、寄存或保管尸体或骨灰的地点实施的，刑罚予以增加。

死者明确表达过意愿，经户籍官员批准播撒尸体骨灰的，不构成犯罪。

未经户籍官员批准播撒尸体骨灰的，或者采用与死者要求不同的方式播撒骨灰的，处以二个月至一年有期徒刑和二千五百八十二欧元至一万二千九百一十一欧元罚金。①

第四百一十二条　隐藏尸体

隐藏尸体或其一部分的，或者藏匿骨灰的，处以三年以下有期徒刑。

第四百一十三条　非法使用尸体

在法律不允许的情况下，为了科学或教学的目的，解剖或者以其他方式利用尸体或其一部分的，处以六个月以下有期徒刑或者五百一十六欧元以下罚金。②

如果犯罪人明知尸体或其一部分是由他人肢解、隐藏或者窃取的而实施上述行为，刑罚予以增加。

① 本款由2001年3月30日第130号法律第二条增加。

② 本款的罚金数额由1981年第689号法律第一百一十三条增加。

第五章　危害公共秩序罪

第四百一十四条　教唆犯罪

公开教唆实施一项或数项犯罪的，分别按下列规定处罚：

（一）如果教唆实施重罪，处以一年至五年有期徒刑。

（二）如果教唆实施违警罪，处以一年以下有期徒刑或者二百零六欧元以下罚金。①

如果教唆实施一项或数项重罪和一项或数项违警罪，适用第一项规定的刑罚。

第一项规定的刑罚也适用于公开颂扬一项或数项犯罪的人。如果行为是通过信息或电话设备实施的，第一款和第二款规定的刑罚予以增加。②

除第三百零二条规定的情况外，如果以上各款规定教唆或者辩护涉及的是恐怖主义犯罪或者反人类罪，刑罚增加一半。如果行为是通过信息或电话设备实施的，刑罚增加至三分之二。③

第四百一十四条之二　教唆未成年人进行色情性活动及制作色情材料④

除行为构成更为严重的犯罪外，通过任何方式和明示形式，公开教唆实施，一项或数项第六百条之二、第六百条之三、第六百条之四规定的罪名，对未成年人造成侵害，同时行为如果与第六百条之四之一、第六百条之五、第六百零九条

---

① 本款的罚金数额由1981年第689号法律第一百一十三条增加。

② 本款由2015年4月17日第43号法律第二条第一款第二项第一目修改。

③ 本款由2005年7月31日第155号法律增加，又由2015年4月17日第43号法律第二条第一款第二项第二目修改。

④ 本条由2012年10月1日第172号法律第四条增加。

之二、第六百零九条之四和第六百零九条之十五列举的色情材料有关,处以一年六个月至五年有期徒刑。

公开对第一款规定的一项或数项罪名进行颂扬,适用同样的刑罚。

以艺术、文学、历史特征或习俗为目的进行的评论或具有合理事由,不可控诉。

第四百一十五条　教唆违抗法律

公开教唆违抗关于公共秩序的法律的,或者在各社会阶级之间制造仇恨的,处以六个月至五年有期徒刑。①

第四百一十六条　为犯罪而结成集团②

当三人或三人以上为实施数项犯罪的目的而结成集团时,对发起、建立或组织该集团的人员,仅因此行为,处以三年至七年有期徒刑。

对于仅参加上述集团的行为,处以一年至五年有期徒刑。

对于犯罪集团的首领,处以为发起人规定的刑罚。

如果犯罪集团的成员持武器活动于乡村或公共道路,处以五年至十五年有期徒刑。

如果集团成员的数量为十人或十人以上,刑罚予以增加。

如果结成集团的目的是实施第六百条、第六百零一条、第六百零一条之二和第六百零二条列举的某一犯罪,以及1998年7月25日第286号立法性法令《移民和外国人法律规范的统一条例》第十二条第三款之二在第一款规定的犯罪,1999年4月1日第91号法律第二十二条第三款和第四款、第二十二条之二之第一款规定的犯罪,在第一款规定的情况下,处以五年至十五年有期徒刑,在第二款规定的情况下,处以四年至九年有期徒刑。③

如果集团实施了第六百条之二、第六百条之三、第六百条之四、第六百条之

---

① 意大利宪法法院于1974年4月23日以第108号判决宣告本条在以下意义上违宪:它没有明确指出:所谓“在各社会阶级之间制造仇恨”必须是以对公共秩序造成威胁的方式实施的。

② 本条由2016年12月11日第236号法律修改。

③ 本款由2003年8月11日第228号法律第四条增加,又由2009年7月15日第94号法律第一条第五款、2016年12月11日第236号法律第二条第一款修改。

四之一、第六百条之五、第六百零九条之二、第六百零九条之八的犯罪，当实施的犯罪行为是对十八岁以下的未成年人造成侵害，还包括第六百零九条之十一规定的犯罪，在第一款规定的情况下，处以四年至八年有期徒刑，在第二款规定的情况下，处以二年至六年有期徒刑。①

第四百一十六条之二　黑手党型集团②

参加由三人或三人以上组成的黑手党型集团的，处以十年至十五年有期徒刑。③

对于发起、领导或者组织上述集团的人员，仅因此行为，处以十二年至十八年有期徒刑。④

当参加集团的人利用集团关系的恐吓力量以及因实施犯罪而产生的从属和互隐条件，以便直接或间接实现对经济活动、许可、批准、承包和公共服务的经营或控制，使自己或其他人取得不正当利益或好处，阻止或妨碍自由行使表决权，或者在选举中为自己或其他人争取选票时，该集团为黑手党型集团。

如果上述集团拥有武装，在本条第一款规定的情况下，处以十二年至二十年有期徒刑；在第二款规定的情况下，处以十五年至二十六年有期徒刑。⑤

当上述集团的参加者为实现集团的目的而掌握武器或爆炸材料时，即使它们被隐藏着或者被存放在储存地点，均视为拥有武装。

如果集团成员所打算控制的经济活动是完全或部分由犯罪的代价、所得或者收益资助的，以上各款规定的刑罚在三分之一至一半的幅度内增加。

对于被判刑人，一律没收用于实施犯罪的物品、作为犯罪代价、所得或收益的物品和构成对犯罪的利用的物品。

---

① 本款由2012年10月1日第172号法律第四条增加。

② 本条由1982年9月13日第646号法律第一条增加。

③ 本款的刑罚由2005年12月5日第251号法律第一条增加，又由2015年5月27日第69号法律第五条第一款第一项增加。

④ 本款的刑罚由2005年12月5日第251号法律第一条增加，又由2015年5月27日第69号法律第五条第一款第二项增加。

⑤ 本款的刑罚由2005年12月5日第251号法律第一条增加，又由2015年5月27日第69号法律第五条第一款第三项增加。

本条的规定也适用于卡莫拉(camorra)、纳兰格达(ndrangheta)[①]和其他具有任何地方名称的集团,包括外国人的集团[②],只要它们利用集团关系的恐吓力量以追求黑手党型集团之目的。

第四百一十六条之二之一　黑手党型集团的加重和减轻量刑情节[③]

对实施第四百一十六条之二规定的犯罪,应处以无期徒刑之外,或是以帮助同条规定的犯罪集团实施犯罪为目的的犯罪,刑罚应增加三分之一至一半。

减轻量刑情节,当第九十八条和第一百一十四条列举之外的减轻情节与第一款规定的加重情节同时存在时,不得认为前者与后者对等或者前者优于后者,并且刑罚的减轻以根据上述加重情节增刑后的刑期为基础。

对于实施第四百一十六条之二规定的犯罪以及在上述条款规定的情况下,以帮助黑手党型集团为目的,被告人与其他人犯罪人出现脱离,如果行为人采取了有效的措施避免犯罪行为或是后续危险结果的发生,或是向司法警察或是其他司法机关提供了有效定罪以及确定个人其他的法律责任的证据,或是帮助对其他犯罪人的抓捕,无期徒刑应由十二年有期徒刑至二十年有期徒刑所替代,其他刑罚应减轻三分之一至一半。

第三款规定的情况不可以适用于第一款和第二款规定。

第四百一十六条之三　黑手党的政治选举交易[④]

以直接或是中间人的方式接受、许诺帮助属于第四百一十六条之二规定集团的人员投票,或是以第四百一十六条之二之第三款规定的方式,通过赠予或许诺赠予钱款或其他利益以换取选票,或换取能够满足利益或是其他黑手党型集团的需求的处置权,处以第四百一十六条之二规定的刑罚。

本款刑罚也适用于以直接或是以中介的方式,赠予钱款换取关于第一款规定的投票许诺的人。

---

① “纳兰格达”组织由2010年3月31日第50号法律第六条第二款增加。

② “外国人的集团”一语由2008年7月24日第125号法律第一条第一款第二项之二、第四项增加。

③ 本条由2018年3月1日第21号立法政令第五条第一款第四项增加。

④ 本条由2019年5月21日第43号法律第一条第一款替代。

如果接受了投票许诺，之后通过第一款达成的合意，并在选举结果中得以体现，第四百一十六条之二之第一款规定的刑罚应增加一半。

因本条被定罪判刑，一律褫夺公权。

第四百一十七条　保安处分①

在因前两条规定的犯罪而受到处罚的情况下，一律决定适用保安处分。

第四百一十八条　帮助集团成员

除共同犯罪或者包庇的情况外，为参加犯罪集团的人提供藏身地、膳食、接待、交通工具或者通信器材的，处以二年至四年有期徒刑。②

如果以上帮助是以连续方式提供的，刑罚予以增加。③

为帮助近亲属而实施上述行为的，不予处罚。

第四百一十九条　破坏和洗劫

除第二百八十五条规定的犯罪外，实施破坏和洗劫行为的，处以八年至十五年有期徒刑。

如果行为是以公开方式或是在向公众开放的场所，针对武器、弹药或者处于销售地或储存地的生活必需品实施的，刑罚予以增加。④

第四百二十条　侵害公益设施⑤

实施旨在破坏或者摧毁公益设施的行为的，除行为构成更为严重的犯罪外，处以一年至四年有期徒刑。

[第一款规定的刑罚也适用于实施旨在破坏或者摧毁公益信息系统、通信系统、包含在上述系统中的或与之有关的数据、信息或程序的行为的人。

如果行为造成上述设施、系统、数据、信息或程序受到破坏或摧毁，或者导致上述设施或系统运作中断或部分中断，处以三年至八年有期徒刑。]⑥

---

① 本条由1982年12月23日第936号法律第五条修改。

② 本款由2001年12月15日第438号法律修改。

③ 本款由2001年12月15日第438号法律修改。

④ 本款由2019年8月8日第77号法律第七条第一款第三项修改。

⑤ 本条由1993年12月23日第547号法律第二条修改。

⑥ 第二款和第三款由2008年3月18日第48号法律第六条删除。

第四百二十一条　公开恐吓

以实施危害公共安全的犯罪或者以实施破坏或洗劫行为相威胁，以致在公众中引起恐惧的，处以一年以下有期徒刑。

第六章　危害公共安全罪

第一节　以暴力造成公共危险的犯罪

第四百二十二条　屠杀

除第二百八十五条规定的情况外，以杀人为目的，实施足以使公共安全面临危险的行为的，如果行为造成多人死亡，处以无期徒刑。①

如果仅造成一人死亡，处以无期徒刑。在任何其他情况下，适用十五年以下有期徒刑。

第四百二十三条　纵火

造成火灾的，处以三年至七年有期徒刑。

在对自己物品纵火的情况下，如果行为对公共安全带来危险，也适用前款的规定。

第四百二十三条之二　森林火灾②

在合法使用技术灭火或规定用火的情况外，造成自己的或者他人的森林、丛林、树林或者旨在育林的苗圃火灾的，处以四年至十年有期徒刑。③

如果第一款列举的火灾是因过失造成的，处以一年至五年有期徒刑。

如果火灾对建筑物造成危险，或者对受保护特殊的动植物地域，或家养、饲

---

① 原来规定的刑罚是死刑。死刑已废除。

② 本条由 2000 年 10 月 6 日第 275 号法律（《关于制止森林火灾的紧急规定》）增加，又由 2021 年 11 月 8 日第 155 号法律修改。

③ 本款由 2021 年 11 月 8 日第 155 号法律第六条第一款第二项修改。

养动物造成损害，第一款和第二款规定的刑罚予以增加。①

如果火灾对环境造成严重的、大范围的和持续的损害，第一款和第二款规定的刑罚增加一半。

如果行为人采取了有效的措施避免犯罪行为或是后续危险结果的发生，或是在第一审辩论开始之前，采取了保持安全的具体行为措施或是在可能的情况下恢复地点原状，本条规定的刑罚予以减轻一半至三分之二。②

如果行为人提供了有效定罪证据帮助司法警察或是其他司法机关还原事实，确定其他行为人或是藏匿因犯罪行为造成损失的赔偿物，本条规定的刑罚予以减轻三分之一至一半。③

第四百二十三条之三　附加刑④

符合本条第二款、第二十九条和第三十一条规定的情况，实施第四百二十三条之二之第一款的犯罪，处以不低于二年有期徒刑，同时意味着消除和行政机构、公共单位，或是公有制为主单位所履行或建立的工作关系。

如果是在行为人受委托或履行保护环境职务期间发生的森林火灾，第四百二十三条之二之第一款规定的刑罚还意味着褫夺公权五年至十年。

第四百二十三条之四　没收⑤

在处罚或者根据《刑事诉讼法典》第四百四十四条的规定依当事人之请求适用刑罚的情况下，对于实施第四百二十三条之二之第一款规定的犯罪的人员，一律决定没收构成犯罪收益或所得的财物，除非它们属于与犯罪无关的人员所有。

根据第四百二十三条之二之第一款规定的刑罚，在不可能实行上述没收的情况下，由法官决定按照与犯罪所得相对应的价值或收益，没收由犯罪人支配的，包括间接支配或由中介支配的财物。

---

① 本款由 2021 年 11 月 8 日第 155 号法律第六条第一款第二项修改。
② 本款由 2021 年 11 月 8 日第 155 号法律第六条第一款第二项修改。
③ 本款由 2021 年 11 月 8 日第 155 号法律第六条第一款第二项修改。
④ 本条由 2021 年 11 月 8 日第 155 号法律第六条第一款第三项增加。
⑤ 本条由 2021 年 11 月 8 日第 155 号法律第六条第一款第三项修改。

没收财物及其产物由公共行政主管机关或是相关人用以恢复原状。

在犯罪人能够有效采取措施恢复地点原状的情况下，不得实施没收。

第四百二十四条　导致火灾的损害

除第四百二十三条之二规定的情况外，仅以损害他人物品为目的，对自己或他人物品纵火的，如果行为造成火灾的危险，处以六个月至二年有期徒刑。①

如果随后发生火灾，适用第四百二十三条的规定，但是，刑罚在三分之一至一半的幅度内减轻。②

如果对森林、丛林、树林或者旨在育林的苗圃纵火，并且随后发生火灾，适用第四百二十三条之二规定的刑罚。③

第四百二十五条　加重情节

在第四百二十三条和第四百二十四条规定的情况下，行为实施于下列情况之一的，刑罚予以增加：

（一）针对公共建筑物、具有公共用途的建筑物、古迹、墓地以及它们的附属物实施行为的；

（二）针对有人居住的建筑物、用作住宅的建筑物、工业设施、工地、农业公司、矿山、采石场、水源、水道或者其他用于收集和饮用水制品实施行为的；④

（三）针对船舶、其他水上建筑物或者飞机实施行为的；

（四）针对铁路站台、海运码头、机场、一般仓库、其他存放货物或食品的处所或者易爆物品仓库或储存地实施行为的；

（五）［针对树林、丛林和森林实施行为的］。⑤

第四百二十六条　洪灾、塌方或雪崩

造成洪灾、塌方或者雪崩发生的，处以五年至十二年有期徒刑。

---

① 本款由2000年10月6日第275号法律修改。

② 本款由2000年10月6日第275号法律修改。

③ 本款由2000年10月6日第275号法律增加。

④ 本款由2021年11月8日第155号法律第六条第一款第三项之二修改。

⑤ 此项由2000年10月6日第275号法律废除。

第四百二十七条 导致洪灾、塌方或雪崩的损害

仅以损害为目的,对闸门、拦堰、屏障、堤坝或其他用于预防水流、塌方或雪崩的工程或者用于集水或引水的工程造成破坏或者损坏的,或者使其完全或部分不可使用的,如果行为导致发生洪灾、塌方或雪崩的危险,处以一年至五年有期徒刑。

如果灾祸发生,处以三年至十年有期徒刑。

第四百二十八条 搁浅、沉没或空难

造成他人的船舶或其他水上建筑物搁浅或沉没的,或者造成他人的飞机坠落的,处以五年至十二年有期徒刑。

如果行为是通过毁坏、移动或者去除信号灯或其他信号标志而实施的,或者通过使用假信号或其他欺诈手段而实施的,处以五年至十二年有期徒刑。

造成自己的船舶或其他水上建筑物搁浅或沉没的,或者造成自己的飞机坠落的,如果行为对公共安全带来危险,也适用本条的规定。

第四百二十九条 导致搁浅的损害

仅以损害船舶、水上建筑物、飞机或保障航行安全的设施为目的,对上述物品进行破坏的,或者使其完全或部分不可使用的,如果行为导致搁浅、沉没或者空难的危险,处以一年至五年有期徒刑。

如果行为造成搁浅、沉没或者空难,处以三年至十年有期徒刑。

第四百三十条 铁路灾祸

造成铁路灾祸的,处以五年至十五年有期徒刑。

第四百三十一条 因损害造成的铁路灾祸危险

仅以损害铁路、机器、车辆、工具、设备或其他用于铁路经营的物品为目的,使上述物品受到完全或部分毁坏或者损坏的,或者以其他方式使之完全或部分不可使用的,如果行为造成发生铁路灾祸的危险,处以二年至六年有期徒刑。

如果行为造成灾祸,处以三年至十年有期徒刑。

在刑事法律的意义上,除一般的铁路外,铁路还包括带有铁轨的并且有依靠蒸气、电力或其他机械牵引装置驱动的车辆在其上行驶的道路。

第四百三十二条　侵害交通安全

除以上各条规定的情况外，致使公共陆地交通、水上交通或空中交通面临危险的，处以一年至五年有期徒刑。

向用于公共陆地交通、水上交通或空中交通的、正在运行中的车辆或飞行器投射可造成伤害的物体或射弹的，处以三个月至二年有期徒刑。

如果行为造成灾祸，处以三年至十年有期徒刑。

第四百三十三条　危害电力煤气设备的安全或者公共通信的安全

危害为照明或工业用途而生产或者输送电力或煤气的工厂、设施、设备或其他工具的安全的，如果行为对公共安全造成危险，处以一年至五年有期徒刑。

危害公共电报或电话通信安全的，如果行为对公共安全造成危险，适用同样的规定。

如果行为造成灾祸，处以三年至十年有期徒刑。

第四百三十三条之二　通过核设备危害安全①

危害核设备或是其他设施的安全，或是用于生产、存放或运输核材料的地点、工具，如果行为对公共安全造成危险，处以四年至八年有期徒刑。

如果行为造成灾祸，处以五年至二十年有期徒刑。

第四百三十四条　建筑物坍塌或其他故意造成的灾祸

除以上各条规定的情况外，实施旨在造成建筑物或其一部分坍塌或者其他灾祸的行为的，如果行为对公共安全造成危险，处以一年至五年有期徒刑。

如果上述坍塌或者灾祸发生，处以三年至十二年有期徒刑。

第四百三十五条　制造或者持有爆炸物

以侵害公共安全为目的，制造、购买或者持有炸药、其他爆炸物、窒息物、迷眼物、麻醉物、燃烧物或者用于合成或制造上述物品的材料的，处以一年至五年有期徒刑。

第四百三十六条　窃取、隐藏或者破坏预防事故的公共设备

在发生火灾、洪灾、沉没、搁浅或者其他公共灾祸或事故之际，窃取或隐藏

---

①　本条由2015年4月28日第58号法律第八条第一款增加。

用于灭火、护卫、抢救或救护的材料、设备或其他工具的，或者使之不可使用的，或者以任何其他方式阻碍或妨碍灭火、护卫或救援工作的，处以二年至七年有期徒刑。

第四百三十七条 故意移动或者不放置劳动事故预防装置

不放置用于预防灾祸或劳动事故的装置、设备或信号的，或者对之进行移动或者损坏的，处以六个月至五年有期徒刑。

如果行为导致灾祸或事故的发生，处以三年或十年有期徒刑。

第二节 以欺诈造成公共危险的犯罪

第四百三十八条 疫病

通过传播病菌造成疫病流行的，处以无期徒刑。

[如果上述行为造成数人死亡，处以死刑。]①

第四百三十九条 在水或食品中投毒

在为消费而汲取或者分发之前，在饮用水或食品中投毒的，处以十五年以上有期徒刑。

如果行为造成人员死亡，处以无期徒刑[；如果造成数人死亡，处以死刑]。②

第四百四十条 造成食品变质或者掺假

在为消费而汲取或者分发之前，使饮用水或食品腐坏变质，对公众健康造成危险的，处以三年至十年有期徒刑。

以对公众健康造成危险的方式在用于销售的食品中掺假的，处以同样的刑罚。

如果变质的或者掺假的是药品，刑罚予以增加。

---

① 由于死刑被废除，本款已无实际意义。

② 由于死刑被废除，方括号内的规定已无实际意义。

第四百四十一条　造成其他物品变质或者掺假

以对公众健康造成危险的方式，致使前条列举范围以外的、用于销售的物品变质或者掺假的，处以一年至五年有期徒刑或者三百零九欧元以上罚金。①

第四百四十二条　销售变质的或掺假的食品

虽然没有参加前三条列举的犯罪，但以对公众健康造成危险的方式，为销售而持有、销售或者为消费而分发已被他人投毒的、已腐坏的、已变质的或者已掺假的水、食品或物品的，分别处以以上各条规定的刑罚。

第四百四十三条　销售或提供变质药品

为销售而持有、销售或者提供变质的或有缺陷的药品的，处以六个月至三年有期徒刑和一百零三欧元以上罚金。②

第四百四十四条　销售有毒食品

为销售而持有、销售或者为消费而分发虽不是变质的或掺假的，但对公众健康具有危险的食用品的，处以六个月至三年有期徒刑和五十一欧元以上罚金。③

如果购买或接受上述物品的人知道该物品是有毒的，刑罚予以减轻。

第四百四十五条　以对公众健康造成危险的方式提供药品

从事包括擅自从事药品销售的人，所提供的药品不符合医生嘱托的种类、质量或数量的，或者与所要求的或商定的种类、质量或数量不同的，处以六个月至二年有期徒刑和一百零三欧元至一千零三十二欧元罚金。④

第四百四十六条　必须实行没收的情况⑤

在因第四百三十九条、第四百四十条、第四百四十一条和第四百四十二条规定的某一犯罪受到处罚的情况下，如果行为造成某人死亡、严重伤害或极为

---

① 本款规定的罚金数额由 1981 年第 689 号法律第一百一十三条增加。

② 本条规定的罚金数额由 1981 年第 689 号法律第一百一十三条增加。

③ 本款规定的罚金数额由 1981 年第 689 号法律第一百一十三条增加。

④ 本条规定的罚金数额由 1981 年第 689 号法律第一百一十三条增加。

⑤ 本条原来的条文由 1975 年 12 月 22 日第 685 号法律第一百零八条废除，现在的条文是由 1986 年 8 月 7 日第 462 号法律引进的。

严重的伤害,对第二百四十条第一款列举的物品必须予以没收。

第四百四十七条 [故意为使用麻醉品提供便利][①]

第四百四十八条 附加刑

因本节规定的某一犯罪而受到处罚意味着公布处罚判决。

因第四百三十九条、第四百四十条、第四百四十一条和第四百四十二条规定的某一犯罪而受到处罚意味着在五年至十年的期限内禁止从事有关职业、技艺、产业、贸易或手艺,并且意味着在同样的期限内禁止担任法人和企业的领导职务。上述处罚还意味着在至少两种全国发行的报纸上公布处罚判决。[②]

第三节 造成公共危险的过失犯罪

第四百四十九条 造成损害的过失犯罪

除第四百二十三条之二规定的情况外,[③]因过失造成火灾或本章第一节规定的其他灾祸的,处以一年至五年有期徒刑。

如果造成铁路灾祸、搁浅、用于人员运输的船舶沉没或者用于人员运输的飞机坠落,刑罚增加一倍。

第四百五十条 造成危险的过失犯罪

以自己有过失的作为或不作为,致使铁路灾祸、洪灾、搁浅、船舶沉没或其他水上建筑物沉没的危险出现或者存在的,处以二年以下有期徒刑。

如果犯罪人违反了权力机关为排除危险而发出的具体命令,有期徒刑不少于一年。

第四百五十一条 因过失而未放置预防灾祸或劳动事故的装置

因过失而未放置或者移动用于灭火、抢救、灾祸或劳动事故救护等目的的设备或其他工具的,或者使之不可使用的,处以一年以下有期徒刑或者十欧元

---

① 本条由1990年10月9日第309号法律废除。

② 本款由1986年8月7日第462号法律增加。

③ 此表述由2000年10月6日第275号法律增加。

至五百一十六欧元罚金。[①]

第四百五十二条　损害公众健康的过失犯罪

因过失而实施第四百三十八条和第四百三十九条规定的某一犯罪的，依照下列规定处罚：

（一）［如果上述条款为犯罪规定的刑罚是死刑，处以三年至十二年有期徒刑；］[②]

（二）如果上述条款为犯罪规定的刑罚是无期徒刑，以下一年至五年有期徒刑；

（三）如果第四百三十九条规定适用有期徒刑，处以六个月至三年有期徒刑。

如果因过失而实施第四百四十条、第四百四十一条、第四百四十二条、第四百四十三条、第四百四十四条和第四百四十五条规定的某一行为，分别适用有关条款规定的刑罚，并且在六分之一至三分之一的幅度内减轻。

---

① 本条规定的罚金数额由1981年第689号法律第一百一十三条增加。

② 本项已被废除。

第六章之二　危害环境罪[①]

第四百五十二条之二　污染环境[②]

对下列造成综合性或严重且可测量的危害,处以二年至六年有期徒刑和一万欧元至十万欧元罚金:

(一)水或空气,或土壤、地下层土壤外部构成或性质;

(二)生态系统、生物多样性,包括农业、植物群落或动物群落。

当造成的污染是自然保护区域或是在风景、自然环境、历史、艺术、建筑或人类学保护区附近,或是造成受保护的动物或植物损害,刑罚予以增加。

第四百五十二条之三　因污染环境犯罪导致死亡或受伤的后果[③]

如果是因实施第四百五十二条之二规定的犯罪,但不是犯罪人所希望的,造成人员伤害,且患病期限未超过二十日,处以二年六个月至七年有期徒刑;如果行为造成严重伤害,处以三年至八年有期徒刑;如果行为造成特别严重伤害,处以四年至九年有期徒刑;如果造成死亡,处以五年至十年有期徒刑。

如果行为造成不止一人死亡,或数人受伤,或是一人或数人死亡或一人或数人伤害,对造成上述更为严重的损害结果,刑罚在三倍以内增加,但有期徒刑不得超过二十年。

第四百五十二条之四　环境灾祸[④]

在第四百三十四条规定的情况之外,造成环境灾祸,处以五年至十五年有

---

① 本章由 2015 年 5 月 22 日第 68 号法律第一条第一款增加。

② 本条由 2015 年 5 月 22 日第 68 号法律第一条第一款增加。

③ 本条由 2015 年 5 月 22 日第 68 号法律第一条第一款增加。

④ 本条由 2015 年 5 月 22 日第 68 号法律第一条第一款增加。

期徒刑。构成环境性改变的灾祸是指：

(一)对生态系统平衡造成不可恢复的改变；

(二)改变生态系统平衡的，导致只有通过特别的措施才能够消除的巨大后果；

(三)实施侵犯公共健康的犯罪，因相关行为导致扩大性结果或是行为造成的侵害结果及于数名被害人或使其暴露在危险中。

当灾祸在自然保护区或是在风景、自然环境、历史、艺术、建筑或人类学保护区附近，或是造成受保护的动物或植物损害，刑罚予以增加。

第四百五十二条之五　过失侵害环境罪①

因过失而实施第四百五十二条之二、第四百五十二条之四规定的某一犯罪，同条规定的刑罚可减轻三分之一至三分之二。

如果实施前款规定的行为只是造成环境污染或是环境灾祸的危险，刑罚可再减轻三分之一。

第四百五十二条之六　运输或抛弃高放射性物质②

除了行为构成更为严重的犯罪，购买、接收、运输、进口、出口、以帮助他人保有、转移、抛弃或非法毁弃高放射性物质。

如果行为对下列造成综合性或是可测量的危险，第一款规定的刑罚予以增加：

(一)水或空气，或土壤、地下层土壤外部构成或性质；

(二)生态系统、生物多样性，包括农业、植物群落或动物群落。

如果行为造成对人员生命或健康侵害的危险，刑罚予以增加至一半。

第四百五十二条之七　妨碍检查③

除了行为构成更为严重的犯罪，关闭进口、放置障碍或人为改变地点，以阻止，妨碍或躲避监察、环境检查和对工作场所安全和卫生检查，或是造成妨碍的

---

① 本条由 2015 年 5 月 22 日第 68 号法律第一条第一款增加。

② 本条由 2015 年 5 月 22 日第 68 号法律第一条第一款增加。

③ 本条由 2015 年 5 月 22 日第 68 号法律第一条第一款增加。

结果,处以六个月至三年有期徒刑。

第四百五十二条之八　加重情节[①]

通过第四百一十六条规定的结伙方式,唯一或是共同地以实施本章规定的犯罪为目的,第四百一十六条规定的刑罚予以增加。

通过第四百一十六条之二规定的结伙方式,以从本章规定的犯罪获利,或是获得管理权,或是任何控制经济活动的方式,以接收、授权、合约或是提供环境物质的公共服务,第四百一十六条之二规定的刑罚予以增加。

如果结伙中有公务员或受委托提供公共服务的人员在履行职务或进行环境物质活动中实施的,第一款和第二款规定的刑罚增加三分之一至一半。

第四百五十二条之九　环境加重情节[②]

当行为已经被规定为犯罪,以后续实施本章规定的一项或数项犯罪为目的,以实施根据2006年4月3日第152号立法性法令或是其他保护环境的法律规定的一项或数项罪名为目的,或是实施的行为违反了2006年第152号立法性法令或是其他保护法律规定的一项或数项规定,第一款规定的刑罚增加三分之一至一半,在第二种情况下,刑罚增加三分之一。任何情况下,犯罪应属于须提起公诉的。

第四百五十二条之十　可悔改的情况[③]

对于第四百一十六条规定集团犯罪根据第四百五十二条之十的规定,构成量刑加重情节,包括根据2006年4月3日第152号立法性法令以及修订中规定的犯罪,如果行为人采取措施避免犯罪行为或是后续危险结果的发生,刑罚予以减轻一半至三分之二。在第一审辩论开始之前,采取了保持安全的具体行为或是在可能的情况下恢复地点原状,向司法警察或是其他司法机关提供了有效定罪证据帮助还原事实,确定行为人个人法律责任证据或是被隐匿构成犯罪物品的情况下,刑罚予以减轻三分之一至一半。

---

① 本条由2015年5月22日第68号法律第一条第一款增加。

② 本条由2015年5月22日第68号法律第一条第一款增加。

③ 本条由2015年5月22日第68号法律第一条第一款增加。

法官根据被告人的请求，在第一审辩论开始之前，确定一段期限内暂缓程序，暂缓期限最多不可超过二年，以实施前款规定的活动为目的，最多可再暂缓一年，在此规定的期限内暂缓程序。

第四百五十二条之十一　没收①

在处罚或者根据《刑事诉讼法典》第四百四十四条的规定依当事人之请求适用刑罚的情况下，对于实施本法典第四百五十二条之二、第四百五十二条之四、第四百五十二条之六、第四百五十二条之七和第四百五十二条之八规定的犯罪，一律处以没收构成犯罪所得或收益的物品和用于实施犯罪的物品，除非物品属于与犯罪无关的人。

当实施本章规定的一项或数项犯罪被判刑，当没收不可能实施时，法官可推断属于被判刑人应没收的等值财产，包括间接属于或通过中介处置的财产，处以没收。

没收的财产是指根据前款规定应没收的财产或其他由公共行政主管机构通过处置所衍生的财产，以及通过开垦邻近地区获得的财产。

可推断出行为人会采取有效措施以恢复公共安全或是在可能的情况下，进行开垦活动并恢复地点原状，没收主管机构不再适用没收措施。

第四百五十二条之十二　恢复地点原状②

实施本章规定的犯罪被宣布有罪判决或者根据《刑事诉讼法典》第四百四十四条的规定依当事人之请求适用刑罚的情况下，法官可发布恢复令，或是在技术性可能的情况下恢复地点原状，对根据本法典第一百九十七条规定的执行对象以及被判刑人推迟执行。

前款恢复地点原状的规定适用2006年4月3日第152号立法性法令第七编第二章关于恢复环境物质的规定。

第四百五十二条之十三　不进行开垦③

除了行为构成更为严重的犯罪，不履行法律规定的义务、法官或是司法机

---

① 本条由2015年5月22日第68号法律第一条第一款增加。

② 本条由2015年5月22日第68号法律第一条第一款增加。

③ 本条由2015年5月22日第68号法律第一条第一款增加。

关发布的命令，不进行开垦、恢复或是复原地点的原状，处以一年至四年有期徒刑，和二万欧元至八万欧元罚金。

第四百五十二条之十四　有组织地非法运输垃圾①

以获得非法利润为目的，通过数项操作并通过设施进行连续有组织的活动，允许、接收、运输、出口、进口或是滥用管理卫生垃圾数量，处以一年至六年有期徒刑。

如果涉及的垃圾属于高放射性物质，处以三年至八年有期徒刑。

判决应附随第二十八条、第三十条、第三十二条之二和第三十二条之三，以及第三十三条限制规定的附加刑。

法官对有罪判决或是根据《刑事诉讼法典》第四百四十四条的规定依当事人之请求适用刑罚的情况下，可裁定恢复地点原状并对消除损害或对环境的危险的情况，允许实施缓刑。

为犯罪服务或作为犯罪产物或收益的物品，一律没收，除非物品属于与犯罪无关的人。

当没收不可能实施时，法官可以推断属于被判刑人应没收的等值财产，包括间接属于或通过中介处置的财产，处以没收。

① 本条由2018年3月11日第21号立法性命令第三条第一款第一项增加。

第七章　侵犯公共信义罪

第一节　伪造货币、公共信用票据和印花

第四百五十三条　伪造货币，在预先通谋的情况下使用和向国内引入伪造的货币

对下列人员，处以三年至十二年有期徒刑和五百一十六欧元至三千零九十八欧元罚金：①

（一）伪造在国内外合法流通的国家货币或者外国货币的；

（二）以任何方式变造真实货币，使其票面价值提高的；

（三）虽未参加上述伪造或变造，但与伪造人或变造人通谋或者与某一中间人通谋将伪造的或变造的货币引入国内，持有、使用上述货币的，或者以其他方式将上述货币投入流通的；

（四）以投入流通目的，向伪造货币者或中间人购买或者以任何方式接受伪造的或变造的货币的。

本条规定的刑罚还可适用于，有合法授权进行制造、生产货币的行为人滥用可处置的设备或材料，制造货币的数量超出了规定的范围。②

当实施第一款和第二款规定的行为，制造的货币不是当前流通的货币或是虽然仍在流通但停止流通期限已经确定时，刑罚可减轻三分之一。③

---

① 本条规定的罚金数额由 1981 年第 689 号法律第一百一十三条增加。

② 本款由 2016 年 6 月 21 日第 125 号立法性命令第一条第一款第一项增加。

③ 本款由 2016 年 6 月 21 日第 125 号立法性命令第一条第一款第一项增加。

第四百五十四条　变造货币

变造前条列举的货币，以任何方式降低其价值，或者针对被如此变造的货币实施前条第三项和第四项所列举的某一行为的，处以一年至五年有期徒刑和一百零三欧元至五百一十六欧元罚金。[①]

第四百五十五条　在未通谋情况下使用和引入伪造的货币

除前两条规定的情况外，以投入流通为目的，向国家领域引入，购买或者持有伪造的或变造的货币的，使用上述货币或者以其他方式将其投入流通的，处以前两条规定的刑罚，并且在三分之一至一半的幅度内减轻处罚。

第四百五十六条　加重情节

如果第四百五十三条和第四百五十五条规定的行为造成国家货币或证券价格降低，或者损害了它们在国内外市场中的信誉，将上述两条规定的刑罚予以增加。

第四百五十七条　使用善意接受的伪造货币

使用被善意接受的伪造的或变造的货币的，或者以其他方式将其投入流通的，处以六个月以下有期徒刑或者一千零三十二欧元以下罚金。[②]

第四百五十八条　公共信用票据等同于货币

在刑事法律的意义上，公共信用票据等同于货币。

公共信用票据是指作为货币合法流通的票据、由政府发行的无记名票证和单据，以及一切由经批准的机构发行的、可以合法流通的票据。

第四百五十九条　伪造印花，引入、购买、持有或流通伪造的印花

第四百五十三条、第四百五十五条和第四百五十七条的规定也适用于伪造或者变造印花的行为、将伪造的印花引入国家领域的行为，或者购买、持有伪造的印花并将其投入流通的行为；但刑罚减少三分之一。

在刑事法律的意义上，印花是指印花纸、印花票、邮票和其他依照专门法律被等同看待的有价证券。

---

① 本条规定的罚金数额由1981年第689号法律第一百一十三条增加。

② 本条规定的罚金数额由1981年第689号法律第一百一十三条增加。

第四百六十条　伪造用于制造公共信用票据或印花的水印纸

伪造被用来制造公共信用票据或印花的水印纸的，或者购买、持有或转让上述伪造的水印纸的，如果行为不构成更为严重的犯罪，处以二年至六年有期徒刑和三百零九欧元至一千零三十二欧元罚金。①

第四百六十一条　制造或持有用于伪造货币、印花或水印纸的水印或工具

伪造、购买、持有或者转让专门用来伪造或者变造货币、印花或水印纸的水印、信息程序或工具的，如果行为不构成更为严重的犯罪，处以一年至五年有期徒刑和一百零三欧元至五百一十六欧元罚金。②

当实施第一款规定的行为是以全息图为对象或是构成货币的其他内容，以确保对伪造或变造的货币进行保护，同样适用本条规定的刑罚。③

第四百六十二条　伪造公共交通部门的票证

伪造或者变造铁路或其他公共交通部门的票证的，或者虽未参加伪造或变造，但以将其投入流通为目的而购买或持有伪造的或变造的上述票证的，或者将其投入流通的，处以一年以下有期徒刑和十欧元至二百零六欧元罚金。④

第四百六十三条　不受处罚的情况

在实施以上各条规定的某一犯罪之后并且在主管机关发现之前，有效地阻止对以上各条列举的物品的伪造、变造、制造或流通的，不受处罚。

第四百六十四条　使用伪造的或变造的印花

虽然没有参加伪造或变造，但使用伪造的或变造的印花的，处以三年以下有期徒刑和五百一十六欧元以下罚金。⑤

如果上述印花是被善意接受的，适用第四百五十七条规定的刑罚，并且减少三分之一。

---

① 本条规定的罚金数额由1981年第689号法律第一百一十三条增加。

② 本条由2016年6月21日第125号立法性命令第一条第一款第二项第一目和第二目修改。

③ 本款由2001年9月25日第350号立法性法令第五条增加。

④ 本条规定的罚金数额由1981年第689号法律第一百一十三条增加。

⑤ 本款规定的罚金数额由1981年第689号法律第一百一十三条增加。

第四百六十五条 使用伪造的公共交通部门的票证

虽然没有参加伪造或变造，但使用伪造的或变造的铁路交通票证或其他公共交通部门的票证的，处以一百零三欧元至六百一十九欧元行政罚款。①

如果上述票证是被善意接受的，只适用五十一欧元至三百零九欧元行政罚款。②

第四百六十六条 改变已用过印花或票证上的标记并且使用被变造的物品

删除或者以任何方式隐匿在印花、铁路交通票证或其他公共交通部门票证上专用于表示该印花或票证已使用过的标记的，如果自己对其加以使用或者让他人使用，处以一百零三欧元至六百一十九欧元行政罚款。③

虽然没有参加变造，但使用被变造的印花或票证的，处以同样的刑罚。如果上述物品是被善意接受的，只适用五十一欧元至三百零九欧元行政罚款。④

第四百六十六条之二 没收⑤

在处罚或者根据《刑事诉讼法典》第四百四十四条的规定依当事人之请求适用刑罚的情况下，对于实施本法典第四百五十三条、第四百五十四条、第四百五十五条、第四百六十条和第四百六十一条规定的犯罪，一律处以没收服务于或用于实施犯罪物品的价值、产物或利益，除非属于与犯罪行为无关的人，当不可能对被判刑人可处置的财产实施没收时，可没收犯罪产生的等价利润、产物或利益。适用第三百二十二条之三之第三款的规定。

第二节 伪造印章或者用于认证、证明或承认的证书或标记

第四百六十七条 伪造国家印章和使用伪造的国家印章

伪造用于加盖在政府文书上的国家印章的，或者虽未参加伪造，但使用由

---

① 1999 年 12 月 30 日第 507 号立法性命令将“本款的刑罚”改为“行政罚款”。

② 1999 年 12 月 30 日第 507 号立法性命令将“本款的刑罚”改为“行政罚款”。

③ 1999 年 12 月 30 日第 507 号立法性命令将“本款的刑罚”改为“行政罚款”。

④ 1999 年 12 月 30 日第 507 号立法性命令将“本款的刑罚”改为“行政罚款”。

⑤ 本条由 2016 年 10 月 29 日第 202 号立法性法令第二条第一款第二项增加。

他人伪造的上述印章的，处以三年至六年有期徒刑和一百零三欧元至二千零六十五欧元罚金。①

第四百六十八条 伪造其他公共印章或者用于公共认证或证明的证书，使用伪造的上述印章和证书

伪造公共机构或公共办公室的印章的，或者虽未参加伪造，但使用伪造的上述印章的，处以一年至五年有期徒刑和一百零三欧元至一千零三十二欧元罚金。② 对于伪造其他用来进行公共认证或证明的证书的人，或者虽未参加伪造，但使用伪造的上述证书的人，适用同样的刑罚。

第四百六十九条 伪造公共认证或证明的印戳

采用除以上各条列举的手段以外的工具伪造公共认证或证明的印戳的，或者虽未参加伪造，但使用能够留下上述伪造印戳的物品的，分别处以以上各条规定的刑罚，但减少三分之一。

第四百七十条 出卖或购买带有伪造的公共认证或证明印戳的物品

除共同参与以上各条规定的犯罪外，出卖或者购买带有伪造的公共认证或证明印戳的物品的，分别处以为上述犯罪规定的刑罚。

第四百七十一条 擅自使用真实的印章和证书

在获取到用于公共认证或证明的真实印章或证书后，加以利用以损害他人利益或者为自己或其他人谋利的，处以三年以下有期徒刑和三百零九欧元以下罚金。③

第四百七十二条 使用或者持有带有假印戳的计量器具

使用带有伪造的或变造的合法印戳的计量器具或者以任何方式变造的计量器具，以损害他人利益的，处以六个月以下有期徒刑或者五百一十六欧元以下罚金。④

在从事贸易活动时或者在向公众开放的店铺中持有带有伪造的或变造的

---

① 本条规定的罚金数额由1981年第689号法律第一百一十三条增加。

② 本款规定的罚金数额由1981年第689号法律第一百一十三条增加。

③ 本条规定的罚金数额由1981年第689号法律第一百一十三条增加。

④ 本款规定的罚金数额由1981年第689号法律第一百一十三条增加。

合法印戳的计量器具或者以任何方式变造的计量器具的，处以同样的刑罚。

在刑事法律的意义上，“计量器具”一词包括任何用于衡量或者称量的工具。

第四百七十三条 伪造、变造或者使用智力作品或工业产品的标识①

能够认识到存在工业产权的名义，伪造或者变造国内或国外工业产品的商标或标识的，或者虽未参加伪造或变造，但使用伪造的或变造的上述商标或标识的，处以六个月至三年有期徒刑和二千五百欧元至二万五千欧元罚金。

伪造或变造国内或国外的工业专利、图案或模型，或者虽未参加伪造或变造，但适用伪造或变造的上述工业专利、图案或模型的，处以一年至四年有期徒刑和三千五百欧元至三万五千欧元罚金。

第一款和第二款规定的刑罚适用于执行关于保护知识产权或工业产权的国内法律规范或国际条约规定的情况。

第四百七十四条 引入和买卖带有假标记的产品②

除了共同参与第四百七十三条规定的犯罪，以营利为目的，将伪造或变造带有商标或其他显著性标志物的国内或国外工业产品引入国家领域，处以一年至四年有期徒刑和三千五百欧元至三万五千欧元罚金。

除共同参与的情况外，以营利为目的，伪造、变造第一款规定的商品，引入国家领域以便进行买卖的，为买卖而持有的，进行销售的，或者以其他方式投入流通的，处以二年以下有期徒刑和二万欧元以下罚金。

第一款和第二款规定的刑罚适用于执行关于保护知识产权或工业产权的

① 本条由2009年7月23日第23号法律第十五条第一款第一项替代。原文条款为“伪造或者变造国内或国外智力作品或工业产品的商标或标识的，或者虽未参加伪造或变造，但使用伪造的或变造的上述商标或标识的，处以三年以下有期徒刑和二千零六十五欧元以下罚金。伪造或者变造国内或国外工业专利、图案或模型的，或者虽未参加伪造或变造，但使用伪造的或变造的上述专利、图案或模型的，处以同样的刑罚。在执行关于保护知识产权或工业产权的国内法律规范或国际条约规定的情况下，一律适用以上规定”。

② 本条由2009年7月23日第99号法律第十五条第一款第二项替代。原文条款为“除共同参与前条列举的犯罪外，将带有伪造的或变造的国内或国外商标或标识的智力作品或工业产品引入国家领域以便进行买卖的，为买卖而持有的，进行销售的，或者以其他方式投入流通的，处以二年以下有期徒刑和二千零六十五欧元以下罚金。适用前条最后一款的规定”。

国内法律规范或国际条约规定的情况。

第四百七十四条之二　没收[①]

对第四百七十三条和第四百七十四条规定的情况，除了被害人要求归还或赔偿损失，一律处以没收属于犯罪人服务或用于实施犯罪物品的价值、产物或利益。

当无法适用第一款规定时，法官可决定没收犯罪人拥有处置权的等价物品。适用第三百二十二条之三之第三款的规定。

如果服务或用于实施犯罪物品或是犯罪物品产生的价值、产物或利益，属于与犯罪行为无关的人，但其无法预见到财产是源于非法活动，包括偶然的活动，或无法对财产的非法来源进行检查时，适用第二百四十条第三款和第四款的规定。

本条规定同样适用于《刑事诉讼法典》第七编第二章依当事人之请求适用刑罚的案件。

第四百七十四条之三　加重情节[②]

除了第四百一十六条规定的情况外，第四百七十三条和第四百七十四条第一款规定的犯罪以有组织活动并通过设备系统性地实施，处以二年至七年有期徒刑和五千欧元至五万欧元罚金。

如果实施了第四百七十四条第二款规定的犯罪，处以三年以下有期徒刑和三万欧元以下罚金。

第四百七十四条之四　减轻情节[③]

针对第四百七十三条和第四百七十四条规定的犯罪，如果犯罪人采取具体措施帮助司法警察或其他司法机关行动，包括回忆决定性要素重建事实以确定其他共同参与人或对共同参与人进行抓捕，或者确定实施共同犯罪或是获利的个人，第四百七十三条和第四百七十四条规定的刑罚可以减轻一半至三分

---

① 本条由2009年7月23日第99号法律第十五条第一款第三项增加。

② 本条由2009年7月23日第99号法律第十五条第一款第三项增加。

③ 本条由2009年7月23日第99号法律第十五条第一款第三项增加。

之二。

第四百七十五条　附加刑

因前两条规定的某一犯罪而受到处罚意味着公布处罚判决。

第三节　文书作假

第四百七十六条　公务员在公文书上作假

公务员在行使其职务时制作完全的或者部分的虚假文书的,或者篡改真实的文书的,处以一年至六年有期徒刑。

如果作假所涉及的整个文书或其一部分在对作假起诉之前将一直有效,处以三年至十年有期徒刑。

第四百七十七条　公务员在行政证明或批准文书上作假

公务员在行使其职务时伪造或篡改行政证明或批准文书的,或者通过伪造或变造的方式使文书有效性所要求的条件表面上具备的,处以六个月至三年有期徒刑。

第四百七十八条　公务员在公文书或私文书的真本上作假或者在关于文书内容的证明上作假

公务员在行使其职务时虚构某一公文书或私文书的存在,伪造其文本并且以合法形式予以出具的,或者出具不符合原本的公文书或私文书副本的,处以一年至四年有期徒刑。

如果作假所涉及的整个文书或其一部分在对作假起诉之前将一直有效,处以三年至八年有期徒刑。

如果公务员在证明公文书或私文书的内容时作假,处以一年至三年有期徒刑。

第四百七十九条　公务员在公文书中主观作假

在行使其职务时接受或者制作文书的公务员,虚假地证明某一行为已经由他完成或当其面发生的,证明他听取了未向其发表的陈述的,遗漏或篡改他听取的陈述的,或者以任何方式虚假地证明须通过文书确认其真实性的事实的,处以第四百七十六条规定的刑罚。

第四百八十条　公务员在行政证明或批准文书中主观作假

公务员在行使职务时，在用于证实有关事实的真实性的行政证明或批准文书中进行虚假证明的，处以三个月至二年有期徒刑。

第四百八十一条　从事公需服务的人员在证明书中主观作假

在从事卫生保健、法律服务或其他公需服务职业时，在用于证实有关事实的真实性的证明书中进行虚假证明的，处以一年以下有期徒刑或者五十一欧元至五百一十六欧元罚金。①

如果行为是为营利目的实施的，上述刑罚合并适用。

第四百八十二条　由私人实施的作假

如果第四百七十六条、第四百七十七条和第四百七十八条规定的某一行为是由私人实施的，或者是由公务员在行使职务之外实施的，分别处以上述各条规定的刑罚，并且减轻三分之一。

第四百八十三条　私人在公文书中主观作假

在用于证实有关事实的真实性的公文书中向公务员提供虚假证明的，处以二年以下有期徒刑。

如果是在户籍文书中进行虚假证明，有期徒刑不得少于三个月。

第四百八十四条　在登记和报告中作假

根据法律有义务进行登记以接受公共安全机关的检查的人或者有义务向上述机关报告自己的工业、商业或职业活动的人，书写或者使人书写虚假情况的，处以六个月以下有期徒刑或者三百零九欧元以下罚金。②

第四百八十五条　［伪造私人文书］③

---

① 本款规定的罚金数额由1981年第689号法律第一百一十三条增加。

② 本条规定的罚金数额由1981年第689号法律第一百一十三条增加。

③ 本条由2016年1月15日第7号立法性命令第一条第一款第一项删除。原文条款为“以为自己或其他人获取好处或者使他人遭受损害为目的，完全或部分制作虚假的私人文书的，或者篡改真实的私人文书的，如果对该文书加以使用或者让他人使用，处以六个月至三年有期徒刑。在真实文书被最终制作完毕后在上面作虚假添加的，也被视为篡改”。

第四百八十六条 [在带有签名的空白纸页上作假 私人文书][①]

第四百八十七条 在带有签名的空白纸页上作假 公文书

公务员滥用因其职务原因而持有的、有义务或权利在上面进行填写的、带有签名的空白纸页，书写或者让人书写与他有义务填写或者被授权填写的内容不同的公文书的，分别处以第四百七十九条和第四百八十条规定的刑罚。

第四百八十八条 在带有签名的空白纸页上的其他作假行为 对关于作假条款的适用[②]

以第四百八十七条规定之外的行为在空白纸页上签名的，适用在公文书中使用虚假材料的相关条款。

第四百八十九条 [使用假文书][③]

第四百九十条 删除、销毁和隐匿真实文书[④]

完全或部分销毁、删除或者隐匿真实的公文或私文书的，根据对有关文书的区分，以为自己或他人获利或给他人造成损失的目的，销毁、删除或者隐匿文书内容，改变或是以其他名义进行流转或使他人误以为真，分别处以第四百七十六条、第四百七十七条和第四百八十二条规定的刑罚。

第四百九十一条 在亲笔书写的遗嘱书、汇票或信用证造假[⑤]

如果前款规定的造假行为是针对亲笔书写的遗嘱、汇票或其他信用证，加以利用以损害他人利益或者为自己或其他人谋利的，分别适用第四百七十六条第一部分和第四百八十二条规定的刑罚。

---

① 本条由2016年1月15日第7号立法性命令第一条第一款第二项删除。原文条款为“以为自己或其他人获取好处或者使他人遭受损害为目的，滥用带有签名的、因有义务或权利在上面进行填写而持有的空白纸页，书写或者使人书写与其有义务或者被授权填写的内容不同的并且产生法律效力的私人文书的，如果对该纸页加以使用或者让他人使用，处以六个月至三年有期徒刑。签名人保留了任何一块空白以用于填写的纸页被视为带有签名的空白纸页”。

② 本条由2016年1月15日第7号立法性命令第二条第一款第一项替代。

③ 本条由2016年1月15日第7号立法性命令第二条第一款第二项删除，原文为“虽然没有参加作假，但使用假文书的，处以以上各条规定的刑罚，并且减轻三分之一。如果涉及的是私文书，只有当实施行为的人是以为自己或其他人获取好处或者使他人遭受损害为目的时，才可予以处罚”。

④ 本条由2016年1月15日第7号立法性命令第二条第一款第三项替代。

⑤ 本条由2016年1月15日第7号立法性命令第二条第一款第二项替代。

对于第一款规定的伪造和变造行为，如果没有参与造假行为但加以利用，适用第四百八十九条使用假文书规定的刑罚。

第四百九十一条之二　信息文件[①]

如果本节规定的某一假行为涉及导致提起公诉的行为，适用涉及公文书相关的条款。

第四百九十二条　取代原始件的真本

在以上规定的意义上，所谓公文书和私文书包括原始文书和依照法律可取代告缺原件的真实复本。

第四百九十三条　受委托从事公务人员实施的作假

以上各条关于公务员作假的规定也适用于受委托从事公务的国家职员或其他公共机构的职员，并且根据其行使职责时制作的文书种类，分别处以上述各条规定的刑罚。

第四百九十三条之二　经告诉才受处罚的情况[②]

实施第四百九十条和第四百九十一条规定的犯罪，当行为是对造假的汇票或信用证加以利用的，只有被害人告诉才受处罚，如果前款规定的行为是对亲笔书写的遗嘱造假，则提起公诉。

第四百九十三条之三　非法使用非现金造假设备[③]

为自己或他人获利，无论以什么名义，使用不应使用的，非法使用信用卡或支付卡，或是其他任何形式的亲笔签名材料能够借此提取现金账户或购买物品、其他服务，或是使用其他任何非现金支付设备，处以一年至五年有期徒刑和三百一十欧元至一千五百五十欧元罚金。以给自己或他人获利的目的，造假或变造第一款规定的设备或材料，或是持有、许可或购买通过此设备或材料获得

---

① 本条由1993年12月23日第547号法律第三条增加，又由2016年1月15日第7号立法性命令第二条第一款第五项替代。

② 本条由2016年1月15日第七条立法性命令第二条第一款第六项替代。

③ 本条由2018年3月1日第21号立法政令第四条第一款第一项增加，又由2021年11月8日第184号立法性法令第二条第一款第一项替代。

的非法收益,或其他任何伪造或变造,包括支付令。①

在处罚或者根据《刑事诉讼法典》第四百四十四条的规定依当事人之请求适用刑罚的情况下,对于实施第一款规定的犯罪的人员,一律决定没收用于或服务于犯罪的财物,包括犯罪收益和产物,除非它们属于与犯罪无关的人员所有;在不可能实行上述没收的情况下,按照与犯罪所得相对应的价值或收益,没收由犯罪人支配的财物。

对第二款中以没收为目的物品的扣押,司法机关可以将其托付给因工作需要而提出相关请求的司法警察实行司法保管。

第四百九十三条之四　扣留并传播装置、设备或信息系统以实施与非现金支付设备相关的犯罪②

除了行为构成更为严重的犯罪,使用或同意他人使用装置、设备或信息系统,或者是具有这种技术构成特征的项目,或是以任何形式便于自己或他人使用、生产品、进口、出口、贩卖、运输、分发非现金支付设备,行为构成某一条规定,并原则上构成实施上述犯罪,或具有同种的特定目的,处以二年以下有期徒刑和一千欧元以下罚金。

在处罚或者根据《刑事诉讼法典》第四百四十四条的规定依当事人之请求适用刑罚的情况下,对于实施第一款规定的犯罪,一律决定没收上述调制好的、可处置的设备或信息系统,包括犯罪产生的收益和产物;在不可能实行上述没收的情况下,按照与犯罪所得相对应的价值或收益,没收犯罪人可处置的相关财物、现金或其他利益。

第四节　人身作假

第四百九十四条　人身顶替

以为自己或其他人获取好处或者使他人遭受损害为目的,非法地以自己顶

① 本款由2021年11月8日第184号立法性法令第二条第一款第一项修改。

② 本条由2021年11月8日第184号立法性法令第二条第一款第二项增加。

替他人，赋予自己或其他人以假姓名、假身份或者具有法律后果的资格，以致陷某人于错误的，如果行为不构成其他侵犯公共信义的犯罪，处以一年以下有期徒刑。

第四百九十五条　虚假地向公务员证明或申报自己或其他人的身份或资格①

向制作文书的公务员虚假地证明或者申报自己的或其他人的身份、状况或资格的，处以一年至六年有期徒刑。

有下列情形之一的，有期徒刑不少于二年：

（一）如果涉及的是在户籍文书中的申报；

（二）如果关于自己身份、人身状况或资格的虚假申报是由被告人向司法机关作出的，或者是由接受调查的人向司法机关或受托进行调查的司法警察作出的，或者虚假申报导致刑事裁决被登记在司法档案的假名之下。②

第四百九十五条之二　虚假地通过电子签名证明或申报自己或其他人的身份或资格③

虚假地通过经证明的电子签名以证明或者申报自己的或其他人的身份、状况或资格的，处以一年以下有期徒刑。

第四百九十五条之三　通过变造欺诈以阻碍对人员身份的辨识或确认④

以阻碍对自己或他人身份辨识为目的，变造自己或他人身体以影响对自己或他人身份的确认，处以一年至六年有期徒刑。如果是由医务职业人员实施的作为加重量刑情节。

第四百九十六条　关于自己或其他人身份或资格的虚假陈述⑤

除以上各条规定的情况外，在被问及自己的或其他人的身份、人身状况或

---

① 本条由2008年5月23日第92号法令修改。

② 2005年7月31日第155号法律在本款中增加“或者是由接受调查的人向司法机关或受托进行调查的司法警察作出的”一语。

③ 本条由2008年3月18日第48号法律增加。

④ 本条由2008年5月23日第92号法令增加。

⑤ 本条由2008年5月23日第92号法令增加。

资格情况后，向正在行使职务或从事服务的公务员或受委托从事公务的人员作虚假陈述的，处以一年至五年有期徒刑。

第四百九十七条　以欺诈手段要求出具司法档案证明书和非法使用上述证明书

以欺诈手段获取关于其他人的司法档案证明或者其他刑事证明书的，或者为不同于申请目的的其他用途而使用上述证明书的，处以六个月以下有期徒刑或者五百一十六欧元以下罚金。

第四百九十七条之二　持有和制作虚假的身份文件[①]

被发现持有虚假的有效出国文件的，处以二年至五年有期徒刑。[②]

对于制作或者以其他方式合成上述虚假文件的人员，或者在个人使用情况以外持有该文件的人员，第一款规定的刑罚增加三分之一至一半。

第四百九十七条之三　持有伪造的标记[③]

第四百九十七条之二规定的刑罚也分别适用于以下人员：

（一）非法持有警察机构所使用的标记、符号或身份文件的，或者持有假冒其职能的物品或文件的；

（二）非法制作或者以其他方式合成前一项所列举的物品和文件的，或者非法使用上述物品和文件的。

第四百九十八条　僭取称号或荣誉

除第四百九十七条之三规定的情况外，擅自公开穿着或佩戴公务、公职、政治机构、行政机构、司法机构或需要国家特别批准的职业的制服或标记的，或者擅自公开穿着宗教服装的，处以一百五十四欧元至九百二十九欧元行政罚款[④]。

---

① 本条由2005年7月31日第155号法律（《应对国际恐怖主义的紧急措施》）第十条增加。

② 本款由2015年4月17日第43号法律第二条第一款第二项之二修改刑罚，之前的刑罚为一年至四年有期徒刑。

③ 本条由2006年2月21日第49号法律（《为保障冬季奥林匹克运动会安全和财政、资助冬季奥林匹克运动会组织机构的紧急措施》）第一条之三增加。

④ 1999年12月30日第507号法律将本款的刑罚变更为行政处罚。本款的表述由2006年2月21日第49号法律修改。

僭取学术资格、学术等级、称号、勋章、其他公共荣誉标志或者与前款列举的职务、职责或职业有关的身份的，处以同样的刑罚。①

对于违反本条规定的行为，应适用的附加行政处分是采用第三十六条规定的方式公布认定上述违法行为的决定，并且不允许按照 1981 年第 689 号法律第十六条规定的幅度降低付款数额。②

---

① 本款由 1999 年第 507 号立法性命令第四十三条修改。

② 本款由 1999 年第 507 号立法性命令第四十三条修改。

第八章　妨害公共经济、工业和贸易罪

第一节　妨害公共经济的犯罪

第四百九十九条　销毁原材料、农产品、工业产品或生产工具

销毁原材料、农产品、工业产品或生产工具，对国民生产造成严重损害的，或者致使普通或常用消费产品大幅度减少的，处以三年至十二年有期徒刑和二千零六十五欧元以上罚金。①

第五百条　传播植物疾病或动物疾病

造成某一危害农村经济、森林经济或国家畜牧财产的疾病在植物或动物中传播的，处以一年至五年有期徒刑。

如果上述传播是因过失而造成的，处以一百零三欧元至二千零六十五欧元罚金。②

第五百零一条　以诈欺方式在公共市场或商业交易所抬高和降低价格

以扰乱有国内有价证券或商品市场为目的，公布或者以其他方式传播虚假的、夸张的或有偏向的消息的，或者采用其他手段足以造成可在公共市场上交易的商品或有价证券的价格上升或降低的，处以三年以下有期徒刑和五百一十六欧元至二万五千八百二十二欧元罚金。

如果商品或有价证券的价格发生上升或降低，刑罚予以增加。

有下列情形之一的，刑罚增加一倍：

---

① 本条规定的罚金数额由 1981 年第 689 号法律第一百一十三条增加。

② 本条规定的罚金数额由 1981 年第 689 号法律第一百一十三条增加。

(一)如果行为是由意大利公民为外国利益而实施的；

(二)如果行为导致国家货币或证券贬值或者导致普通或常用商品涨价。

如果行为是在国外针对意大利的国家货币或公共证券实施的，也适用以上各款规定的刑罚。

处罚意味着褫夺公职。

第五百零一条之二　对商品的投机操纵[①]

除前条规定的情况外，在从事任何生产活动或贸易活动中，实施投机性操纵行为的，或者隐藏、囤积或垄断原材料、常用消费食品或必需产品，足以造成国内市场短缺或涨价的，处以六个月至三年有期徒刑和五百一十六欧元至二万五千八百二十二欧元罚金。

当在本条第一款列举的国内商品市场上发生短缺或涨价情况时，在从事上述活动中使大量商品无法得到利用或消费的，处以同样的刑罚。

主管司法机关以及在当场发现犯罪情况下的司法警察官员或警员，遵循有关正式预审的规范，对商品实行扣押。主管司法机关决定按照《刑事诉讼法典》第六百二十五条[②]立即对上述商品实行强制售卖。

处罚意味着禁止从事需要获得主管机关特别认可、批准或许可的贸易活动或工业活动，并且意味着公布处罚判决。

第五百零二条　[因合同目的封闭工厂或者罢工][③]

第五百零三条　为非合同目的封闭工厂和罢工

雇主或者劳动者为政治目的分别实施和前条规定的行为之一的，如果是雇主，处以一年以下有期徒刑和一千零三十二欧元以上罚金；如果是劳动者，则处

---

① 本条由1976年11月27日第787号法律增加。

② 这是指1930年法典，现在为新《刑事诉讼法典》第二百六十四条。

③ 1960年5月4日意大利宪法法院以第29号判决宣告本条违反意大利《宪法》第三十九条和第四十条。本条因此而被实际废除。

以六个月以下有期徒刑和一百零三欧元以下罚金。[①②]

第五百零四条　通过封闭工厂或罢工对公共机关施加压力

如果第五百零二条规定的某一行为的实施是为了强迫主管机关作出或者不作出某一决定，或者是为了对该机关的决定施加影响，适用二年以下有期徒刑。[③]

第五百零五条　以声援或抗议为目的的封闭工厂或罢工

除前两条列举的情况外，雇主或者劳动者仅以声援其他雇主或者劳动者为目的，或者仅以抗议为目的，实施第五百零二条规定的某一行为的，处以在该条中规定的刑罚。

第五百零六条　经营小产业或小贸易的人封闭工厂

经营工业或贸易企业的人，如果所雇佣的劳动者不到三人，为前三条列举的某一行为而集体中断工作的，分别处以前三条为雇主规定的刑罚，并且减轻一半。[④]

第五百零七条　抵制

为了第五百零二条、第五百零三条、第五百零四条和第五百零五条列举的某一目的，通过宣传或者借助党派、联盟或社团的力量或权威，诱导一人或数人不签订劳动合同、不提供工作所需的材料或工具或者不购买他人的农产品或工业产品的，处以三年以下有期徒刑。

如果同时实施了暴力或威胁行为，处以二年至六年有期徒刑。[⑤]

---

① 本条规定的罚金数额由1981年第689号法律第一百一十三条增加。

② 意大利宪法法院于1974年12月27日以第290号判决宣告本条在以下意义上违宪：它也惩罚并非旨在颠覆宪政制度的政治罢工以及并非旨在阻碍合法权利的自由行使的政治罢工，上述合法权利正是人民主权的体现。

③ 意大利宪法法院于1983年6月2日以第165号判决宣告本条在以下意义上违宪：它惩罚以迫使有关机关作出或者不作出某一决定为目的的罢工以及以影响有关机关的决定为目的的罢工，除非这样的罢工旨在颠覆宪政制度的政治罢工或者旨在阻碍合法权利的自由行使。

④ 意大利宪法法院于1975年7月17日以第222号判决宣告本条在以下意义上违宪：它对那些不雇佣劳动者的小工业企业或贸易企业的经营者为抗议而中断工作的行为给予刑事处罚。

⑤ 意大利宪法法院于1969年4月17日以第84号判决宣告本条在以下意义上违宪：本条所说的“宣传”如果其强度和效果没有超越为思想表达自由所规定的民主限度。

第五百零八条　擅自侵入和占据农业企业或工业企业　破坏

仅以阻止或干扰工作的正常进行为目的，侵入或者占据他人的农业企业或工业企业的，或者掌握他人用于农业或工业生产的机器、存货、设备或工具的，处以三年以下有期徒刑和一百零三欧元以上罚金。①

损坏他人用于农业企业或工业企业的建筑物或者前款规定的其他物品的，如果行为不构成更为严重的犯罪，处以六个月至四年有期徒刑和五百一十六欧元以上罚金。②

第五百零九条　不遵守约束工作关系的规范③

雇主或者劳动者不履行产生于集体合同或由集体机构发布的规范的义务的，处以一百零三欧元至五百一十六欧元行政罚款。

第五百一十条　加重情节

当第五百零二条以及随后各条规定的行为是在战争时期实施的，或者造成民众的示威、动乱或造反时，上述各条规定的刑罚予以增加。

第五百一十一条　对首领、发起人和组织者的处罚

对于在第五百零二条以及随后各条规定的犯罪中起首领、发起人和组织者作用的人员，上述各条确定的刑罚增加一倍；如果法律规定只处以财产刑，则增处六个月至二年有期徒刑。

第五百一十二条　附加刑

因第五百零二条以及随后各条规定的犯罪而受到处罚意味着禁止担任任何工会职务，为期五年。

第五百一十二条之二　欺诈性地转移利益④

除了行为构成更为严重的犯罪，帮助他人虚构钱款、物品或其他利益所有权或处置权，以逃避实施财产罪或者违警罪预防性措施为目的，或是帮助实施第六百四十八条、第六百四十八条之二和第六百四十八条之三规定之一的犯

---

① 本款规定的罚金数额由 1981 年第 689 号法律第一百一十三条增加。

② 本款规定的罚金数额由 1981 年第 689 号法律第一百一十三条增加。

③ 本款由 1994 年 12 月 19 日第 758 号立法性命令第一条修改并作“非犯罪化”处理。

④ 本条由 2018 年 3 月 1 日第 21 号立法政令第四条第一款第二项增加。

罪，处以二年至六年有期徒刑。

第二节 妨害工业贸易的犯罪

第五百一十三条 干扰工业和贸易自由

采用对物的暴力或欺诈手段妨碍或者干扰工业或贸易活动的，如果行为不构成更为严重的犯罪，经被害人告诉，处以二年以下有期徒刑和一百零三欧元至一千零三十二欧元罚金。

第五百一十三条之二 采用威胁或暴力手段进行非法竞争[①]

在从事贸易、工业或任何生产性经营中，采用暴力或威胁手段实施竞争行为的，处以二年至六年有期徒刑。

如果上述竞争行为以任何方式完全或部分排斥国家或其他公共机构参与金融活动，刑罚予以增加。

第五百一十四条 针对国家工业的欺诈

使用伪造的或变造的名称、商标或标识在国内外市场上出卖工业产品或者以其他方式使其进入流通，对国家工业造成损害的，处以一年至五年有期徒刑和五百一十六欧元以上罚金。

如果对于商标或标识的使用须遵守国内法律或国际条约关于保护工作产权的规范，刑罚予以增加，并且不适用第四百七十三条和第四百七十四条的规定。

第五百一十五条 在贸易经营中欺诈

在贸易经营活动中或者在向公众开放的店铺中，向买受人交付某一动产代替其他动产的，或者交付因来源、产地、质量或数量而不同于被要求的或所商定的物品的，如果行为不构成更为严重的犯罪，处以二年以下有期徒刑或者二千零六十五欧元以下罚金。[②]

---

① 本条由1982年9月13日第646号法律第八条增加。

② 本款规定的罚金数额由1981年第689号法律第一百一十三条增加。

如果属于珍贵物品,处以三年以下有期徒刑或者一百零三欧元以上罚金。[①]

第五百一十六条 出卖不纯正食品

将不纯正的食品冒充纯正食品出卖的,或者以其他方式投入销售的,处以六个月以下有期徒刑或者一千零三十二欧元以下罚金。[②]

第五百一十七条 出售带有假标记的工业产品

出售带有足以使购买者在作品或产品的来源、产地或质量等问题上受到欺骗的国内外名称、商标或标识的智力作品或工业产品的,或者以其他方式将其投入流通的,如果行为不被其他法律条文规定为犯罪,处以二年以下有期徒刑[③]或者二万欧元以下罚金。[④]

第五百一十七条之二 加重情节[⑤]

如果第五百一十五条、第五百一十六条和第五百一十七条所规定的行为是针对其产地名称、地理名称或独特性受到现行规范保护的食品或饮料实施的,以上各条规定的刑罚予以增加。

在上述情况下,如果行为特别严重或者属于特殊累犯的情况,法官在宣告处罚时可以决定关闭作为犯罪实施地的工厂或经营场所,期限为五日至三个月,或者决定撤销准许在上述工厂或经营场所进行贸易活动的批准或类似行政许可。

第五百一十七条之三 对财产的制造与交流以侵占工业产权[⑥]

除了适用第四百七十三条和第四百七十四条规定的情况,能够认识到存在工业产权,制造或采用工业物品或其他物品以侵占或违反工业产权,由被害人提起控诉,处以二年以下有期徒刑和二万欧元以下罚金。

以营利为目的引入国家领域,为了贩卖而持有或直接向消费者贩卖,或为

---

① 本款规定的罚金数额由1981年第689号法律第一百一十三条增加。

② 本条规定的罚金数额由2005年3月14日第35号立法性命令第一条增加。

③ 本条规定的刑罚由2009年7月23日第99号法律第十五条第一款第一项修改。

④ 本条规定的罚金数额由2005年3月14日第35号立法性命令第一条增加。

⑤ 本条由1999年12月30日第507号立法性命令第五条增加。

⑥ 本条由2009年7月23日第99号法律第十五条第一款第五项增加。

了进入第一款规定的流通市场,同样适用第一款规定的刑罚。

适用第四百七十四条之二、第四百七十四条之三之第二款以及第五百一十七条之二之第二款的规定。

第一款和第二款规定的刑罚适用于执行关于保护知识产权或工业产权的国内法律规范或国际条约规定的情况。

第五百一十七条之四　伪造农产品原产地地理标识名称①

伪造或变造农产品原产地地理标识名称,处以二年以下有期徒刑和二万欧元以下罚金。

以营利为目的,引入国家领域,为了贩卖持有或直接向消费者贩卖,将伪造名称或标识的产品引入流通市场,处以同样的刑罚。

适用第四百七十四条之二、第四百七十四条之三之第二款以及第五百一十七条之二之第二款的规定。

第一款和第二款规定的刑罚适用于执行关于地理标识以及农产品原产地名称的国内法律规范或国际条约规定的情况。

第五百一十七条之五　减轻情节②

如果犯罪行为人采取了有效具体的措施帮助司法警察或者其他司法机关,包括回忆决定性要素重建事实以确定其他共同参与人或者是其他获利的人员,第五百一十七条之三和第五百一十七条之四规定的刑罚可减轻一半至三分之二。

第三节　本章各节的共同规定

第五百一十八条　公布处罚判决

因第五百零一条、第五百一十四条、第五百一十五条、第五百一十六条和第五百一十七条规定的某一犯罪而受到处罚意味着公布处罚判决。

---

① 本条由2009年7月23日第99号法律第十五条第一款第五项增加。

② 本条由2009年7月23日第99号法律第十五条第一款第五项增加。

第八章之二　侵犯文化财产罪

第五百一十八条之二　盗窃文化财产①

为了自己或他人营利为目的，占有他人的文化动产，从持有人处窃取，或者是占有被发现位于地下或海底但属于国家的文化财产，处以二年至六年有期徒刑和九百二十七欧元至一千五百欧元罚金。

如果行为具有一项或数项属于第六百二十五条第一款规定的量刑情节或是盗窃位于地下或海底，但行为人能够从法律规定中推断应当专属于国家的文化财产，处以四年至十年有期徒刑和九百二十七欧元至二千欧元罚金。

第五百一十八条之三　非法占有文化财产②

为了自己或他人获得非法盈利，无论以任何名义持有、占有可推断出应属于他人的文化财产，处以一年至四年有期徒刑和罚金五百一十六欧元至一千五百欧元。

如果行为实施对象的物品属于必需品，刑罚予以增加。

第五百一十八条之四　窝藏文化财产③

除了共同犯罪人，为了自己或他人获得非法盈利，购买、接受或藏匿属于犯罪的文化财产，或是在购买、接受或藏匿过程中加入行为，处以四年至十年有期徒刑和一千零三十二欧元至一万五千欧元罚金。

如果行为涉及的文化财产是源于第六百二十八条第三款规定的加重犯罪

---

① 本条由2022年3月9日第22号法律第一条第一款第二项增加。

② 本条由2022年3月9日第22号法律第一条第一款第二项增加。

③ 本条由2022年3月9日第22号法律第一条第一款第二项增加。

行为，以及第六百二十九条第二款规定的勒索加重情节，刑罚予以增加。

前款的规定同样适用于行为人实施犯罪中的文化财产属于不可罚或不能罚，或是犯罪行为缺少可诉性要件的情况。

第五百一十八条之五　使用源于犯罪的文化财产①

除了共同犯罪活动以及第五百一十八条之四和第五百一十八条之六规定的情况，在经济或金融活动中使用源于犯罪活动的文化财产，处以五年至十三年有期徒刑和六千欧元至三万欧元罚金。

前款规定的刑罚同样适用于行为人使用的文化财产属于不可罚或不能罚，或是犯罪行为缺少可诉性要件的情况。

第五百一十八条之六　对文化财产的洗钱②

除了共同犯罪的情况，替代或转移源于非过失犯罪的文化财产，或是通过其他方式完成相关的行为，以阻碍对其来源于犯罪的辨识，处以五年至十四年有期徒刑和六千欧元至三万欧元罚金。

如果文化财产所源于犯罪确定的刑罚是五年以下有期徒刑，刑罚予以减轻。

本条规定的刑罚同样适用于源于犯罪的文化财产属于不可罚或不能罚，或是犯罪行为缺少可诉性要件的情况。

第五百一十八条之七　对文化财产的自洗钱③

已经实施或共同参与非过失犯罪，在经济交易、金融活动、企业经营或投机活动中使用、替代、转移源于上述犯罪的文化财产，以妨碍具体对源于非法过失犯罪的辨识，处以三年至十年有期徒刑和六千欧元至三万欧元罚金。

如果文化财产所得源于应处以五年以下有期徒刑的非过失犯罪，刑罚为二年至五年有期徒刑和三千欧元至一万五千欧元罚金。

除了第一款和第二款规定的情况之外，如果使用文化财产的目的只是单纯

---

① 本条由2022年3月9日第22号法律第一条第一款第二项增加。

② 本条由2022年3月9日第22号法律第一条第一款第二项增加。

③ 本条由2022年3月9日第22号法律第一条第一款第二项增加。

为了个人使用或享受,则不可罚。

适用第五百一十八条之四之第三款的规定。

第五百一十八条之八 对文化财产相关的私人文书造假①

对私人文书全部或部分造假,或是全部或部分变造、破坏、毁灭或隐匿真实的与文化动产相关的私人文书,以使其表现具有合法来源为目的,处以一年至四年有期徒刑。

使用第一款规定的私人文书,而没有参与制造或变造行为,处以八个月至二年八个月有期徒刑。

第五百一十八条之九 违反转让文化财产的规定②

以下情况处以六个月至二年有期徒刑和二千欧元至八万欧元罚金:

(一)没有授权签名书的情况下,进入文化财产市场或进行转化;

(二)自宣布转移文化财产的所有权或持有状态30日内,没有递交原持有的文化财产;

(三)自接收到转移文化财产通告的60日内,产生交付文化财产的效果,取走应转让的文化财产。

第五百一十八条之十 非法进口文化财产③

除了实施第五百一十八条之四、第五百一十八条之五、第五百一十八条之六、第五百一十八条之七共同犯罪的情况之外,在没有寻找授权书或是文化财产发现地点国家规定的情况下进口源于犯罪活动的文化财产,或是违反进口国保护文化财产的法律,从另一个国家进口文化财产,处以二年至六年有期徒刑和二百五十八欧元至五千一百六十五欧元罚金。

第五百一十八条之十一 非法运出或出口文化财产④

缺乏自由流通证明文件或出口证的情况下,向外国转移文化财产,艺术、历史、建筑、民族利益物品、图书目录、资料或档案以及其他属于文化财产法律规

---

① 本条由2022年3月9日第22号法律第一条第一款第二项增加。

② 本条由2022年3月9日第22号法律第一条第一款第二项增加。

③ 本条由2022年3月9日第22号法律第一条第一款第二项增加。

④ 本条由2022年3月9日第22号法律第一条第一款第二项增加。

范特殊条款专门保护的对象,处以二年至八年有期徒刑和八万欧元以下罚金。

第一款规定的刑罚同样适用于行为人持有的证书已过期,不得再将文化财产,艺术、历史、建筑、民族利益物品、图书目录、资料或档案以及其他属于文化财产法律规范特殊条款专门保护的对象带入境内,包括行为人提供证明的目的是为获得主管机关发放的出口证明,为了将上述物品以及根据法律规定,不属于可授权离境的文化利益物品,能够被授权出境或暂时出口。

第五百一十八条之十二　毁坏、散发、侵蚀、毁损、涂画及非法使用文化财产或自然风景物①

全部或部分地毁坏、散发、侵蚀或归还不可使用,或是导致文化财产、自然风景物丧失价值,无论文化财产或自然风景物属于本人或他人,处以二年至五年有期徒刑和二千五百欧元至一万五千欧元罚金。

除了第一款规定的情况外,毁损或涂画自己或他人文化财产或自然风景物,或是以文化财产与其历史、艺术价值不相符的目的,或危害文化财产的保存或完整性,处以六个月至三年有期徒刑和一千五百欧元至一万欧元罚金。

恢复地点原状或是消除犯罪造成的损害后果或危险状态,或通过无报酬的措施以助于在确定期限内收集物品,可以暂缓刑罚的执行,暂缓期限不得超过暂缓执行的期限,刑罚的暂缓执行应根据法官在判决中规定的方式进行。

第五百一十八条之十三　毁灭或掠夺文化财产或自然风景物②

除了第二百八十五条规定的情况,毁灭或掠夺文化财产或自然风景物,或是文化机构以及文化财产场所,处以十年至十六年有期徒刑。

第五百一十八条之十四　伪造艺术品③

对下列情况,处以一年至五年有期徒刑和三千欧元至一万欧元罚金:

(一)以营利为目的,伪造、变造或复制绘画、雕塑、书法作品,古董或是具有历史或人类学利益的物品;

---

① 本条由 2022 年 3 月 9 日第 22 号法律第一条第一款第二项增加。

② 本条由 2022 年 3 月 9 日第 22 号法律第一条第一款第二项增加。

③ 本条由 2022 年 3 月 9 日第 22 号法律第一条第一款第二项增加。

(二)没有参与伪造、变造或复制,但是以对真品临摹的方式伪造、变造或复制绘画、雕塑、书法作品,古董或是具有历史或人类学利益的物品,为了进行交易或持有为了交易,引入国家领域或是进入流通市场;

(三)虚假鉴别第一款和第二款列举的伪造、变造和复制品;

(四)通过证明、鉴定、出版、盖章、标记或是其他任何方式,证实或是帮助证实,将第一款和第二款列举的伪造、变造和复制品鉴别为真品。

对临摹伪造、变造、复制品或是第一款列举的物品一律处以没收,除了物品属于与犯罪无关的人。如果销售行为是犯罪成立的要件,对物品处以没收不受时间限制。

第五百一十八条之十五　不予处罚的情况①

第五百一十八条之十四的规定不适用于复制、持有、销售或是以其他方式对绘画、雕塑、书法作品进行复制,或是复制或临摹古董、具有历史或人类学利益的物品,通过对艺术品或物品标注注释的方式宣告并非真品,当取决于复制品或临摹品的性质和大小,相当于宣告展示或售卖的物品不是真品。不可将其等同于其他对艺术重建导致无法判断艺术品真实属性的行为。

第五百一十八条之十六　加重情节②

实施本章行为,具体下列情况,刑罚在三分之一至一半幅度内增加:

(一)造成极为重大损失;

(二)行为是在职业、商业、银行或金融活动中实施的;

(三)行为由公务员或受委托从事公务,保存或保护文化动产或不动产的负责人实施的;

(四)由第四百一十六条规定的有组织犯罪所实施的。

如果本章规定的罪名是在职业或商业活动中实施,刑罚还应附随第三十条规定的附加刑,以及第三十六条规定的公布刑事处罚判决。

---

① 本条由2022年3月9日第22号法律第一条第一款第二项增加。

② 本条由2022年3月9日第22号法律第一条第一款第二项增加。

第五百一十八条之十七　减轻情节[①]

实施本章规定的犯罪,如果造成的损失特别轻微或是获得的盈利特别少,以及造成的损害结果或是危险特别轻微,刑罚减轻三分之一。

如果辨认出同案犯或是提供能够定罪的证据,采取有效措施以避免犯罪活动带来的危险后果,或对物品恢复原状、对文化物品进行修复,刑罚在三分之一至三分之二幅度内减轻。

第五百一十八条之十八　没收[②]

对第五百一十八条之十一列明的物品,构成犯罪的物品,除了属于与犯罪无关的人,法官一律处以没收。如果物品灭失,法官应根据《刑事诉讼法典》第六百六十六条的规定开展程序。在此情况下,应没收符合违反捐赠法律相关规定的物品。

在处罚或者根据《刑事诉讼法典》第四百四十四条的规定依当事人之请求适用刑罚的情况下,对于实施本章规定的犯罪,一律处以没收服务于或为了实施犯罪的物品,以及犯罪的产物、收益、所得,除非属于与犯罪行为无关的人。

当不可能对第二款规定的物品实施没收时,法官应决定没收犯罪人可处置的,包括通过中介处置,与犯罪所得相对应的价值或收益的钱款、财物或其他利益。

因司法警察开展保护文化财产活动被扣押的轮船、舟船、小舟以及飞机、汽车、摩托车,司法机关可以将其托付给因工作需要而提出相关请求的司法警察实行司法保管。

第五百一十八条之十九　在外国实施的行为[③]

本章规定同样适用于在外国领域内实施对本国文化财产造成损害的行为。

---

① 本条由 2022 年 3 月 9 日第 22 号法律第一条第一款第二项增加。

② 本条由 2022 年 3 月 9 日第 22 号法律第一条第一款第二项增加。

③ 本条由 2022 年 3 月 9 日第 22 号法律第一条第一款第二项增加。

第九章　侵犯公共道德和善良风俗罪

第一节　侵犯性自由的犯罪①

第五百一十九条　[强奸]②

第五百二十条　[滥用公务员身份实施性交]③

第五百二十一条　[暴力猥亵]④

第五百二十二条　[以结婚为目的劫持妇女]⑤

第五百二十三条　[以猥亵为目的劫持妇女]⑥

第五百二十四条　[以猥亵或结婚为目的劫持不满十四岁的未成年人或患病者]⑦

第五百二十五条　[减轻情节]⑧

第五百二十六条　[已婚者以结婚许诺为手段实施诱奸]⑨

---

①　本节连同标题在内已由1996年2月15日第66号法律第一条全部废除。该法律第二条在《刑法典》第二编第十二章第三节第二分节中增加了9条，即第六百零九条之二至第六百零九条之十；也就是说，把强奸等性犯罪纳入“侵犯人身罪”的范畴中调整。

②　同上注。

③　同上注。

④　同上注。

⑤　同上注。

⑥　同上注。

⑦　同上注。

⑧　同上注。

⑨　同上注。

第二节 侵犯贞操或性名誉的犯罪

第五百二十七条 淫秽行为

在公共场所或者向公众开放或展示的场所实施淫秽行为的，处以五千欧元至三万欧元行政罚款。①

如果行为是发生在频繁有未成年人出现的惯常地点内或是附近，或者协助行为使得有上述危险发生的可能，处以四个月至四年六个月有期徒刑。②

如果行为是因过失而发生的，处以五十一欧元至三百零九欧元行政罚款。

第五百二十八条 淫秽出版和表演

以销售、分发或公开展示为目的，制作、向国家领域引进、购买、持有、进口或者流通淫秽文字、图画、图形或其他任何种类的物品的，处以一万欧元至五万欧元行政罚款。③

销售包括秘密销售前款列举的物品的，或者分发或公开展示上述物品的，处以同样的刑罚。④

下列人员处以三个月至三年有期徒刑和不低于一百零三欧元罚金⑤：

（一）使用足以促进本条第一款列举物品的流通或销售的任何宣传手段的；

（二）公开进行具有淫秽性质的戏剧表演、电影放映、音响播放或者朗诵的。

在前款第二项规定的情况下，对于不顾主管机关的禁止而实施行为的，刑罚予以增加。

---

① 本款由 2016 年 1 月 15 日第 8 号立法性命令第二条第一款第一项修改。

② 本款由 2009 年 7 月 15 日第 94 号法律第三条第二十二款修改，又由 2016 年 1 月 15 日第 8 号立法性命令第二条第一款第二项修改。

③ 本款规定的罚金数额由 1981 年第 689 号法律第一百一十三条增加，又由 2016 年 1 月 15 日第 8 号立法性命令第二条第二款第一项修改。

④ 本款由 2016 年 1 月 15 日第 8 号立法性命令第二条第二款第二项修改。

⑤ 本款由 2016 年 1 月 15 日第 8 号立法性命令第二条第二款第三项修改。

第五百二十九条　淫秽行为和物品:概念

在刑事法律的意义上,根据一般感情标准对性道德构成侵犯的行为和物品被视为淫秽的。

但是,艺术作品或者科学作品不被视为淫秽的,除非这类作品被以非学习的目的提交买卖、出卖或者提供给不满十八岁的未成年人。

第五百三十条　[腐蚀未成年人]①

第五百三十一条　[教唆或帮助卖淫]②

第五百三十二条　[教唆直系亲属、妻子或姐妹卖淫]③

第五百三十三条　[强迫卖淫]④

第五百三十四条　[组织卖淫]⑤

第五百三十五条　[劫掳妇女和未成年人]⑥

第五百三十六条　[通过暴力、胁迫或欺骗方式劫掳妇女和未成年人]⑦

第五百三十七条　在外国实施的劫掳妇女和未成年人

前两条⑧规定的犯罪,即使是由意大利公民在外国领域内实施的,也可予以处罚。

第五百三十八条　保安处分

对于因第五百三十一条规定的犯罪予以的处罚,可以附加适用监禁性保安处分。对于第五百三十二条、第五百三十三条、第五百三十四条、第五百三十五条和第五百三十六条规定的犯罪情况,一律附加适用监禁性保安处分。

---

① 本条由1996年2月15日第66号法律第一条废除。

② 本条由1958年2月20日第75号法律废除。

③ 本条由1958年2月20日第75号法律废除。

④ 本条由1958年2月20日第75号法律废除。

⑤ 本条由1958年2月20日第75号法律废除。

⑥ 本条由1958年2月20日第75号法律废除。

⑦ 本条由1958年2月20日第75号法律废除。

⑧ 即指原来的第五百三十五条“劫掳妇女和未成年人”和第五百三十六条“以暴力、威胁或欺骗的手段劫掳妇女和未成年人”。

第三节 本章各节的共同规定

第五百三十九条 [被害人的年龄]①

第五百四十条 亲属关系

在刑事法律的意义上,当亲属关系被视为某一犯罪的构成要件、加重情节、减轻情节或者不受处罚的原因时,非婚生亲子关系等同于婚生亲子关系。②

对于非婚生亲子关系,遵循由民事法律列举的证明限度加以确定,即使并不是为了对有关人员的身份进行审核。

第五百四十一条 [附加刑和其他刑事后果]③

第五百四十二条 [被害人的告诉]④

第五百四十三条 [告诉权]⑤

第五百四十四条 [使犯罪消灭的特殊原因]⑥

---

① 本条由1996年2月15日第66号法律第一条废除。

② 本款由2013年12月28日第154号立法政令第九十三条第一款第九项修改。

③ 本条由1996年2月15日第66号法律第一条废除。

④ 本条由1996年2月15日第66号法律第一条废除。

⑤ 本条由1996年2月15日第66号法律第一条废除。

⑥ 本条由1981年8月5日第442号法律第一条废除。

第九章之二　侵犯对动物的感情罪[1]

第五百四十四条之二　杀死动物[2]

出于残忍或者在无必要的情况下杀死一只动物的，处以四个月至二年有期徒刑。[3]

第五百四十四条之三　虐待动物[4]

处于残忍或者在不必要的情况下对一只动物造成伤害的，或者使它处于其生态学特性所不能承受的劳役、活动、疲劳或工作状态的，处以三个月至十八个月有期徒刑或者五千欧元至三万欧元罚金。[5]

向动物提供麻醉品或违禁品的，或者使动物处于对其健康造成损害的待遇中的，适用同样的刑罚。

如果第一款列举的行为造成动物死亡，刑罚增加一半。

第五百四十四条之四　被禁止的表演或展示[6]

除行为构成更为严重的犯罪外，组织或者促进对动物意味着劳役或折磨的表演或者展示的，处以四个月至二年有期徒刑和三千欧元至一万五千欧元

---

① 本章由 2004 年 7 月 20 日第 189 号法律（《关于禁止虐待动物或者使用动物进行非法打斗或未经批准的竞赛》）增加。

② 本条由 2004 年 7 月 20 日第 189 号法律第一条增加。

③ 本条刑罚由 2010 年 11 月 4 日第 201 号法律第三条第一款第一项修改，原先的刑罚为“三个月至十八个月”。

④ 本条由 2004 年 7 月 20 日第 189 号法律第一条增加。

⑤ 本条刑罚由 2010 年 11 月 4 日第 201 号法律第三条第一款第二项修改，原先的刑罚为“三个月至一年有期徒刑或者三千欧元至一万五千欧元罚金”。

⑥ 本条由 2004 年 7 月 20 日第 189 号法律第一条增加。

罚金。

如果实施第一款列举的行为与进行非法赌博有关,或者以为自己或他人获利为目的,或者造成动物死亡,刑罚在三分之一至一半的幅度内增加。

第五百四十四条之五 禁止动物间打斗①

促进、组织或者领导动物间的打斗或未经批准的竞赛,可能对动物的身体健康造成危险的,处以一年至三年有期徒刑和五万欧元至十六万欧元罚金。

有以下情形的,刑罚在三分之一至一半的幅度内增加:

(一)如果上述行为的实施有未成年人参加,或者是由武装人员实施的;

(二)如果通过视像制作或者使用包含争斗或竞赛场面或情景的任何种类的材料促进上述活动的进行;

(三)如果犯罪人设法以任何形式摄制或者录制有关的争斗或竞赛。

除共同犯罪的情况外,饲养或者训练动物,以便以任何形式将它们用来参加第一款列举的打斗的,处以三个月至二年有期徒刑和五千欧元至三万欧元罚金。上述刑罚也适用于被用来参加第一款列举的打斗的动物的所有主或者持有人,只要这些人对上述用途表示同意。

除共同犯罪的情况外,组织或者开展针对第一款列举的打斗和竞赛的赌博的,即使不处于犯罪的实施场所,均处以三个月至二年有期徒刑和五千欧元至三万欧元罚金。

第五百四十四条之六 没收和附加刑②

在处罚或者根据《刑事诉讼法典》第四百四十四条的规定依当事人请求适用刑罚的情况下,对于第五百四十四条之三、第五百四十四条之四和第五百四十四条之五规定的犯罪,一律决定没收有关的动物,除非该动物属于与犯罪无关的人员。如果处罚判决或者依当事人请求适用刑罚的判决是针对从事运输、买卖或者饲养动物活动的人员宣告的,还应决定停止有关的运输、买卖或者饲养活动三个月至三年。在累犯的情况下,应决定禁止从事上述活动。

---

① 本条由2004年7月20日第189号法律第一条增加。

② 本条由2004年7月20日第189号法律第一条增加。

第十章　危害血统健全罪[①]

第五百四十五条　[未经妇女同意的堕胎][②]

第五百四十六条　[经妇女同意的堕胎][③]

第五百四十七条　[妇女自寻堕胎][④]

第五百四十八条　[教唆堕胎][⑤]

第五百四十九条　[因堕胎导致妇女死亡或受伤][⑥]

第五百五十条　[对自认为妊娠的妇女实施的堕胎行为][⑦]

第五百五十一条　[名誉原因][⑧]

第五百五十二条　[致使他人不能生育][⑨]

第五百五十三条　[煽动他人反对生育][⑩]

第五百五十四条　[传染梅毒和淋病][⑪]

第五百五十五条　[加重情节和附加刑][⑫]

---

① 本章由1978年5月22日第194号法律第二十二条整章删除。

② 同上注。

③ 同上注。

④ 同上注。

⑤ 同上注。

⑥ 同上注。

⑦ 同上注。

⑧ 同上注。

⑨ 同上注。

⑩ 同上注。

⑪ 同上注。

⑫ 同上注。

第十一章　妨害家庭罪

第一节　妨害婚姻的犯罪

第五百五十六条　重婚

受具有民事效力的婚姻约束的人缔结另一项同样具有民事效力的婚姻的，处以一年至五年有期徒刑。没有配偶的人与受具有民事效力的婚姻约束的人缔结婚姻的，处以同样的刑罚。

如果犯罪人致使与自己结婚的人对犯罪人或本人的婚姻状况发生错误认识，刑罚予以增加。

如果重婚人先前缔结的婚姻被宣告为无效的，或者第二次婚姻因重婚以外的原因而被宣告无效，犯罪消灭，并且也针对共同参与犯罪的人消灭；如果已经宣告处罚，终止刑罚的执行及其刑事后果。

第五百五十七条　犯罪的时效

适用于前条规定的犯罪的时效期限，自两次婚姻中的一个被解除之日或者第二次婚姻因重婚而被宣告无效之日起计算。

第五百五十八条　以欺骗的手段引诱结婚

在缔结具有民事效力的婚姻时，采用欺诈手段向另一方配偶隐瞒婚姻障碍并且这种障碍不是产生于先前的婚姻的，如果婚姻因被隐瞒的障碍而被宣告无效，处以一年以下有期徒刑或者二百零六欧元至一千零三十二欧元罚金。

第五百五十八条之二 强迫或引诱结婚①

使用暴力或胁迫,强迫他人缔结婚姻或是民事婚姻,处以一年至五年有期徒刑。

利用他人受伤、智力低下或是存在有关必需的情况,滥用亲属、家庭、劳动关系或是基于治疗、看管或教育、培养、监管或看护关系中的信任,引诱缔结婚姻或民事婚姻。

如果实施行为对十八岁以下的未成年人造成损害,刑罚予以增加。

如果实施行为对十四岁以下的未成年人造成损害,处以二年至七年有期徒刑。

本条规定的刑罚同样适用于,意大利公民、居住在意大利的外国人在外国领域内对意大利公民或是居住在意大利的外国人造成损害的行为。

第五百五十九条 [通奸]②

第五百六十条 [姘居]③

第五百六十一条 [不受处罚的情况 减轻情节]④

第五百六十二条 [附加刑和民事制裁]⑤

第五百六十三条 [犯罪的消灭]⑥

第二节 侵犯家庭道德的犯罪

第五百六十四条 乱伦

与直系卑亲属、尊亲属、直系姻亲或者兄弟姐妹实施乱伦行为,以致造成公

---

① 本条由2019年7月19日第69号法律第七条第一款增加。

② 意大利宪法法院先后于1961年、1968年、1969年宣告本条违反《宪法》第三条和第二十九条,本条因此被废除。

③ 意大利宪法法院于1969年12月3日以第147号判决宣告本条违反《宪法》第二十九条。

④ 意大利宪法法院于1969年12月3日以第147号判决宣告本条违宪。

⑤ 本条实际上已被完全废除。而且,1975年5月19日第151号法律,在对《民法典》第一百四十四条进行修改时,完全废除了此条所提到的所谓“丈夫权”。

⑥ 意大利宪法法院于1969年12月3日以第147号判决宣告本条违宪。

共丑闻的,处以一年至五年有期徒刑。

在保持乱伦关系的情况下,处以二年至八年有期徒刑。

在前两条规定的情况下,如果乱伦是由成年人与不满十八岁的未成年人实施的,对成年人的刑罚予以增加。

对父母宣告的处罚意味着丧失父母职责①。

第五百六十五条　通过期刊侵害家庭道德

在报纸或其他定期刊物的新闻报道中,在与新闻报道有关的图片中,或者在上述报纸或刊物的广告内容中,展现或者渲染足以侵害家庭道德的情形的,处以一百零三欧元至五百一十六欧元罚金。②

第三节　妨害家庭户籍管理的犯罪

第五百六十六条　谎报或者删除户籍

在户籍登记中注册不存在的出生情况的,处以三年至十年有期徒刑。

以隐瞒新生儿的方式,删除其户籍的,处同样的刑罚。

第五百六十七条　变造户籍

以更换新生儿的方式,变造其户籍的,处以三年至十年有期徒刑。

在制作出生文书时通过虚假证明或其他作假方式变造新生儿户籍的,处以五年至十五年有期徒刑。③

第五百六十八条　隐瞒子女的户籍④

以隐瞒其户籍的方式,将已在户籍登记中注册为婚生子女的儿童或者经承认的子女寄托于或者送交弃儿救济所或其他慈善场所的,处以一年至五年有期

---

① 本款由2013年12月28日第154号立法政令第九十三条第一款第一项修改。

② 本条规定的罚金数额由1981年第689号法律第一百一十三条增加。

③ 意大利宪法法院2016年9月21日至11月10日,通过第236号判决宣布本款量刑规定违宪,本款规定刑罚为五年至十五年有期徒刑违宪,应改为三年至十年有期徒刑。

④ 本条罪名由2013年12月28日第154号立法政令第九十三条第一款第十三项修改,原罪名为“隐瞒婚生子女或已获承认的非婚生子女的户籍”。

徒刑。[1]

第五百六十九条　附加刑[2]

父母因犯本节规定的罪行而被宣告处罚,意味着丧失父母职责。[3]

第四节　妨害家庭扶助的犯罪

第五百七十条　违反家庭扶助义务

以离弃家庭住所或者保持违反家庭秩序或道德的行为的方式,摆脱与父母职责[4]或配偶身份有关的扶助义务的,处以一年以下有期徒刑或者一百零三欧元至一千零三十二欧元罚金。[5]

对于下列人员,以上刑罚合并适用:

(一)侵吞或者挥霍未成年子女、受监护人或配偶财产的;

(二)致使未成年的直系卑亲属、丧失劳动能力的直系卑亲属、直系尊亲属或尚未因其过错而实行法定分居的配偶缺乏生活手段的。

以上犯罪经被害人告诉才予处罚,除非属于前款第一项规定的情况以及前款第二项列举的针对未成年人实施犯罪的情况。[6]

如果行为被其他法律条款规定为更为严重的犯罪,本条的规定不予适用。

第五百七十条之二　在分居或解除婚姻期间违反家庭扶助义务[7]

第五百七十条规定的刑罚同样适用于解除婚姻关系后,婚姻解除产生民事效力或是宣布婚姻无效,配偶逃避解除婚姻后应履行的任何一项义务,或是违

---

① 本条由 2013 年 12 月 28 日第 154 号立法政令第九十三条第一款第十三项修改。

② 意大利宪法法院于 2012 年 2 月 23 日以第 31 号判决宣布本法典第五百六十七条第二款违宪,刑罚期限的规定,使父母长期脱离未成年子女成长,有损未成年利益。意大利宪法法院于 2013 年 1 月 23 日以第 7 号判决宣布第五百六十六条第二款违宪。

③ 本条由 2013 年 12 月 28 日第 154 号立法政令第九十三条第一款第十四项修改。

④ 本条由 2013 年 12 月 28 日第 154 号立法政令第九十三条第一款第十五项修改。

⑤ 本款规定的罚金数额由 1981 年第 689 号法律第一百一十三条增加。

⑥ 本款由 1981 年第 689 号法律第九十条增加。

⑦ 本条由 2018 年 3 月 1 日第 21 号立法政令第二条第一款第三项增加。

反配偶分居期间应承担的经济义务,以及抚养子女义务。

第五百七十一条　滥用矫治或纪律手段

针对因教育、培养、治疗、监督、看管、行使职业或技艺等原因而受其权力支配或者托付其照管的人滥用矫治或纪律手段的,如果行为导致发生身体或精神疾病的危险,处以六个月以下有期徒刑。

如果行为造成人身伤害,适用第五百八十二条和第五百八十三条规定的刑罚,并且可减少至三分之一;如果行为造成死亡,适用三年至八年有期徒刑。

第五百七十二条　虐待家庭成员及共同居住人

除前条规定的情况外,虐待家庭成员、共同居住人,或者因教育、培养、治疗、监督、看管、行使职业或技艺等原因而受其权力支配或托付其照管的人员,处以三年至七年有期徒刑。①

如果行为实施时未成年人、孕妇或是根据 1992 年 2 月 5 日第 104 号法律第三条规定的残疾人在场,或是对上述人员造成伤害或通过武器实施的,刑罚增加一半。②

如果行为造成严重的人身伤害,处以四年至九年有期徒刑;如果造成极为严重的伤害,处以七年至十五年有期徒刑;如果造成死亡,处以十二年至二十四年有期徒刑。

未满十八岁的未成年人帮助实施本条规定的虐待行为,视为犯罪的被害人。③

第五百七十三条　对未成年人的经同意拐带

经已满十四岁未成年人同意,将其从行使父母职责的父母或监护人身边带走的,或者在违背其父母或监护人意志的情况下扣留该未成年人的,经父母或监护人告诉,处以二年以下有期徒刑。④

如果以结婚为目的实施上述行为,刑罚予以减少;如果以猥亵为目的实施行为,刑罚予以增加。

---

① 本款由 2019 年 7 月 19 日第 69 号法律第九条第二款第一项修改。

② 本款由 2019 年 7 月 19 日第 69 号法律第九条第二款第二项增加。

③ 本款由 2019 年 7 月 19 日第 69 号法律第九条第二款第三项增加。

④ 本款由 2013 年 12 月 28 日第 154 号立法政令第九十三条第一款第十六项修改。

适用第五百二十五条和第五百四十四条的规定。①

第五百七十四条　拐带无能力者

拐带不满十四岁未成年人或精神病人脱离行使父母职责的父母、监护人、保佐人或者对其实行监督或看管的人员的，或者在违背上述人员意志的情况下扣留不满十四岁未成年人或精神病人的，经行使父母职责的父母、监护人或保佐人告诉，处以一年至三年有期徒刑。②

未经已满十四岁未成年人同意，以猥亵或结婚以外的目的，对该未成年人实行拐带或扣留的，经前款列举的人员告诉，处以同样的刑罚。

适用第五百二十五条和第五百四十四条的规定。③

第五百七十四条之二　将未成年人拐带和贩卖至外国④

除了行为构成更严重的犯罪，从行使父母职责的父母、监护人、保佐人拐带，违背父母或监护人的意志，拐卖或是贩卖至外国，全部或部分妨碍上述人员行使父母职责，处以一年至四年有期徒刑。⑤

如果第一款的行为是针对未满十四岁的未成年人并取得本人的同意，处以六个月至三年有期徒刑。

如果第一款和第二款的行为是由父母实施并对未成年人子女造成损害，刑罚意味着褫夺父母职责。

第五百七十四条之三　刑事法律意义上宪法中的民事婚姻⑥

在刑事法律意义上，婚姻持续期限同样包括由宪法规定的同性人员之间缔结的民事婚姻。

同性人员之间缔结的婚姻，同样符合刑事法律意义上认可的配偶一方的身份成为犯罪构成要件或是加重量刑情节。

---

① 这两条已被废除。

② 本款由2013年12月28日第154号立法政令第九十三条第一款第十七项修改。

③ 这两条已被废除。

④ 本条由2009年7月15日第94号法律第三条第二十九款第二项增加。

⑤ 本款由2013年12月28日第154号立法政令第九十三条第一款第十八项修改。

⑥ 本条由2017年1月19日第6号立法性命令第一条第一款第二项增加。

第十二章　侵犯人身罪

第一节　侵犯个人生命和健康的犯罪

第五百七十五条　杀人罪

造成一人死亡的，处以二十一年以上有期徒刑。

第五百七十六条　加重情节　无期徒刑①

如果前条规定的行为实施于下列情况之一，适用无期徒刑：

（一）出现第六十一条第二项规定的某一情节的；

（二）针对直系尊亲属或者卑亲属，并且出现第六十一条第一项和第四项规定的某一情节，使用了投毒手段或陷害手段，或者经过预先策划的；

（三）在逃犯为逃避拘留、逮捕或监禁而实施行为的，或者为获取在逃期间的生存手段而实施行为的；

（四）结伙犯罪的人为逃避拘留、逮捕或监禁而实施行为的；

（五）实施第五百七十二条、第五百八十三条之五、第六百条之二、第六百条之三、第六百零九条之二、第六百零九条之四和第六百零九条之八规定的某一犯罪行为的；②

（五）之一　实施第六百一十二条之二罪行的行为人针对同一犯罪被

---

①　原来规定的刑罚是死刑。

②　本条由2009年4月23日第38号法律第一条第一款第一项修改，又由2019年7月19日第69号法律第十二条第二款修改。

害人；[①]

（五）之二　行为是对司法警察或机构，或是警察部门或人员实施的，或是行为对履行职务或服务造成阻碍。[②]

在刑事法律的意义上，处于第六十一条第六项列举的条件之下的人是在逃犯。

第五百七十七条　其他加重情节　无期徒刑

如果第五百七十五条规定的行为实施于下列情况之一，适用无期徒刑：

（一）针对直系尊亲属或者直系卑亲属及收养的未成年子女，包括在法定分居期限内针对配偶、民事婚姻另一方、共同居住人或是其他根据法律具有相关情感联系的人员；[③]

（二）使用有毒物品，或者采用其他陷害手段的；

（三）经过预先策划的；

（四）出现第六十一条第一项和第四项列举的某一情形的。

如果行为是针对已离婚的配偶方、民事婚姻另一方，以及被撤销婚姻效力的另一方、共同居住关系以及其他根据法律具有相关情感联系的人员中法定过错方、兄弟、姐妹、根据《民法典》第一编第八章中规定的收养方或被收养方、养父母、养子女或者直系姻亲实施的，处以二十四年至三十年有期徒刑。[④]

除了第六十二条第一项、第八十九项、第九十八项、第一百一十四项规定的情况外，减轻情节与第一款第一项、第二款规定的加重情节同时存在，不能够认为两者相同。[⑤]

第五百七十八条　在受遗弃情况下杀婴

母亲造成自己的新生儿在分娩后立即死亡的，或者在分娩期间造成胎儿死亡的，当行为是因与分娩有关的物质遗弃或者精神遗弃引起的时，处以四年至

---

① 本款由 2012 年 10 月 1 日第 172 号法律第四条修改。

② 本款由 2008 年 7 月 24 日第 125 号第一条第一款第二项之六修改。

③ 本款由 2019 年 7 月 19 日第 69 号法律第十一条第一款第一条修改。

④ 本款由 2019 年 7 月 19 日第 69 号法律第十一条第一款第二项修改。

⑤ 本款由 2019 年 7 月 19 日第 69 号法律第十一条第一款第三项修改。

十二年有期徒刑。

对于共同参与前款列举的行为的人，适用二十一年以上有期徒刑。但是，如果他们实施行为只是为了向母亲提供帮助，刑罚可在三分之一至三分之二的幅度内减轻。

不适用《刑法典》第六十一条规定的加重情节。

第五百七十九条　经同意杀人

经他人同意，造成该人死亡的，处以六年至十五年有期徒刑。不适用第六十一条列举的加重情节。

如果行为实施于下列情形之一，适用有关杀人罪的规定：

（一）针对不满十八岁的未成年人的；

（二）针对精神病患者、因其他疾病或者因滥用酒精制品或麻醉品而处于心智不全状态的人的；

（三）被害人的同意是由犯罪人采用暴力、威胁或者劝说的方式强取的，或者是以欺骗的手段获得的。

第五百八十条　教唆或者帮助自杀

致使他人自杀的，鼓励他人的自杀意愿的，或者以任何方式为自杀的实施提供便利的，如果自杀发生，处以五年至十二年有期徒刑。如果自杀没有发生，只要因自杀未遂而导致严重的或者极为严重的人身伤害，处以一年至五年有期徒刑。

如果被教唆、被煽动或者被帮助的人处于前条第一项和第二项列举的情况中，刑罚予以增加。但是，如果上述人员是不满十四岁的未成年人或者不具有意思或意愿能力的人，适用有关杀人罪的规定。

第五百八十一条　殴打

殴打他人的，如果行为未造成身体的或者精神的病患，经被害人告诉，除了造成第六十一条第十一款之八规定的加重情节，处以六个月以下拘役或者三百零九欧元以下罚金。[①]

---

① 本款由2020年8月14日第113号法律第六条第一项修改。

当法律把暴力行为视为其他犯罪的构成要件或者加重情节时，不适用上述规定。

第五百八十二条　人身伤害

对他人造成人身伤害的，如果因此而产生身体的或者精神的病患，处以六个月至三年有期徒刑。①

如果有关病患的持续时间不超过二十日，并且不存在第六十一条第十一款之八、第五百八十三条和第五百八十五条规定的某一加重情节，除第五百七十七条第一项和最后一款列举的情况外，经被害人告诉，才对犯罪予以处罚。②

第五百八十三条　加重情节

有下列情形之一的，人身伤害是严重的，并且适用三年至七年有期徒刑：

（一）如果行为导致威胁被害人生命的病患，或者导致不能在四十日以上的时间参加一般工作的病患或能力丧失；

（二）如果行为对感官或器官功能造成长期削弱；

[（三）如果被害人是孕妇并且行为使分娩提前。]③

如果行为造成下列后果之一，人身伤害是极为严重的，并且适用六年至十二年有期徒刑：

（一）导致肯定或者可能无法治愈的病患的；

（二）丧失某一感官能力的；

（三）丧失某一肢体的，造成使某一肢体无法使用的残疾的，致使某一器官无法使用的，丧失生育能力的，或者致使说话长期严重困难的；

[（四）使面部变形或者留下永久性疤痕的；]④

[（五）被害人流产的]。⑤

---

① 本款由2016年3月23日第41号法律第一条第三款第二项修改刑罚，之前的刑罚为“三个月至三年有期徒刑”。

② 本款由1981年第689号法律第九十一条修改，将病患的持续时间从十日改为二十日。又由2020年8月14日第113号法律第六条第二项修改。

③ 本项由1978年5月22日第194号法律第二十二条废除。

④ 本项由2019年7月19日第69号法律第十二条第三款废除。

⑤ 本项由1978年5月22日第194号法律第二十二条废除。

第五百八十三条之二　致残女性生殖器官的活动[①]

在不存在医疗需要的情况下，造成女性生殖器官致残的，处以四年至十二年有期徒刑。在本条的意义上，对女性阴部组织的手术、切除和植入以及任何产生同类效果的活动被视为对女性生殖器官的致残活动。

在不存在医疗需要的情况下，以减弱性功能为目的，对女性生殖器官造成第一款列举情况以外的伤害，由此引起身体或精神疾病的，处以三年至七年有期徒刑。如果所造成的伤害轻微，刑罚减轻至三分之二。

当第一款和第二款列举的活动是针对未成年人实施的，或者以营利为目的实施的时，刑罚增加三分之一。

在处罚或者根据《刑事诉讼法典》第四百四十四条的规定依当事人之请求适用刑罚的情况下，对于由父母或监护人实施本条规定的犯罪，分别处以下列刑罚：

（一）剥夺行使父母职责；[②]

（二）永久褫夺由任何机构行使保护、治疗的职责以及行政权力。[③]

当行为是由意大利公民或者居住在意大利的外国人在外国实施的，或者是在外国针对意大利公民或居住在意大利的外国人实施的，也适用本条的有关规定。在此情况下，犯罪人经司法部部长提出要求而受惩罚。

第五百八十三条之三　附加刑[④]

行使医疗卫生职业者因第五百八十三条之二规定的某一犯罪受到处罚意味着处以禁止从事有关职业的附加刑，为期三年至十年。判决将通报外科与牙科医生行业协会。

---

① 本条由 2006 年 1 月 9 日第 7 号法律（《关于防止和禁止致残女性生殖器的规定》）第六条增加。

② 本款由 2013 年 12 月 28 日第 154 号立法政令第九十三条第一款第十九项修改。

③ 本款由 2012 年 10 月 1 日第 17 号法律第四条增加。

④ 本条由 2006 年 1 月 9 日第 7 号法律（《关于防止和禁止致残女性生殖器的规定》）第六条增加。

第五百八十三条之四　对公务员在体育运动期间维持公共秩序职能，包括对从事医疗卫生职业人员或社区医疗人员以及任何在相关活动中从事辅助性活动人员造成人身伤害或严重的人身伤害①

对公务员在体育运动期间维持公共秩序职能时造成人身伤害的，处以有期徒刑四年至十年，造成严重人身伤害的，处以八年至十六年有期徒刑。

对从事医疗卫生职业人员或社区医疗人员，在行使职能或服务时，包括对任何从事辅助性治疗、辅助医疗或急救活动中行使职责或从事相关活动的人员造成人身伤害或严重伤害，处以同样的刑罚。②

第五百八十三条之五　面部变形及脸部留有永久性伤疤③

造成他人面部变形或是脸部留有永久性伤疤，处以八年至十四年有期徒刑。

在处罚或者根据《刑事诉讼法典》第四百四十四条的规定依当事人之请求适用刑罚的情况下，实施本条规定的犯罪意味着永久褫夺由任何机构行使保护、治疗的职责以及行政权力。

第五百八十四条　超意图杀人

采用旨在实施第五百八十一条和第五百八十二条规定的某一犯罪的行为，造成一人死亡的，处以十年至十八年有期徒刑。

第五百八十五条　加重情节

在第五百八十二条、第五百八十三条、第五百八十三条之二、第五百八十三条之五和第五百八十四条规定的情况下，如果出现第五百七十六条规定的某一加重情节，刑罚在三分之一至一半的幅度内增加；如果出现第五百七十七条规定的某一加重情节，或者使用武器或腐蚀物实施行为的，或者是由三人以上或是数人结伙实施，④刑罚在三分之一的幅度内增加。

在刑事法律的意义上，武器是指：

---

① 本条由2020年8月14日第113号法律第四条第二款修改。

② 本款由2020年8月14日第113号法律第四条第一款增加。

③ 本条由2019年7月19日第69号法律第十二条第一款增加。

④ 本款由2019年7月19日第69号法律第十二条第四款修改。

（一）发射装置和所有以伤害人身为其自然用途的其他装置；

（二）所有足以造成侵害的、被法律严禁携带或者禁止在无正当理由情况下携带的工具。

爆炸物、窒息瓦斯和催泪瓦斯被等同为武器。

第五百八十六条 因其他犯罪造成的死亡或者伤害

当某一被法律规定为故意犯罪的行为造成他人死亡或者伤害，而该结果并不为犯罪人所希望时，适用第八十三条的规定，但是，第五百八十九条和第五百九十条规定的刑罚予以增加。

第五百八十六条之二 使用、供应药品或其他以改变运动员竞赛能力为目的的物品[①]

除了行为构成更为严重的犯罪，帮助他人，供应、接受或帮助以使用药品或是其他生物或药物成分，包括根据法律规定的等级，在没有病理需要的合法理由情况下改变器官的精神性质或物质性质的物品，目的是改变运动员的竞赛能力，或是直接修改对上述药品或物品最终的检查结果，处以三个月至三年有期徒刑和二千五百八十二欧元至五万一千六百四十五欧元罚金。

除了行为构成更为严重的犯罪，第一款规定的刑罚同样适用于，采用或顺从于服用药物，包括根据法律规定的等级，在没有病理需要的合法理由情况下改变器官的精神性质或物质性质，目的是改变运动员的竞赛能力，或是直接修改对服用上述药品或物品最终的检查结果。

第一款和第二款规定的刑罚在下列情况予以增加：

（一）如果行为对健康造成损害；

（二）如果行为是针对未成年人实施；

（三）如果行为是由成员属于意大利国家奥委会的，或是意大利国家联邦、社会、协会或是运动委员会，或是由意大利国家奥委会承认的组织实施的。

如果行为是由医疗卫生职业人员实施的，刑罚意味着暂时禁止从事职业活动。

---

① 本条由 2018 年 3 月 1 日第 21 号立法政令第二条第一款第四项增加。

第三款第三项规定的情况，刑罚意味着永久禁止担任意大利国家奥委会，国家、社会、协会联邦运动委员会以及由意大利国家奥委会承认组织的领导。

刑罚意味着一律没收药品，药品性质以及其他以实施犯罪为目的或服务于犯罪的物品。

通过向公众开放药房、医院药房、向公众开放的药品分配处以及其他向病患使用药品为目的组织的渠道之外，销售药品以及其他根据法律规定具有药品或生物性质的物品，改变或器官的精神性质或物质性质，以改变运动员的竞赛能力或是修改对服用上述药品或物品最终的检查结果为目的，处以二年至六年有期徒刑和五千一百六十四欧元至七万七千四百六十八欧元罚金。

第五百八十七条　[出于名誉原因的杀人和伤害]①

第五百八十八条　斗殴

参加斗殴的，处以二千欧元以下罚金。②

如果在斗殴中某人被杀死或者遭受人身伤害，对于单纯参加斗殴的行为，处以六个月至六年有期徒刑。如果死亡或者伤害的结果在斗殴之后并且作为斗殴的后果立即发生，适用同样的刑罚。③

第五百八十九条　过失杀人④

因过失而造成一人死亡的，处以六个月至五年有期徒刑。

如果实施行为时违反了道路交通规则或者预防劳动事故的规则，处以二年至七年有期徒刑。⑤

如果行为是由职业人员通过滥用职权实施，由国家确立的特殊部门或是卫

---

① 本条由1981年8月5日第442号法律第一条废除。

② 本款规定的罚金数额由1981年第689号法律第一百一十三条增加，又由2020年10月21日第130号立法性法令第十条第一款第一项修改，原先罚金为三百零九欧元。

③ 本款刑罚由2020年10月21日第130号立法性法令第十条第一款第二项修改，原先刑罚为三个月至五年有期徒刑。

④ 本条由1966年5月11日第296号法律第一条修改。

⑤ 本款由2006年2月21日第102号法律（《关于产生于交通事故的后果的规定》）第二条修改，原来的刑罚为一年至五年有期徒刑，2016年3月23日第41号法律第一条第一款第三项再次对二年至五年有期徒刑的刑罚进行修改。

生专业部门提出控诉，处以三年至十年有期徒刑。[①]

在造成数人死亡或者造成一人或数人死亡并且一人或数人伤害的情况下，适用应对最严重的违反规则行为科处的刑罚，并且可增加至三倍，但是，刑期不得超过十五年。[②]

第五百八十九条之二　道路交通事故致人死亡[③]

造成一人死亡并违反了道路交通规则的法律规范，处以二年至七年有期徒刑。

醉酒状态或者服用分别根据 1992 年 4 月 30 日第 285 号立法性法令第一百八十六条第二款第一项、第三项和第一百八十七条规定的麻醉药品或是精神药品造成精神状态改变情况下，驾驶摩托车造成一人死亡，处以八年至十二年有期徒刑。

在根据 1992 年 4 月 30 日第 285 号立法性法令第一百八十六条之二之第二款第二项规定的醉酒状态下，驾驶摩托车实施根据 1992 年 4 月 30 日第 285 号立法性法令第一百八十六条之二之第一款第二项、第三项和第四项规定的行为，造成一人死亡，适用同样的刑罚。

除了第三款的规定，在根据 1992 年 4 月 30 日第 285 号立法性法令第一百八十六条之二之第一款第二项规定的醉酒状态下，驾驶摩托车造成一人死亡，处以五年至十年有期徒刑。

前款规定的刑罚同样适用于下列情况：

（一）驾驶摩托车，在城市中心以相当于或超过两倍的最高限速，无论如何不低于 70 km/h 时速；或是在城郊地区道路以超过最高限速，至少 50 km/h 的时速行驶，造成一人死亡；

（二）驾驶摩托车闯红灯通过十字路口或是逆行，造成一人死亡；

（三）驾驶摩托车，以前行方向与转向指示灯相反的方式接近或通过十字

① 本款由 2018 年 1 月 11 日第 3 号法律第十二条第二款增加。

② 本款刑罚由 2008 年 7 月 24 日第 125 号法律第一条第一款第三项第三目修改，原先的刑罚为十二年有期徒刑。

③ 本条由 2016 年 3 月 23 日第 41 号法律第一条第一款增加。

路口，以转弯或背向方式进行超车通过人群或是斑马线，造成一人死亡。

实施前款规定的行为，如果行为人没有驾照或者驾照已被停用或吊销，或者是在摩托车所有人缺乏强制险情形下实施的行为，刑罚予以增加。

前款规定的行为，如果行为不是造成危害结果发生的唯一原因或是因不作为造成，刑罚可减少至一半。

前款规定的行为，如果驾驶人造成数人死亡，或是一人或数人死亡以及一人或数人受伤，因增刑而应适用的刑罚不得超过法律为有关犯罪规定的最高刑的三倍，并且任何情况下不得超过十八年有期徒刑。

第五百八十九条之三　驾驶员在道路交通事故致人死亡情况下逃逸①

第五百八十九条之二规定的情况，如果驾驶员逃逸，刑罚幅度在三分之一至三分之二内增加，且不得低于五年以上有期徒刑。

第五百九十条　过失人身伤害

因过失而对他人造成人身伤害的，处以三个月以下有期徒刑或者三百零九欧元以下罚金。②

如果伤害是严重的，处以一个月至六个月有期徒刑或者一百二十三欧元至六百一十九欧元罚金；如果伤害是极为严重的，处以三个月至二年有期徒刑或者三百零九欧元至一千二百三十九欧元罚金。

如果在实施前款规定的行为时违反了道路交通规则或者预防劳动事故的规则，对严重伤害的刑罚是三个月至一年有期徒刑或者五百欧元至二千欧元罚金；对极为严重的伤害的刑罚是一年至三年有期徒刑。③

第二款规定的行为是由职业人员滥用职权造成，且应由国家确立的特殊部门或是卫生专业部门提出控诉，对严重伤害的刑罚是六个月至二年有期徒刑；

---

① 本条由2016年3月23日第41号法律第一条第一款增加。

② 本条由1966年5月11日第296号法律第二条修改。

③ 本款由2006年2月21日第102号法律(《关于产生于交通事故的后果的规定》)第二条修改。又由2016年3月23日第41号法律第一条第三款第五项、第六项修改刑罚，原先的刑罚为二个月至六个月。

对极为严重伤害的刑罚是一年六个月至四年有期徒刑。[①]

在对数人造成伤害的情况下,适用应对最为严重的违反规则行为科处的刑罚,并且可增加至三倍;但是,有期徒刑不得超过五年。

犯罪经被害人告诉才处罚,除非属于第二款和第三款规定的情况,并且仅限于违反预防劳动事故规则或者劳动卫生规则而实施的犯罪或者造成职业疾病的犯罪。[②]

第五百九十条之二　道路交通事故致人伤害或严重伤害[③]

过失造成一人伤害并违反了道路交通规则的法律规范,处以三个月至一年有期徒刑;造成严重伤害的,处以一年至三年有期徒刑。

醉酒状态或者服用分别根据1992年4月30日第285号立法性法令第一百八十六条第二款第三项和第一百八十七条规定的麻醉药品或是精神药品造成精神状态改变情况下,驾驶摩托车过失造成一人伤害,处以三年至五年有期徒刑;造成严重伤害的,处以四年至七年有期徒刑。

在根据1992年4月30日第285号立法性法令第一百八十六条之二之第二款第二项规定的醉酒状态下,驾驶摩托车实施根据1992年4月30日第285号立法性法令第一百八十六条之二之第一款第二项、第三项和第四项规定的行为,过失造成一人伤害或严重伤害,适用前款规定的刑罚。

除了第三款的规定,在根据1992年4月30日第285号立法性法令第一百八十六条之二之第一款第二项规定的醉酒状态下,驾驶摩托车过失造成一人伤害,处以一年至三年六个月有期徒刑;造成严重伤害的,处以二年至四年有期徒刑。

前款规定的刑罚同样适用于下列情况:

(一)驾驶摩托车,在城市中心以相当于或超过两倍的最高限速,无论如何不低于70 km/h时速;或是在城郊地区道路以超过最高限速,至少50 km/h的

---

① 本款由2018年1月11日第3号法律第十二条第三款增加。

② 本款由1981年第689号法律第九十二条修改。

③ 本条由2016年3月23日第41号法律第一条第二款增加。

时速行驶,造成一人死亡;

(二)驾驶摩托车闯红灯通过十字路口或是逆行,过失造成一人伤害或严重伤害;

(三)驾驶摩托车,以前行方向与转向指示灯相反的方式接近或通过十字路口,以转弯或背向方式进行超车通过人群或是斑马线,过失造成一人伤害或严重伤害。

实施前款规定的行为,如果行为人没有驾照或者驾照已被停用或吊销,或者是在摩托车所有人缺乏强制险情形下实施的行为,刑罚予以增加。

前款规定的行为,如果行为不是造成危害结果发生的唯一原因或是因不作为造成,刑罚可减少至一半。

前款规定的行为,如果驾驶人造成数人伤害,因增刑而应适用的刑罚不得超过法律为有关犯罪规定的最高刑的三倍,并且任何情况下不得超过七年有期徒刑。

第五百九十条之三　驾驶员在道路致人伤害情况下逃逸①

第五百九十条之二规定的情况,如果驾驶员逃逸,刑罚增加三分之一至三分之二,且不得低于三年以上有期徒刑。

第五百九十条之四　量刑情节的计算

当第五百八十九条之二之第二款、第三款、第四款、第五款和第六款、第五百八十九条之三、第五百九十条之二之第二款、第三款、第四款、第五款和第六款以及第五百九十条之三规定的加重量刑情节和除第九十八条、第一百一十四条规定之外的减轻量刑情节同时存在,不可以认为这些量刑情节均等,刑罚的减轻以根据上述加重情节增刑后的刑期为基础。

第五百九十条之五　对城市和城郊道路的定义②

第五百八十九条之二和第五百九十条之二中规定的城郊道路是指根据1992年4月30日第285号立法性法令《道路交通法典》第二条第二款中第一

---

① 本条由2016年3月23日第41号法律第一条第二款增加。

② 本条由2016年3月23日第41号法律第一条第二款增加。

项至第三项规定的道路，城市道路则是根据同款第四项至第六项和第六项之二规定的道路。

第五百九十条之六　在医疗领域致人死亡或人身伤害的过失责任①

如果第五百八十九条和第五百九十条规定的行为是在从事医疗职业活动中实施的，适用上述条款的刑罚，本条第二款规定的情形除外。

如果结果是由无经验造成的，当根据法律拟定并发布的指导意见或在缺乏此类指导意见情况下良好的医疗护理操作得到遵守时，主要上述指导意见确实适合具体情况的特点，可罚性予以排除。

第五百九十一条　遗弃未成年人或者无能力者

遗弃不满十四岁未成年人或者由于精神疾病、身体疾病、年老或其他原因而不能生活自理并且由其照看或者应当由其照顾的人的，处以六个月至五年有期徒刑。

在国外遗弃由于工作原因在国内托付其照顾的、不满十八岁的意大利公民的，处以同样的刑罚。

如果行为造成人身伤害，处以一年至六年有期徒刑；如果造成死亡，处以三年至八年有期徒刑。

如果行为是由父母、子女、监护人、配偶、收养人或者被收养人实施的，刑罚予以增加。

第五百九十二条　[因名誉原因遗弃新生儿]②

第五百九十三条　不提供救助

发现不满十岁的儿童或者由于精神疾病、身体疾病、年老或其他原因而不能生活自理的人被遗弃或者被丢失而不立即向主管机关报告的，处以一年以下有期徒刑或者二千五百欧元以下罚金。③

发现某人昏迷、似乎昏迷、受伤或者处于其他危险之中而不提供必要的救

① 本条由2017年3月8日第24号法律第六条第一款增加。

② 此条由1981年8月5日第442号法律第一条所废除。

③ 本款由2003年4月9日第72号法律第一条修改。

助的，或者不立即向主管机关报告的，处以同样的刑罚。

如果因犯罪人的上述行为导致人身伤害，刑罚予以增加；如果导致死亡，刑罚增加一倍。

第一节之二　侵害母性的犯罪①

第五百九十三条之二　过失终止妊娠②

过失造成一名女性终止妊娠，处以三个月至二年有期徒刑。

过失造成一名女性早产，前款规定的刑罚减至一半。

第一款和第二款规定的刑罚，如果行为违反了劳动保护的规范，刑罚予以增加。

第五百九十三条之三　未经同意终止妊娠③

在未经女性同意的情况下，终止其妊娠，处以四年至八年有期徒刑。如果同意是通过暴力或威胁，或是以欺诈方式获得的，视为未获得同意。

终止妊娠的行为直接导致对女性的人身伤害，适用同样的刑罚。

如果这种人身伤害造成加速分娩，刑罚减至一半。

第一款和第二款规定的行为造成女性死亡，处以八年至十六年有期徒刑；如果造成极为严重的人身伤害，处以六年至十二年有期徒刑；如果造成人身伤害，前述刑罚予以减少。

如果女性是未满十八岁的未成年人，前款规定的刑罚予以增加。

---

①　本章包括第五百九十三条之二和第五百九十三条之三，由2018年3月1日第21号立法政令第二条第一款第五项增加。

②　同上注。

③　本条规定由2018年3月1日第21号立法政令第二条第一款第五项增加。

第二节 侵犯名誉的犯罪

第五百九十四条 ［侮辱］[①]

第五百九十五条 诽谤

除前条列举的情况外，在与数人的联系中侵犯他人声誉的，处以一年以下有期徒刑或者一千零三十二欧元以下罚金。[②]

如果侵犯表现为归罪某一特定的事实，刑罚为二年以下有期徒刑或者二千零六十五欧元以下罚金。[③]

如果侵犯行为是通过印刷品或任何其他传播手段或者是在公文书中实施的，处以六个月至三年有期徒刑或者五百一十六欧元以上罚金。[④]

如果诽谤是向政治机构、行政机构、司法机构、上述机构的代表或者以团体形式设立的主管机关发出的，刑罚予以增加。

第五百九十六条 对免责证据的排除

犯前条规定之罪的人不得为推卸自己的罪过而证明向被害人归罪的事实具有真实性和众知性。[⑤]

但是，当侵犯表现为归罪某一特定的事实时，被害人和侵犯人可以在宣告最终判决之前商定提请名誉法庭对该事实的真实性进行审判。

当侵犯表现为归罪特定的事实时，有下列情形之一的，可以在刑事诉讼中对该事实的真实性进行证明：

（一）如果被害人是公务员并且向他归罪的事实涉及行使其职责的行为；

---

① 本条规定由2016年1月15日第7号立法性命令第一条第一款第三项废除。原文条款为"当面侵犯他人名誉或者尊严的，处以六个月以下有期徒刑或者五百一十六欧元以下罚金。通过发给被害人的电报、电话、文字或者图画实施行为的，处以同样的刑罚。如果侵犯表现为归罪某一特定的事实，处以一年以下有期徒刑或者一千零三十二欧元以下罚金。如果侵犯行为是当着数人面实施的，刑罚予以增加"。

② 本款规定的罚金数额由1981年第689号法律第一百一十三条增加。

③ 本款规定的罚金数额由1981年第689号法律第一百一十三条增加。

④ 本款规定的罚金数额由1981年第689号法律第一百一十三条增加。

⑤ 本款由2016年1月15日第7号立法性命令第二条第一款第七项修改。

(二)如果针对向被害人归罪的事实仍在进行或者开始进行刑事诉讼;

(三)如果提出告诉的人正式要求在审判中核实向其归罪的事实的真实性或者虚假性。

如果事实的真实性得到证明,或者被认定对该事实负责的人在受到归罪之后因此而被判刑,提出归罪的人不受处罚,除非所使用的方法本身使得第五百九十五条第一款成为可适用的。①

第五百九十六条之二　通过印刷品进行的诽谤②

如果诽谤罪是通过印刷品实施的,前条的规定也适用于犯有第五十七条、第五十七条之二和第五十八条规定之罪的主编、责任副主编、出版者和印刷者。

第五百九十七条　被害人的告诉和犯罪的消灭

第五百九十五条规定的犯罪经被害人告诉才予以处罚。③

如果被害人和侵犯人行使了前条第二款规定的权利,告诉被视为以默示方式放弃或者撤回。

如果被害人在为提出告诉规定的期限经过之前死亡,或者犯罪所侵犯的是对已故者的回忆,被害人的近亲属、收养人和被收养人可以提出告诉。在这样的情况下以及被害人在提出告诉后死亡的情况下,前条第二款列举的权利由近亲属、收养人和被收养人行使。

第五百九十八条　在向司法机关或行政机关发表的文字和讲话中出现的侵犯

如果侵犯出现在由当事人或者他们的诉讼辩护人向司法机关或者行政机关提交的文字材料当中,当该侵犯涉及诉讼或者行政申诉的事项时,行为不受处罚。

法官在对案件进行宣判时,除作出纪律处置外,可以裁定全部或部分取消或者删除侵犯性文字,并且以非财产损害赔偿的名义判给被害人一笔钱款。

如果属于不能对之实行取消或者删除的文字,在判决说明中注明有关的取

① 本条第三款和第四款由 1994 年 9 月 14 日第 288 号法律第五条增加,又由 2016 年 1 月 15 日第 7 号立法性命令第二条第一款第七项修改。

② 本条由 1958 年 3 月 4 日第 127 号法律第四条增加。

③ 本款由 2016 年 1 月 15 日第 7 号立法性命令第二条第一款第八项修改。

消或者删除。

第五百九十九条　挑衅

对于在因他人非法行为引起的激愤状态中并且在该非法行为之后立即实施第五百九十五条规定的行为的人,不予处罚。[①]

第三节　侵犯个人自由的犯罪

第一分节　侵犯个人人格的犯罪

第六百条　奴役或者役使[②]

对某人行使相当于所有权的权力,使他人陷于或者连续处于屈从状态,迫使其从事劳动、性服务、乞讨或者任何非法活动,以实施剥削或从被奴役人身上提取某一器官的,处以八年至二十年有期徒刑。[③]

当行为是通过暴力、威胁、欺骗、滥用权力、利用身体或精神的劣势地位,或者利用有关的需求,或者通过向受自己权力支配的人许诺或给予钱款或其他好处实施行为时,即为使他人陷于或者处于屈从状态。

第六百条之二　未成年人卖淫[④]

对下列行为,处以六年至十二年有期徒刑和一万五千欧元至十五万欧元

---

① 本款由2016年1月15日第7号立法性法令第二条第一款第九项部分删除与修改。原文条款为"第五百九十九条　反击和挑衅　在第五百九十四条规定的情况下,如果侵犯是相互的,法官可以宣布对于一方或者双方侵犯人不予处罚。对于在因他人非法行为引起的激愤状态中并且在该非法行为之后立即实施第五百九十四条和第五百九十五条规定的行为的人,不予处罚。本条第一款的规定也适用于没有对所受到的侵犯提出告诉的侵犯人"。

② 本条由2003年8月11日第228号法律(《惩治劫掳人身的措施》)第一条修改。

③ 本款由2014年3月3日第24号立法性政令第二条第一款第一项修改。

④ 本条由1998年8月3日第269号法律第二条增加。又由2012年10月1日第172号法律第四条替代,原文条款为"引诱不满十八岁的人员卖淫的,为上述人员卖淫提供便利的,或者利用上述人员的卖淫活动的,处以六年至十二年有期徒刑和一万五千四百九十三欧元至十五万四千九百三十七欧元罚金。除行为构成更为严重的犯罪外,与未成年人包括已满十四岁不满十八岁的人员发生性行为,以给付钱款或其他经济利益为交换的,处以六个月至三年有期徒刑和五千一百六十四欧元以上罚金。如果第二款列举的行为是针对不满十六岁的人员实施的,适用二年至五年有期徒刑。如果实施第二款列举的行为的人不满十八岁,在三分之一至一半的幅度内减轻适用有期徒刑或罚金"。

罚金：

（一）招募或引诱不满十八岁的人员卖淫；

（二）为上述人员卖淫提供便利的，利用上述人员的卖淫活动，管理上述卖淫活动，控制不满十八岁的卖淫人员，或是其他从中获利的。

除行为构成更为严重的犯罪外，与未成年人包括已满十四岁不满十八岁的人员发生性行为，以给付钱款或其他经济利益为交换的，包括许诺给予，处以一年至六年有期徒刑和一千五百欧元至六千欧元罚金。

第六百条之三　未成年人色情活动①

下列行为，处以六年至十二年有期徒刑和二万四千欧元至二十四万欧元罚金：

（一）利用不满十八岁未成年人进行色情展示、节目或制作色情材料的；

（二）招募或引诱不满十八岁未成年人参加色情展示、节目或是从上述色情展示中获利的。②

贩卖第一款列举的色情材料的，处以同样的刑罚。

除第一款和第二款规定的情况外，采用任何手段，包括电子数据传播手段，分发、散布、传播③或者公布第一款列举的色情材料的，或者分发或散布旨在对不满十八岁的未成年人进行引诱或性剥削的消息或信息的，处以一年至五年有期徒刑和二千五百八十二欧元至五万一千六百四十五欧元罚金。

除第一款、第二款和第三款列举的情况外，向他人提供或者让与，包括免费提供或者让与第一款列举的色情材料的，处以三年以下有期徒刑和一千五百四十九欧元至五千一百六十四欧元罚金。④

在第三款和第四款规定的情况下，如果材料数额巨大，刑罚在不超过三分

---

① 本条由1998年8月3日第269号法律第三条增加。

② 本款由2006年2月6日第38号法律第三条修改，又由2012年10月1日第172号法律第四条修改。

③ 此处的“传播”一词由2006年第38号法律第二条增加。

④ 本款由2006年第38号法律第二条修改。

之二的幅度内增加。①

除了行为构成更为严重的犯罪，帮助进行色情展示或节目，涉及不满十八岁未成年人参与的，处以三年以下有期徒刑和一千五百欧元至六千欧元罚金。

本条规定的未成年人色情活动包括以任何方式进行任何形式的展现，涉及不满十八岁未成年人参与的暗示、现实或模仿性行为，或是以性目的展现不满十八岁未成年人性器官的活动。②

第六百条之四　持有色情材料③

除第六百条之三规定的情况外，有意获取或者持有利用不满十八岁未成年人而制作的色情材料的，处以三年以下有期徒刑和一千五百四十九欧元以上罚金。

如果所持有的上述材料数额巨大，刑罚在不超过三分之二的幅度内增加。

除了第一款规定的情况外，利用互联网或其他联络网络、方式，在没有合法理由的情况下有意接收利用不满十八岁未成年人而制作的色情材料的，处以二年以下有期徒刑和一千欧元以下罚金。④

第六百条之四之一　虚构色情⑤

当色情材料呈现的是利用不满十八岁未成年人图像或其部分而制作的虚构画面时，第六百条之三和第六百条之四的规定也适用，但刑罚减轻三分之一。

虚构画面是指使用不完全或部分与现实场景相结合的图像制作技术实现的画面，其表现质量使得非现实的场景看起来像是真实的。

第六百条之五　旨在利用未成年人卖淫的旅游动议⑥

组织或者宣传以享用未成年人卖淫活动为目的的旅行或者包含此类活动的旅行的，处以六年至十二年有期徒刑和一万五千四百九十三欧元至十五万四

---

① 本款由 2006 年第 38 号法律第二条增加。

② 本款由 2012 年 10 月 1 日第 172 号法律第四条增加。

③ 本条由 1998 年 8 月 3 日第 269 号法律第四条增加，随后，又由 2006 年 2 月 6 日第 38 号法律第三条、2021 年 12 月 23 日第 238 号法律第二十条第一款第一项第二目修改。

④ 本款由 2021 年 11 月 23 日第 238 号法律第二十条第一款第一项增加。

⑤ 本条由 2006 年 2 月 6 日第 38 号法律第四条增加。

⑥ 本条由 1998 年 8 月 3 日第 269 号法律第五条增加。

千九百三十七欧元罚金。

第六百条之六　[加重情节和减轻情节]①

第六百条之七　没收②

在处罚或者根据《刑事诉讼法典》第四百四十四条的规定依当事人请求适用刑罚的情况下，对于本分节规定的犯罪，包括第六百零九条之二，当实施的行为对不满十八岁未成年人造成损害或者具有第六百零九条之三之第一款第一项、第五项、第五项之二，第六百零九条之四，第六百零九条之五，第六百零九条之八规定的加重情节；当实施行为对不满十八岁的未成年人造成损害或具有第六百零九条之三之第一款第一项、第五项、第五项之二，第六百零九条之十一规定的加重情节，除了犯罪被害人有权要求返还和赔偿损失，一律决定没收构成犯罪、犯罪收益或犯罪所得的财产。当不可能没收构成犯罪收益或所得的财产时，按照与该收益或所得的相应价值，没收犯罪人所支配的财产，包括由犯罪人间接支配或通过中介支配的财产。适用第三百二十二条之三之第三款的规定。

第六百条之七之一　减轻情节③

如果行为人采取了有效的措施避免犯罪行为或是后续危险结果的发生，或是通过回忆决定性证据以对其他共犯进行定罪或抓捕的方式，向司法警察或是其他司法机关提供了具体有效的帮助，本分节规定犯罪的刑罚予以减轻三分之一至一半。

第六百条之七之二　附加刑④

在处罚或者根据《刑事诉讼法典》第四百四十四条的规定依当事人请求适用刑罚的情况下，对于本分节规定的犯罪，以及本法典第四百一十四条之二规定的犯罪：

---

① 本条由2012年10月1日第172号法律第四条废除。

② 本条由1998年8月3日第269号法律第七条增加，又由2012年10月1日第172号法律第四条替代。

③ 本条由2012年10月1日第172号法律第四条增加。

④ 本条由2012年10月1日第172号法律第四条增加。

（一）当父母身份是犯罪加重情节时，剥夺父母职责；①

（二）永久褫夺担任任何保护、治疗或是行政管理公务机构的职位；

（三）剥夺抚养权并排除对受害人的继承权；

（四）暂时褫夺公权：判处三年至五年有期徒刑的，褫夺公权五年，除此之外，根据第二十九条第一款的规定，永久褫夺公权。

在处罚或者根据《刑事诉讼法典》第四百四十四条的规定依当事人请求适用刑罚的情况下，对于本分节规定的犯罪之一，以及本法典第四百一十四条之二规定的犯罪，当行为对未成年人造成损害时，一律附加永久禁止在任何类型和等级的学校中担任任何职务，永久禁止在主要以未成年人为对象的公共或私人机构或组织中担任任何职务或提供服务。

以从本分节规定的犯罪中获得经济利益为目的实施的活动，一律停止，包括撤销活动执照或是取消发送广播电视的授权。

第六百条之八　利用未成年人乞讨　组织乞讨②

除了行为构成更为严重的犯罪，无论行为是否具有可罚性，利用不满十四岁的未成年人乞讨或是其他因权力或看管、监管的委托关系处于控制之下不满十四岁的未成年人进行乞讨，或是其他利用未成年人乞讨的行为，处以三年以下有期徒刑。

以利用或从中获利的目的组织他人乞讨，处以一年至三年有期徒刑。

第六百零一条　人身劫掳③

通过招募，进入、境内迁移或者离开意大利，进行运送等方式，对处于第六百条列举的条件下的一人或数人实施劫掳的，通过欺骗的方式引诱，或者采用暴力、胁迫、滥用权力、利用身体或精神劣势地位或者需求地位，或者通过向受其权力支配的人许诺给予、给予钱款或其他好处等方式，以引诱或迫使上述人员提供劳工、性行为或是乞讨，以及其他任何保有利用或剥夺身体器官的目的

---

① 本款由2013年12月28日第154号立法政令第九十三条第一款第二十项修改。

② 本条由2009年7月15日第94号法律第三条第十九款第一项增加，又由2018年12月1日第132号法律第二十一条之五之第一款第二项修改。

③ 本条由2014年3月4日第24号立法政令第三条第一款第二项替代。

实施的非法活动，处以八年至二十年有期徒刑。

刑罚同样适用于，行为以第一款规定之外的方式实施，旨在对未成年人实现第一款规定的活动。

无论是国内或是外国轮船船长或是官员，实施第一款或第二款的行为或同时实施，刑罚增加三分之一。[①]

国内或外国轮船上的船员，在轮船启航之前或是航行途中实施第一款、第二款规定的行为或是奴隶交易，包括未遂，处以三年至十年有期徒刑。[②]

第六百零一条之二 运输从活人身体剥离的器官[③]

非法交易、贩卖、获取或是以任何名义通过任何方式，帮助或贩卖从活人身体剥离器官或部分器官，处以三年至十二年有期徒刑和五万欧元至三十万欧元罚金。[④]

以获得经济利益为目的，在活人身体进行摘取器官的手术，处以三年至八年有期徒刑和五万欧元至三十万欧元罚金。[⑤]

如果前款规定的行为是由职业医生实施，处以刑罚的同时并处永久剥夺职业资格权。[⑥]

除了行为构成更为严重的犯罪，组织或宣传，或者公开、散发信息或以任何方式，包括通过电子信息或电话，以运输第一款规定的器官或部分器官为目的的旅行，处以三年至七年有期徒刑和五万欧元至三十万欧元罚金。

第六百零二条 购买和转让奴隶[⑦]

除第六百零一条列举的情况外，购买、转让或者让予处于第六百条列举的某一条件之下的人员的，处以八年至二十年有期徒刑。

---

① 本款由2018年3月1日第21号立法政令第二条第一款第六项增加。

② 本款由2018年3月1日第21号立法政令第二条第一款第六项增加。

③ 本条由2016年12月11日第236号法律第一条第一款增加。

④ 本款由2018年3月1日第21号立法政令第二条第一款第八项第一目修改。

⑤ 本款由2018年3月1日第21号立法政令第二条第一款第八项第二目增加。

⑥ 本款由2018年3月1日第21号立法政令第二条第一款第八项第二目增加。

⑦ 本条由2003年8月11日第228号法律第一条修改。

第六百零二条之二 [附加刑][①]

第六百零二条之三 加重情节[②]

下列情况，第六百条，第六百零一条第一款、第二款和第六百零二条规定的刑罚在三分之一至一半幅度内增加：[③]

（一）如果被害人未满十八岁；

（二）如果行为是直接从卖淫中获利或是以从活人身体剥离器官为目的；

（三）如果行为对被害人生命、身体完整或精神造成严重危害。

如果实施本法典第三章第七节规定的犯罪行为，是以实现或为第六百条、第六百零一条和第六百零二条规定罪名提供帮助，上述条款规定的刑罚在三分之一至一半幅度内增加。

第六百条之二之第一款和第六百条之三规定的行为，如果通过暴力或威胁实施，刑罚在三分之一至一半幅度内增加。[④]

第六百条之二之第一款和第二款、第六百条之三之第一款和第六百条之五规定的行为，如果行为是利用了未成年人存在有关必要的条件实施，刑罚在三分之一至一半幅度内增加。[⑤]

第六百条之二之第一款和第二款、第六百条之三和第六百条之五，包括第六百条、第六百零一条和第六百零二条规定的情况，如果行为对未满十六岁的人造成损害，刑罚在一半至三分之二幅度内增加。[⑥]

第六百条之二之第一款、第六百条之三规定的行为，如果是对未满十八岁的人造成损害，第六百条、第六百零一条和第六百零二条，如果行为是由直系尊亲属、养父母、配偶或是共同居住人、二亲等姻亲的或配偶、四亲等旁系亲属、监护人或是因治疗、教育、教导、监督、看护、工作，或是由公务员或受委托从事公

---

① 本条由2012年10月1日第172号法律第四条废除。

② 本条由2010年7月2日第108号法律第三条增加。

③ 本段由2018年3月1日第21号立法政令第二条第一款第八项修改。

④ 本款由2012年10月1日第172号法律第四条增加。

⑤ 本款由2012年10月1日第172号法律第四条增加。

⑥ 本款由2012年10月1日第172号法律第四条增加。

务的人员在行使职权期间,对生病或精神智力障碍者的未成年人,无论是原发还是后天的,造成损害,刑罚在一半至三分之二幅度内增加。[①]

下列情况,第六百条之二、第六百条之三、第六百条之四、第六百条之四之一和第六百条之五的刑罚予以增加:

(一)如果犯罪是由数人结伙实施;

(二)如果犯罪行为人是有组织犯罪成员,并且实施行为是为了便于这一组织活动;

(三)如果犯罪通过严重暴力或者因对未成年人反复实施,造成严重伤害;[②]

(三)之二　如果行为导致未成年人生命危险。[③]

如果行为是以阻碍接入电话网络入口信息识别的方式,第一款规定的刑罚在不超过三分之二的幅度内增加。[④]

当第九十八条和第一百一十四条规定之外的减轻量刑情节与第一款规定的加重量刑情节同时存在时,不可以认为这些量刑情节均等或是由减轻量刑情节占优,刑罚的减轻以根据上述加重情节增刑后的刑期为基础。[⑤]

第六百零二条之四　对被害人年龄的不知[⑥]

实施本分节规定的犯罪,对不满十八岁的未成年人造成损害,犯罪人不得以不知晓被害人的年龄为开脱罪责的理由,除非这种不知情是不可避免的。

第六百零三条　[强迫屈从][⑦]

第六百零三条之二　非法中介和剥削劳工[⑧]

除了行为构成更为严重的犯罪,对下列情况处以一年至六年有期徒刑,并

---

① 本款由2012年10月1日第172号法律第四条增加。

② 本款由2014年3月4日第39号立法政令第一条第一款增加。

③ 本款由2021年12月23日第238号法律第二十条第一款第二项增加。

④ 本款由2014年3月4日第39号立法性法令第一条第一款增加。

⑤ 本款由2012年10月1日第172号法律第四条增加。

⑥ 本条由2012年10月1日第172号法律第四条增加。

⑦ 1981年6月8日意大利宪法法院以第96号判决宣告此条违反《宪法》第二十五条第二款。

⑧ 本条由2011年9月14日第148号法律引入,又由2016年10月29日第99号法律第一条第一款替代。

对每招募一名劳工处以五百欧元至一千欧元罚金：

(一) 以置于强制性劳动状态中，并从劳动者强制性劳动中获利为目的进行第三方招募活动；

(二) 使用、消费或利用人力，以及与第一款规定的中介同等的活动，将劳动者置于强制性的状态并获利的情况下。

如果行为通过暴力或威胁实施，处以五年至八年有期徒刑，并对每招募一名劳工处以一千欧元至二千欧元的罚金。

本条所指的剥削劳工是指，具有下列一项或数项规定的条件之一：

(一) 多次支付酬金不符合国家集体合同规范，或是一定地域范围内由市级组织制定的最能够代表国家级别规范合同的核心内容，劳动报酬与劳工工作的数量和质量不匹配；

(二) 反复违反劳动日常性规范，在休息日以及休息周，强制进行日常性劳动；

(三) 违反劳动场所的卫生和安全规范；

(四) 以监测或撤销住宿的方式，降低劳动者的工作条件。

构成特别加重情节，增加三分之一至一半的刑罚：

(一) 犯罪事实包括招募超过三名劳工；

(二) 犯罪事实包括一名或数名未达到劳工年龄的未成年人；

(三) 实施的行为包括考虑到工作的条件和活动的特点，将劳工置于危险的状态下。

第六百零三条之二之一　减轻情节①

对于第六百零三条之二规定的犯罪，如果行为人通过自己的认识，采取了有效的措施避免犯罪行为或是后续危险结果的发生，向司法警察或是其他司法机关提供了具体有效的帮助，通过回忆决定性证据以对其他共犯进行定罪或抓捕，以及追回应被转移的属于扣押的钱款或利益，刑罚在三分之一至三分之二幅度内减轻。

---

① 本条由 2016 年 10 月 29 日第 199 号法律第二条第一款增加。

在虚假供述或回忆的情况下，适用1991年1月15日第8号立法性法令第十六条之七，后经转换为1991年3月13日第82号法律的规定。

不适用第六百条之七之一的规定。

第六百零三条之二之二　没收①

在处罚或者根据《刑事诉讼法典》第四百四十四条的规定依当事人之请求适用刑罚的情况下，对于实施第六百零三条之二规定的犯罪，除了犯罪被害人有权要求返还和赔偿损失，一律决定没收构成犯罪、犯罪收益或犯罪所得的财产，除了财产属于与犯罪无关的人。当不可能没收构成犯罪收益或所得的财产时，对犯罪人拥有处置权，包括通过中介间接处置的，没收相同价值的犯罪产物、收益或所得。

第六百零三条之三　附加刑②

对于实施第六百条罪名中利用提供劳工的犯罪行为以及第六百零三条之二犯罪被判刑的，刑罚意味着剥夺担任法人或企业的领导，包括剥夺与公共行政部门签约承包合同、劳务合同、供应合同，或涉及向公共行政部门提供的财产或服务，以及相关分包合同的权能。

第一款规定的刑罚还意味着两年内排除参加助于、为了、归于或辅助属于国家或其他公共机构，包括欧盟以及相关部门，能够获得盈利的活动。

当行为是由第九十九条第二款第一项和第三项规定的累犯实施，第二款规定的刑罚增加至五年有期徒刑。

第六百零四条　在国外针对意大利公民实施的行为③

当行为是在国外由意大利公民实施的，针对意大利公民或是外国人④实施的，或者由外国人与意大利公民共同实施的时，也适用本分节的各项规定以及第六百零九条之二、第六百零九条之三、第六百零九条之四、第六百零九条之

① 本条由2016年10月29日第199号法律第二条第一款增加。

② 本条由2011年9月14日第148号法律引入。

③ 本条由1998年8月3日第269号法律第十条修改。

④ “外国人”一语由2006年1月9日第7号法律第六条第二款加入。

五、第六百零九条之八和第六百零九条之十一[①]的规定。在后一种情况下，当属于应判处最高不少于五年有期徒刑的犯罪并且司法部部长已提出要求时，对外国人也可处罚。

第一分节之二 侵犯平等的犯罪[②]

第六百零四条之二 鼓动和教唆实施以种族、民族及宗教歧视为动机的犯罪[③]

除了行为构成更为严重的犯罪，处以下列刑罚：

(一)以宣传优越性或仇恨种族、民族思想为基础的犯罪，或是教唆实施种族、民族、国家或宗教歧视的犯罪，处以一年六个月有期徒刑和六千欧元以下罚金；

(二)以任何方式，教唆实施或实施暴力或是因种族、民族、国家或宗教的原因鼓动使用暴力，处以六个月至四年有期徒刑。

禁止任何组织、协会、运动或团体，以煽动歧视，或是因种族、民族、国家或宗教的原因使用暴力。参与这一组织、协会、运动或团体，或是为他们的活动提供帮助的，如果仅仅是参与或提供帮助，处以六个月至四年有期徒刑。对宣传或领导这一组织、协会、运动或团体的人员，处以一年至六年有期徒刑。

宣传、教唆和煽动，引发对大屠杀的悲伤祭奠或道歉的淡化，产生具体扩散的危险，或是对依据国际刑事法院章程第六条、第七条和第八条定义的种族灭绝罪，对侵害人类罪以及战争罪的行为全部或部分否认的，处以二年至六年有期徒刑。

第六百零四条之三 加重情节[④]

为以歧视、仇恨民族、国家、种族或宗教为目的的犯罪行为，或者为以同样

---

① "第六百零九条之八、第六百零九条之十一"由 2012 年 10 月 1 日第 172 号法律第四条加入。

② 本分节犯罪包括第六百零四条之二和第六百零四条之三，由 2018 年 3 月 1 日第 21 号立法政令第二条第一款第九项增加。

③ 本条由 2018 年 3 月 1 日第 21 号立法政令第二条第一款第九项增加。

④ 本条由 2018 年 3 月 1 日第 21 号立法政令第二条第一款第九项增加。

目的形成的组织、协会、运动或团体的活动提供帮助,除了无期徒刑之外的刑罚,刑罚增加至一半。

除了第九十八条规定的情况之外,减轻情节与第一款规定的加重情节同时存在,不能认为这些量刑情节均等或是哪一项减轻情节占优以决定犯罪人实施其他犯罪的量刑,刑罚的减轻以根据上述加重情节增刑后的刑期为基础。

第二分节 侵犯人身自由的犯罪

第六百零五条 人身拘禁

剥夺他人的人身自由的,处以六个月至八年有期徒刑。

行为实施于下列情况之下的,处以一年至十年有期徒刑:

(一)针对直系尊亲属、直系卑亲属或配偶的;

(二)公务员滥用与其职责有关的权力实施行为的。

第一款的行为如果对未成年人造成损害,处以三年至十二年有期徒刑。如果存在第二款规定的量刑情节,或是对不满十四岁的未成年人、从外国贩卖或拐卖关押中的未成年人造成损害,处以三年至十五年有期徒刑。①

如果行为造成被关押的未成年人死亡,处以无期徒刑。②

如果行为人采取下列具体的措施,第三款规定的刑罚减轻至一半:

(一)使未成年人重新获得自由;

(二)避免犯罪后续危险结果的发生,向司法警察或是其他司法机关提供了具体有效的帮助,通过回忆决定性证据以重塑事实并对其他共犯进行定罪或抓捕;

(三)避免进一步关押未成年人犯罪行为的发生。③

第六百零六条 非法逮捕

公务员滥用与其职责有关的权力进行逮捕的,处以三年以下有期徒刑。

---

① 本款由 2009 年 7 月 15 日第 94 号法律第三条第二十九款第一项增加。

② 本款由 2009 年 7 月 15 日第 94 号法律第三条第二十九款第一项增加。

③ 本款由 2009 年 7 月 15 日第 94 号法律第三条第二十九款第一项增加。

第六百零七条　非法限制人身自由

在司法监狱或者用于执行刑罚或保安处分的场所负责或者供职的公务员，在没有得到主管机关命令的情况下，将某人关押于该场所的，不遵从由主管机关下达的释放命令的，或者非法延长刑罚或保安处分的执行的，处以三年以下有期徒刑。

第六百零八条　对被逮捕人滥施权力

公务员对由其看管的包括临时看管的或者由其负责对之执行主管机关处置的被逮捕人或关押人使用法律所不允许的强制手段的，处以三十个月以下有期徒刑。

如果行为是由因职务原因而对被看管人拥有任何权力的其他公务员实施的，处以同样的刑罚。

第六百零九条　擅自进行人身搜查和检查

公务员滥用与其职责有关的权力进行人身搜查或检查的，处以一年以下有期徒刑。

第六百零九条之二　性暴力[①]

采用暴力或威胁手段，或者通过滥用权力，强迫他人实施或者接受性行为的，处以六年至十二年有期徒刑。[②]

在下列情况中诱使他人实施或者接受性行为的，处以同样的刑罚；

（一）利用被害人在行为实施时的身体或精神劣势状况的；

（二）诱骗被害人将犯罪人当作其他人的。

在不严重的情况下，按照不超过三分之二的幅度减轻处罚。

第六百零九条之三　加重情节[③]

如果第六百零九条之二列举的行为实施于下列情况之一的，刑罚予以增加

---

① 本条由 1996 年 2 月 15 日第 66 号法律第三条增加。

② 本款由 2019 年 7 月 19 日第 69 号法律第十三条第一款修改，原先刑罚为“五年至十年有期徒刑”。

③ 本条由 1996 年 2 月 15 日第 66 号法律第四条增加，又由 2019 年 7 月 19 日第 69 号法律第十三条第二款第一项第一目修改。

三分之一:[1]

（一）犯罪人是被害人的尊亲属、父母,包括养父母或是监护人;[2]

（二）使用武器、酒精制品、麻醉品或者其他严重损害被害人健康的物品的;

（三）经过化装的,或者假冒公务员或受委托从事公务人员的身份的;

（四）针对任何被限制了人身自由的人实施行为的;

（五）针对不满十八岁的人实施行为的;[3]

（五）之二　在被害人经常出现的培养、改造机构附近或机构内实施;[4]

（五）之三　针对孕妇实施的;[5]

（五）之四　针对配偶,包括在分居期或是已经离婚的,或是即使没有同居过但从法律上具有相关的感情的人;[6]

（五）之五　如果行为是由属于犯罪团伙的人,并以便于犯罪团伙活动的目的实施;[7]

（五）之六　行为具有严重的暴力或是因反复实施,对未成年人造成严重损害的;[8]

（五）之七　行为对未成年人造成生命危险。[9]

如果前款规定的行为是针对不满十四岁的人实施的,第六百零九条之二规定的刑罚增加至一半。如果行为是针对不满十岁的人实施的,第六百零九条之二规定的刑罚翻倍。[10]

---

① 本段由 2019 年 7 月 19 日第 69 号法律第十三条第二款第一项第一目修改。

② 本款由 2019 年 7 月 19 日第 69 号法律第十三条第二款第一项第二目修改。

③ 本款由 2019 年 7 月 19 日第 69 号法律第十三条第二款第一项第三目修改。

④ 本款由 2009 年 7 月 15 日第 94 号法律第三条第二十三款增加。

⑤ 本款由 2009 年 7 月 15 日第 94 号法律第三条第二十三款增加。

⑥ 本款由 2013 年 10 月 15 日第 119 号法律第一条第二款修改。

⑦ 本款由 2013 年 10 月 15 日第 119 号法律第一条第二款修改。

⑧ 本款由 2014 年 3 月 4 日第 39 号立法性法令第一条第二款增加。

⑨ 本款由 2021 年 12 月 23 日第 238 号法律第二十条第一款第三项增加。

⑩ 本款由 2019 年 7 月 19 日第 69 号法律第十三条第二款第二项替代。

第六百零九条之四　与未成年人实施性行为

除第六百零九条之二规定的情况外，与行为实施时处于下列状态之一的人发生性行为的，处以该条规定的同样刑罚：

（一）不满十四岁的；

（二）不满十六岁的，如果犯罪人是该未成年人的直系尊亲属、父母及养父母、上述人员的共同生活人、监护人或者由于照顾、教育、培养、监督或看管等原因而受托照管未成年人或者与其有共同生活关系的其他人。①

除第六百零九条之二规定的情况外，直系尊亲属、父母及养父母、上述人员的共同生活人、监护人，或是其他人员由于照顾、教育、培养、监督或看管等原因而受托照管未成年人，或是上款中具有共同居住关系的人员，滥用与其地位相关的权力，与已满十六岁的未成年人实施性行为的，处以三年至六年有期徒刑。②

除了前款规定的情况外，任何人在共同居住或是暂时居住情况下，滥用未成年人被委托此处的关系、权力，或是通过身份或是公务、家庭关系、家庭、劳动关系的影响力与不满十四岁的未成年人发生性关系，处以四年以下有期徒刑。③

下列情况，刑罚予以增加：

（一）如果与不满十四岁的未成年人发生性关系是以金钱或其他任何利益交换的行使，包括许诺给予；

（二）如果行为是由数人结伙实施；

（三）如果行为是由属于犯罪团伙的人，并以便于犯罪团伙活动的目的实施；

（四）因行为反复实施，对未成年人造成严重损害的；

---

① 本项由2006年2月6日第38号法律修改，增加了“上述人员的共同生活人”一语。

② 本款由2006年2月6日第38号法律第六条增加。

③ 本款由2021年12月23日第238号法律第二十条第一款第二项第一目增加。

（五）行为对未成年人造成生命危险。①

除了第六百零九条之二规定的情况外，未成年人同不满十三岁未成年人发生性关系的，如果相互间的年龄差距不超过四年，对未成年人不予处罚。②

在不严重的情况下，刑罚可减轻至三分之二。③

如果被害人不满十岁，适用第六百零九条之三之第二款规定的刑罚。④

第六百零九条之五　腐蚀未成年人⑤

当着不满十四岁未成年人的面，以帮助其参加为目的，实施性行为的，处以一年至五年有期徒刑。

除了行为构成更为严重的犯罪，第一款规定的刑罚同样适用于以引诱或服从实施性行为目的，帮助不满十四岁的人实施性行为或展示色情资料。

刑罚在下列情况下予以增加：

（一）如果行为是由数人结伙实施；

（二）如果行为是由属于犯罪团伙的人，并以便于犯罪团伙活动的目的实施；

（三）如果行为是通过暴力实施或是因反复实施行为，导致对未成年人造成严重损害的；⑥

（三）之二　行为对未成年人造成生命危险。⑦

如果行为是由直系尊亲属、父母及养父母、上述人员的共同生活人、监护人，或是其他人员由于照顾、教育、培养、监督或看管等原因而受托照管未成年人，或是上款中具有共同居住关系的人员实施的，刑罚增至一半。

---

① 本款由2019年7月19日第69号法律第十三条第三款第一项增加，又由2021年12月23日第238号法律第二十条第一款第四项第二目修改。

② 本款由2019年7月19日第69号法律第十三条第三款第二项修改。

③ 本款由2012年10月1日第四条第一款第十八项修改。

④ 本条由1996年2月15日第66号法律第五条增加，又由2009年7月15日第94号法律第三条第一款替代。

⑤ 本条由1996年2月15日第66号法律第六条增加，又由2012年10月1日第172号法律第四条修改。

⑥ 本款由2014年3月4日第39号立法性法令第一条第三款增加。

⑦ 本项由2021年12月23日第238号法律第二十条第一款第五项增加。

第六百零九条之六　对被害人年龄的不知①

在针对不满十八岁未成年人实施第六百零九条之二、第六百零九条之三、第六百零九条之四、第六百零九条之八和第六百零九条之十列举的犯罪的情况下，以及在犯第六百零九条之五规定之罪的情况下，犯罪人不得以不知晓被害人的年龄为开脱罪责的理由，除非这种不知情是不可避免的。

第六百零九条之七　当事人告诉②

第六百零九条之二和第六百零九条之三规定的犯罪，经被害人告诉才予处罚。

除第五百九十七条第三款的规定外，提出告诉的期限为十二个月。

告诉一经提出，即不可撤销。

但是，有下列情形之一的，则实行公诉：

（一）如果第六百零九条之二规定的行为是针对在行为实施时不满十八岁的人实施的；③

（二）如果行为是由直系尊亲属、父母、养父母、上述人员的共同生活人、监护人、其他由于照顾、教育、培养、监督或看管等原因受托照管未成年人的人，或者与未成年人有共同生活关系的人实施的；④

（三）如果行为是由公务员或者委托从事公务的人员在行使其职责时实施的；

（四）如果行为与另一个应当实行公诉的犯罪相联系；

[（五）如果行为是在第六百零九条之四最后一款规定的情况下实施的。]⑤

第六百零九条之八　团伙性暴力⑥

团伙性暴力表现为由数人结伙参加第六百零九条之二规定的性暴力行为。

---

① 本条由1996年2月15日第66号法律第七条增加，又由2012年10月1日第172号法律第四条替代。

② 本条由1996年2月15日第66号法律第八条增加，又由2019年7月19日第69号法律修改。

③ 2006年2月6日第38号法律将原来的“不满十四岁”改为“不满十八岁”。

④ 本项由2006年2月6日第38号法律第六条修改。

⑤ 本款由2019年7月19日第69号法律废除。

⑥ 本条由1996年2月15日第66号法律第九条增加。

实施团伙性暴力的,处以八年至十四年有期徒刑。[①]

适用第六百零九条之三规定的加重情节。[②]

对于在准备或执行犯罪中作用轻微的参加者,刑罚予以减轻。对于被指使实施犯罪的,当出现第一百一十二条第一款第三项和第四项规定的条件时,刑罚也予以减轻。

第六百零九条之九　附加刑和其他刑事后果[③]

在处罚或者根据《刑事诉讼法典》第四百四十四条的规定依当事人请求适用刑罚的情况下,对于第六百零九条之二、第六百零九条之三、第六百零九条之四、第六百零九条之五、第六百零九条之八和第六百零九条之十一[④]规定的犯罪,刑罚意味着:

(一)如果父母身份是犯罪的构成要件或量刑加重情节时,剥夺父母职责;[⑤]

(二)永久禁止在任何类型的公共监护、治疗和行政机构中任职;[⑥]

(三)丧失要求扶养的权利,剥夺对被害人的继承权;

(四)暂时褫夺公权:判处三年至五年有期徒刑,褫夺公权五年;除此之外,适用第二十九条第一款的规定,永久褫夺公权;

(五)暂停从事职业领域的工作。[⑦]

在处罚或者根据《刑事诉讼法典》第四百四十四条的规定依当事人请求适用刑罚的情况下,对于第六百零九条之二、第六百零九条之三、第六百零九条之八和第六百零九条之十一[⑧]规定的犯罪,如果有关犯罪是针对不满十八岁的人

---

① 本款由2019年7月19日第69号法律第十三条第五款第一项修改。

② 本款由2019年7月19日第69号法律第十二条第五款第二项修改。

③ 本条由1996年2月15日第66号法律第十条增加,又由2006年2月6日第38号法律第八条修改。

④ “第六百零九条之十一”一语由2012年10月1日第172号法律第四条增加。

⑤ 本款由2013年12月28日第154号立法政令第九十三条第一款第二十一项增加。

⑥ “行政管理机构”一语由2012年10月1日第172号法律第四条增加。

⑦ 本款由2012年10月1日第172号法律第四条增加。

⑧ “第六百零九条之十一”一语由2012年10月1日第172号法律第四条增加。

实施的,在任何情况下,对于第六百零九条之四和第六百零九条之五规定的犯罪处罚均意味着永久禁止在任何类型和等级的学校中担任任何职务,永久禁止在主要以未成年人为对象的公共或私人机构或组织中担任任何职务或提供服务。①

第六百条之二之第二款、第六百零九条之二规定的刑罚,第六百零九条之三规定的加重情节对于第六百零九条之四、第六百零九条之五和第六百零九条之八规定的情况,对本条第三款规定的加重量刑情况,意味着在刑罚完毕后且至少经过一年的期限,适用下列对人的保安处分措施:

(一)对迁徙和自由流动的限制,包括禁止出现在未成年人惯常居所的附近;

(二)禁止涉及向未成年人提供居住性的合同;

(三)向警察局报告居所地和迁徙目的地的义务。②

违反第三款的规定,处以三年以下有期徒刑。③

第六百零九条之十　向未成年人法院通报④

当因第六百条、第六百条之二、第六百条之三、第六百条之五、第六百零一条、第六百零二条、第六百零九条之二、第六百零九条之三、第六百零九条之五和第六百零九条之八和第六百零九条之十一规定的某一针对未成年人的犯罪或者因第六百零九条之四、第五百七十二条和第六百一十二条之二规定某一针对未成年人的犯罪或是由未成年人父、母针对父、母另一方的犯罪而进行诉讼时,共和国检察官向未成年人法院通报有关情况。⑤

告诉涉及第五百七十二条、第六百零九条之三和第六百一十二条之二规定针对未成年人实施的犯罪或是由未成年人父、母针对父、母另一方的犯罪,第一

① 本款由 2008 年 2 月 6 日第 38 号法律第八条第一款第三项增加。

② 本款由 2012 年 10 月 1 日第 172 号法律第四条增加。

③ 本款由 2012 年 10 月 1 日第 172 号法律第四条增加。

④ 本条由 1996 年 2 月 15 日第 66 号法律第十一条增加。

⑤ 本款先后由 1998 年 8 月 3 日第 269 号法律、2003 年 8 月 11 日第 228 号法律和 2013 年 10 月 15 日第 119 号法律第一条第二款第一项修改。

款规定通报的效力视为采用《民法典》第一百五十五条及后续条款、第三百三十条和第三百三十三条规定的措施效力。[①]

在第一款规定的情况下，经未成年人同意并经主管司法机关准许的其他适当人员，包括不属于第一款规定对受害者提供专业领域帮助和支持以及根据法律规定以此目的登记在册的团体、基金会、协会或组织，参加诉讼的一切阶段和审级，以便向被害人提供情感和心理上的帮助。[②]

在任何情况下，应确保未成年人能够获得司法行政机关的未成年人服务机构以及由地方机关设立的服务机构提供的帮助。

司法机关也可以在诉讼的任何阶段和审级中借助第三款列举的服务机构的帮助。

第六百零九条之十一　引诱未成年人[③]

以引诱不满十六岁的未成年人实施第六百条、第六百条之二、第六百条之三、第六百条之四犯罪以及第六百条之四之一、第六百条之五、第六百零九条之二、第六百零九条之四、第六百零九条之五和第六百零九条之八规定的与色情材料相关的犯罪为目的，如果行为没有构成更为严重的犯罪，处以一年至三年有期徒刑。引诱意味着任何通过艺术、魅惑或威胁手段，以及通过互联网或是其他用于联络的网络或方式。

下列情况，刑罚予以增加：

（一）如果行为是由数人结伙实施；

（二）如果行为是由属于犯罪团伙的人，并以便于犯罪团伙活动的目的实施；

（三）因行为反复实施，对未成年人造成严重损害的；

（四）如果行为造成未成年人生命危险。[④]

---

① 本款由2013年10月15日第119号法律第一条第二款之二第二项增加。

② 本款由2012年10月1日第172号法律第四条修改。

③ 本条由2012年10月1日第172号法律第四条增加。

④ 本款由2021年12月23日第238号法律第二十条第一款第六项增加。

第六百零九条之十二　加重情节[①]

第六百零九条之二、第六百零九条之四、第六百零九条之五、第六百零九条之八和第六百零九条之十一规定的刑罚，如果行为是通过以阻碍接入电话网络入口信息识别的方式，刑罚在不超过一半的幅度内增加。

第三分节　侵犯精神自由的犯罪

第六百一十条　私人暴力

采用暴力或者威胁的方式，强迫他人做、容忍或者不做某事的，处以四年以下有期徒刑。

如果出现第三百三十九条规定的条件，刑罚予以增加。

第六百一十一条　以暴力或威胁强迫实施犯罪

采用暴力或者威胁的方式强迫或者指使他人实施构成犯罪的行为的，处以五年以下有期徒刑。

如果出现第三百三十九条规定的条件，刑罚予以增加。

第六百一十二条　威胁

对他人以非法损害相威胁的，经被害人告诉，处以一千零三十二欧元以下罚金。[②]

如果威胁是严重的或者采用第三百三十九条列举的某一方式实施的，处以一年以下有期徒刑。[③]

如果威胁是采用第三百三十九条列举的某一方式实施的，实行公诉。[④]

第六百一十二条之二　公诉行为[⑤]

除行为构成更为严重的犯罪，如果行为反复实施，或通过威胁、猥亵的方

---

① 本条由2014年3月4日第39号立法性法令第一条第四款增加。

② 本款的罚金数额由1981年第689号法律第一百一十三条增加，又由2013年10月15日第119号法律第一条第二款之三修改。

③ 本款由2018年4月10日第36号立法政令第一条第一款第一项修改。

④ 本款由2018年4月10日第36号立法政令第一条第一款第一项修改。

⑤ 本条由2009年2月23日第11号立法性法令增加。

式，造成近亲属或根据法律规定具有相关情感的人员持续陷入严重的焦虑、害怕的状态或是对人身安全产生恐惧，迫使其改变生活的地方，处以一年至六年六个月有期徒刑。[①]

如果行为是由配偶，包括分居或离婚，或是根据法律规定具有相关情感的人实施，或是行为通过电子信息或电话实施的，刑罚予以增加。

如果行为对孕妇、根据 1992 年 2 月 5 日第 104 号法律第三条规定的残疾人造成恐惧，或是通过武器或经过化装的人实施的，刑罚增加至一半。

由被害人提出告诉的，期限为六个月。被害人宽恕只能通过程序进行。如果根据第六百一十二条第二款规定的方式反复实施威胁，告诉不得撤回。但是只有行为是针对未成年人或根据 1992 年 2 月 5 日第 104 号法律第三条规定的残疾人实施的，包括与另一个必须提起公诉的犯罪相联系的侵害行为，须提起公诉。

第六百一十二条之三　非法散发性暗示的图片或视频[②]

除行为构成更为严重的犯罪，为了私人留存的目的，未得到代表人的同意，通过转换或逃避剽窃，以发送、送达、接受、公开或传播含有性暗示的图片或视频，处以一年至六年有期徒刑和五千欧元至一万五千欧元罚金。

刑罚同样适用于，没有得到代表人同意的情况下以对其造成损害为目的，接受或购买第一款规定的图片或视频，并发送、送达、接受、公开或传播。

如果行为是由配偶，包括分居或离婚，或是具有法定相关感情的人员实施的，或是行为通过信息或电话设备实施的，刑罚予以增加。

如果行为是对生理或精神疾病的人或是孕妇造成损害的，刑罚在三分之一至一半幅度内增加。

由被害人提出告诉的，期限为六个月。被害人宽恕只能通过程序进行。如果第四款规定的行为与另一个必须提起公诉的犯罪相联系，则应提起公诉。

---

① 本款由 2019 年 7 月 19 日第 69 号法律第九条第三款修改。

② 本条由 2019 年 7 月 19 日第 69 号法律第十条第一款增加。

第六百一十三条　以暴力造成的无能力状态

通过在催眠或清醒状态中的暗示、提供酒精制品或麻醉品，或者采用任何其他手段，未经他人同意而置该人于无理解或意思能力状态的，处以一年以下有期徒刑。

第五百七十九条最后一款列举人员所给予的同意，不排除可罚性。

有下列情形之一的，处以五年以下有期徒刑：

（一）如果犯罪人以实施犯罪为目的而采取行为；

（二）如果被置于无能力状态的人在此状态中实施被法律规定为犯罪的行为。

第六百一十三条之二　酷刑[①]

通过暴力或严重威胁，对剥夺人身自由的人或是对受委托看护、权力范围、监管、管理、治疗或帮助的人员，或是残疾人，残忍地造成生理疼痛或是可鉴别的巨大心理创伤，如果行为是通过非人道待遇并侮辱个人尊严的方式实施，处以四年至十年有期徒刑。

如果第一款规定的行为是由公务员或是受委托从事公务的人员，滥用权力或是在履行职责或服务期间违反了与其职责或服务有关的义务而实施的，处以五年至十二年有期徒刑。

前款规定不适用于私人通过合法手段执行或是限制性权利的情况。

第一款规定的行为如果造成人身伤害，第一款规定的刑罚予以增加，如果造成严重人身伤害，刑罚增加三分之一，如果造成极为严重人身伤害，刑罚增加一半。

第一款规定的行为，造成的死亡后果如果不是犯罪人所希望，处以三十年有期徒刑。如果是犯罪人所希望造成的死亡，处以无期徒刑。

第六百一十三条之三　教唆公务员实施酷刑[②]

公务员或受委托从事公务的人员，在履行职务或服务期间，以具体适当的

---

① 本条由 2017 年 7 月 18 日第 110 号法律第一条增加。

② 本条由 2017 年 7 月 18 日第 110 号法律第一条增加。

方式教唆另一名公务员或受委托从事公务的人员实施酷刑，如果教唆被接受或是接受教唆，但犯罪行为还未实施，处以六个月至三年有期徒刑。

第四分节 侵犯住宅的犯罪

第六百一十四条 侵入住宅

违反有权拒绝其入内者的明示的或默示的意愿，进入他人住宅、其他私人居住场所或者其从属部分的，或者以秘密的或欺骗的方式进入上述地点的，处以一年至四年有期徒刑。[①]

违反有权拒绝其继续逗留者的明示意愿，在上述地点滞留的，或者以秘密的或欺骗的方式在那里滞留的，处以同样的刑罚。

上述犯罪经被害人告诉才予处罚。

如果实施行为时使用了对物或者对人的暴力，或者犯罪人明显地带有武器，处以二年至六年有期徒刑，并且实行公诉。[②]

第六百一十五条 公务员侵入住宅

公务员滥用与其职责有关的权力进入前条列举的地点或者在其中滞留的，处以一年至五年有期徒刑。

如果滥用职权表现为在未遵守法律规定的程序的情况下进入上述地点，处以一年以下有期徒刑。

第二款规定的犯罪，由被害人提出告诉。[③]

第六百一十五条之二 非法干涉私人生活[④]

使用录影或录音工具非法获取与在第六百一十四条列举的地点进行的私人生活有关的消息或图像的，处以六个月至四年有期徒刑。

除行为构成更为严重的犯罪外，通过任何报道手段向公众泄露或者传播采

---

① 本款刑罚由2009年7月15日第94号法律第三条第二十四款修改，原先刑罚为“三年以下有期徒刑”。

② 本款由2019年4月26日第36号法律第四条第一款第一项和第二项修改。

③ 本款由2018年5月9日第36号立法性法令第二条增加。

④ 本条由1974年4月8日第98号法律第一条增加。

用本条第一款列举的方式获取的消息或者图像的，处以同样的刑罚。

上述犯罪经被害人告诉才予处罚；但是，如果行为是由公务员或者受委托从事公务的人员滥用权力或者违反与其职责或服务有关的义务而实施的，或者由从事包括非法从事私人侦探职业的人实施的，则实行公诉，并且适用一年至五年有期徒刑。

第六百一十五条之三　非法进入信息或通信系统[①]

非法进入受到安全措施保护的信息通信系统的，或者违反有权拒绝其进入者的明示的或默示的意愿继续停留在该系统之中的，处以三年以下有期徒刑。

有下列情形之一的，处以一年至五年有期徒刑：

（一）如果行为是由公务员或者受委托从事公务的人员滥用权力或者违反与其职责或服务有关的义务而实施的，或者是由从事包括非法从事私人侦探职业的人实施的，或者是在滥用系统操作者身份的情况下实施的；

（二）如果犯罪人为实施行为而对物或人使用暴力，或者明显带有武器；

（三）如果行为造成系统的毁坏或损坏、系统功能的完全或部分中断或者系统所储存的数据、信息或软件的毁坏或损坏。

如果第一款和第二款列举的行为涉及军事信息或者通信系统，或者有关系统与公共安全、保健、民事保护或其他公共利益相关，分别适用一年至五年有期徒刑和三年至八年有期徒刑。

在第一款规定的情况下，犯罪经被害人告诉才予处罚；在其他情况下，则实行公诉。

第六百一十五条之四　非法持有、传播和安装进入信息或通信系统的装备、密码和其他行为[②]

以为自己或其他人获得利益或者对他人造成损害为目的，非法获取、持有、制造、复制、传播、进口、通报和交付或受到安全措施保护的信息或通信系统的

---

① 本条由1993年12月23日第547号法律第四条增加。

② 本条由1993年12月23日第547号法律第四条增加，又由2021年12月23日第238号法律第十九条第一条第一款第三项修改。

装置设备、器材,或是部分装备、密码、密钥或其他进入方法的,或者提供足以实现上述目的的指示或者说明的,处以二年以下有期徒刑和五千一百六十四欧元以下罚金。[①]

如果出现第六百一十七条之四之第四款第一项和第二项规定的某一情节,处以一年至三年有期徒刑和五千一百六十四欧元至一万零三百二十九欧元罚金。[②]

第六百一十五条之五　非法持有、传播和安装旨在损坏或者中断信息或通信系统的装备、设置或程序[③]

以损坏信息或通信系统或者该系统所储存或涉及的数据或程序为目的或者为结果,或者以完全或部分中断或者改变上述系统的功能为目的或者为结果,获取、持有、制造、复制、出口、传播、通报,或者交付由自己或其他人编制的信息或通信程序的装备、设置或程序,处以二年以下有期徒刑和一万零三百二十九欧元罚金。[④]

第五分节　侵犯秘密的犯罪

第六百一十六条　侵犯、窃取或者隐匿信件

获知不是寄给自己的信件内容的,无论是否封口,以获知或者使其他人获知不是寄给自己的信件内容为目的窃取或者隐匿该信件的,或者完全或部分销毁或者删除上述信件的,无论是否封口,如果行为不被其他法律条款规定为犯罪,处以一年以下有期徒刑或者三十欧元至五百一十六欧元罚金。[⑤]

如果犯罪人无正当理由完全或部分泄露信件的内容,在该行为造成损害并且不构成更为严重的犯罪的情况下,处以三年以下有期徒刑。

---

① 本款由2021年12月23日第238号法律第十九条第一条第一款第一项和第二项修改。

② 本款由2021年12月23日第238号法律第十九条第一条第一款第一项和第二项修改。

③ 本条由1993年12月23日第547号法律第四条增加,又由2021年12月23日第238号法律第十九条第二款第二项修改。

④ 本款由2021年12月23日第238号法律第十九条第二款第一项修改。

⑤ 本款的罚金数额由1981年第689号法律第一百一十三条增加。

上述犯罪经被害人告诉才予处罚。

在本分节规定的意义上，信件是指书信、电报、电话联系、信息函件、通信或者任何其他形式的远距离联系函件。①

第六百一十七条　非法获知、中断或者阻碍电报或电话联系②

以欺诈方式获知他人间的或者不是给自己的电话或电报联系内容的，或者中断或者阻碍上述联系的，处以一年六个月至五年有期徒刑。③

除行为构成更为严重的犯罪外，通过任何向公众报道的手段，完全或部分泄露本条第一款列举的联系内容的，处以同样的刑罚。

上述犯罪经被害人告诉才予处罚；但是，如果行为对公务员或受委托从事公务的人员在执行公务或者公共服务时造成损害，或因为公务或公共服务原因而针对上述人员实施的，或者由公务员或受委托从事公务的人员滥用职权或者违反与其职务或服务有关的义务而实施，或者由从事包括非法从事私人侦探职业的人实施，则实行公诉，并且处以三年至八年有期徒刑。④

第六百一十七条之二　扣押、散发、安装足以截获、阻碍、打断电报或电话联系的器材⑤

除法律允许的情况外，扣押、制造、复制、散发、进口、沟通、送达或是以其他方式安装用以截获、阻碍、打断他人间，或者不是给自己的电报或电话联系的仪器或工具或者上述仪器或工具的部件的，处以一年至四年有期徒刑。⑥

如果行为对公务员或受委托从事公务的人员在执行公务或公共服务时造成损害，或因为公务或公共服务原因而针对上述人员实施的，或者由公务员或受委托从事公务的人员滥用职权或者违反与其职务或服务有关的义务而实施，或者由从事包括非法从事私人侦探职业的人实施，处以一年至五年有期徒刑。

---

① 本款由1993年12月23日第547号法律第五条修改。

② 本条由1974年4月8日第98号法律《保护通信自由和秘密法》第二条替代。

③ 本款由2021年12月23日第238号法律第十九条第三款第一项修改。

④ 本款由2021年12月23日第238号法律第十九条第三款第二项修改。

⑤ 本条由1974年4月8日第98号法律第三条增加，又由2021年12月23日第238号法律第十九条第四款第二项替代。

⑥ 本款由2021年12月23日第238号法律第十九条第四款第一项修改。

第六百一十七条之三 伪造、变造或者删除电报或电话联系的内容①

以为自己或其他人获取利益或者使他人遭受损害为目的,完全或部分虚假制作电报或电话联系记录,或者完全或部分变造或者删除电报或电话联系内容的,即使这些联系内容是偶然截获的,如果对此加以使用或者让其他人使用,处以一年至四年有期徒刑。

如果行为对公务员或受委托从事公务的人员在执行公务或公共服务时造成损害,或因为公务或公共服务原因而针对上述人员实施的,或者由公务员或受委托从事公务的人员滥用职权或者违反与其职务或服务有关的义务而实施,或者由从事包括非法从事私人侦探职业的人实施,处以一年至五年有期徒刑。

第一款规定的犯罪,经被害人告诉才予处罚。②

第六百一十七条之四 非法截获、阻碍或者中断电报或电话联系③

以欺诈手段截获与信息或通信系统有关的联系或者多系统间互通联系的,或者阻碍或中断上述联系的,处以一年六个月至五年有期徒刑。④

除行为构成更为严重的犯罪外,通过任何向公众报道的手段,全部或部分泄露第一款列举的联系内容的,处以同样的刑罚。

第一款和第二款规定的犯罪,经被害人告诉才予处罚。

但是,如果行为实施于下列情况之一的,则实行公诉,并且处以三年至八年有期徒刑:⑤

(一)针对由国家、其他公共机构或者从事公共服务或公需服务的企业使用的信息或通信系统实施行为的;

(二)公务员或受委托从事公务的人员滥用职权或者违反与其职务有关的义务或者滥用系统操作者身份实施行为的;

(二)从事包括非法从事私人侦探职业的人实施行为的。

---

① 本条由1974年4月8日第98号法律第三条增加。

② 本款由2018年4月10日第36号立法政令第三条第一款增加。

③ 本条由1993年12月23日第547号法律第六条增加。

④ 本款由2021年12月23日第238号法律第十九条第五款第二项修改。

⑤ 本款由2021年12月23日第238号法律第十九条第五款第二项修改。

第六百一十七条之五 扣留、散发、安装足以截获、阻碍或者中断信息或通信系统的设备[①]

除法律允许的情况外，为获利，扣留、制造、复制、散发、进口、联络、送达或是以其他方式，安装足以截获、阻碍或者中断与信息或通信系统有关的联系或者多系统间互通联系的装备、程序、密码、密钥或是以其他任何方式实施的，处以一年至四年有期徒刑。[②]

在第六百一十七条之四之第四款规定的情况下，处以一年至五年有期徒刑。

第六百一十七条之六 伪造、篡改或者删除信息或通信联系的内容[③]

以为自己或其他人获取利益或者使他人遭受损害为目的，虚假制作、篡改或者全部或部分删除与信息或通信系统有关的联系内容或者多系统间互通联系内容的，即使这些联系内容是偶然截获的，如果对该联系内容加以使用或者让其他人使用，处以一年至四年有期徒刑。

在第六百一十七条之四之第四款规定的情况下，处以一年至五年有期徒刑。

第一款规定的犯罪，经被害人告诉才予处罚。[④]

第六百一十七条之七 欺诈性注册并传播[⑤]

以对他人名誉或形象造成损害为目的，散发以其他任何方式拍摄的声音或视频，欺诈性通过展现或现身以欺诈性的方式呈现他人形象，在私人间或公共登记处进行电报或电话对话，处以四年以下有期徒刑。

如果行为只是传播拍摄的内容或是以直接使用为目的在行政或司法程序中注册，或是行使辩护权或举报权，排除可罚性。

---

① 本条由1993年12月23日第547号法律第六条增加，又由2021年12月23日第238号法律第十九条第六款第二项修改。

② 本款由2021年12月23日第238号法律第十九条第六款第一项修改。

③ 本条由1993年12月23日第547号法律增加。

④ 本款由2018年4月10日第36号立法政令第四条第一款增加。

⑤ 本条由2017年12月29日第216号立法性法令增加。

本罪经被害人告诉才予处罚。

第六百一十八条　泄露通信内容

除第六百一十六条规定的情况外，在非法获知不是寄给自己的信件中应予以保密的内容后，无正当理由向他人完全或部分泄露的，如果行为造成损害，处以六个月以下有期徒刑或者一百零三欧元至五百一十六欧元罚金。①

犯罪经被害人告诉才予处罚。

第六百一十九条　邮政、电报或电话工作人员侵犯、窃取和隐匿信件

从事邮政、电报或电话服务的人员，滥用其身份，实施第六百一十六条第一款规定的某一犯罪的，处以六个月至三年有期徒刑。

如果犯罪人无正当理由完全或部分泄露信件内容，在行为不构成更为严重的犯罪的情况下，处以六个月至五年有期徒刑和三十欧元至五百一十六欧元罚金。②

第一款规定的犯罪，经被害人告诉才予处罚。③

第六百二十条　邮政、电报或电话工作人员泄露信件内容

从事邮政、电报或电话服务的人员，在因其身份而获知开口信件的内容或者电报或电话联系的内容后，无正当理由向非收件人或非通信联系人完全或部分泄露的，处以六个月至三年有期徒刑。

本条规定的犯罪，经被害人告诉才予处罚。④

第六百二十一条　泄露秘密文件内容

在非法获知应当予以保密的、不属于信件的他人公私文书或文件内容后，无正当理由加以泄露的，或者为自己或其他人获利而加以利用的，如果行为造成损害，处以三年以下有期徒刑或者一百零三欧元至一千零三十二欧元罚金。⑤

---

① 本款的罚金数额由1981年第689号法律第一百一十三条增加。

② 本款的罚金数额由1981年第689号法律第一百一十三条增加。

③ 本款由2018年4月10日第36号立法政令第五条第一款增加。

④ 本款由2018年4月10日第36号立法政令第六条第一款增加。

⑤ 本款的罚金数额由1981年第689号法律第一百一十三条增加。

在第一款规定的意义上,任何包含数据、信息或程序的信息载体也被视为文件。

本条规定的犯罪,经被害人告诉才予处罚。

第六百二十二条　泄露职业秘密

在因其身份、职务、职业或技艺原因获知某一秘密后,无正当理由加以泄露的,或者为自己或其他人获利而加以利用的,如果行为造成损害,处以一年以下有期徒刑或者三十欧元至五百一十六欧元罚金。①

如果行为是由行政管理人员、总经理、编纂城市审计文件的领导人或清算人实施的,或是行为涉及对公司审计进行重新修订,刑罚予以增加。②

犯罪经被害人告诉才予处罚。

第六百二十三条　泄露科研或工作秘密③

在因其身份、职务、职业或技艺原因获知应当予以保密的、关于科学发明或发现或者关于工业应用技术方面的消息后,加以泄露的,或者为自己或其他人获利而加以利用的,处以二年以下有期徒刑。

行为人以滥用商业秘密的方式获取秘密,泄露秘密或为自己或其他人获利,适用同款刑罚。

如果行为实施中以任何电子信息设备传输商业秘密,刑罚予以增加。

犯罪经被害人告诉才予处罚。

第六百二十三条之二　其他联系④

本分节中关于电报、电话、信息或通信联系方面的规定,适用于任何其他远距离的声音、图像或数据传递。

---

① 本款的罚金数额由1981年第689号法律第一百一十三条增加。

② 本款由2005年12月28日第262号法律第十五条第三款第三项增加。

③ 本条由2018年5月11日第63号立法性命令第九条第二款替代。

④ 本条由1974年4月8日第98号法律第四条增加,又由1993年12月23日第547号法律第八条修改。

第三节之二　本章各节诉讼程序的共同规定[①]

第六百二十三条之三　公诉案件

对第六百一十二条规定的犯罪行为提起公诉，第六百一十五条第二款、第六百一十七条之三之第一款、第六百一十七条之六之第一款、第六百一十九条第一款和第六百二十条规定的犯罪，如果威胁具有严重性，在公诉程序中作为特殊法律规定的加重量刑情节。

---

① 本节名称由2018年4月10日第36号立法政令第七条第一款增加。

封物、因需要或习俗而摆放的物品、因公共信义而摆放的物品、用于公共服务、福利、防卫或礼仪的物品实施的；

(七)之二　如果行为是针对用于提供能源、交通服务、电话或其他公共服务设施中的金属物或是其他物质，并由公主体进行管理或者私主体管理但经公主体授权的；①

(八)如果行为是针对汇聚成群的三头以上的牲畜，或者即使未汇聚成群的牛或马实施的；

(八)之二　如果行为是在公共交通工具内部实施的；②

(八)之三　如果行为是针对他人从信贷机构、邮局或自动取款机中所取得或应当取得的现金。③

如果出现以上各项列举的两个以上的情节，或者一项上述情节与第六十一条列举的其他情节竞合，处以三年至十年有期徒刑和二百零六欧元至一千五百四十九欧元罚金。

第六百二十五条之二　减轻情节④

在第六百二十四条、第六百二十四条之二和第六百二十五条规定的情况下，如果犯罪人在审判前同意指出共同犯罪人或者取得、接受或藏匿被窃物的人或者与取得、接受或藏匿被窃物有关的人员，刑罚在三分之一至一半的幅度内减轻。

第六百二十六条　告诉才处罚的盗窃

有下列情形之一的，处以一年以下有期徒刑或者二百零六欧元以下罚金，⑤并且犯罪经被害人告诉才予以处罚：

(一)如果犯罪人实施行为只是为了暂时使用被窃物，并且在暂时使用后

---

① 本款由2013年10月15日第119号法律第八条第一款第一项增加。

② 本款由2009年7月15日第94号法律第三条第二十六款增加。

③ 本款由2009年7月15日第94号法律第三条第二十六款增加。

④ 本条由2001年3月26日第128号法律第二条增加。

⑤ 本条的罚金数额由1981年第689号法律第一百一十三条增加。

立即予以归还;[①]

(二)如果行为是针对价值不大的物品,并且是为了满足重要的和紧迫的需要而实施的;

(三)如果行为表现为在尚未完全收获完毕的他人土地上拾穗、搂耙或者摘取。

如果出现前条第一项、第二项、第三项和第四项列举的某一情节,则不适用上述规定。

第六百二十七条　[窃取共有物][②]

第六百二十八条　抢劫

为使自己或其他人获取不正当利益,采用对人身的暴力或威胁,使他人的动产脱离持有人的控制,将其据为己有的,处以五年至十年有期徒刑和九百二十七欧元至二千五百欧元罚金。[③]

为确保自己或其他人占有被窃取的物品,或者为使自己或其他人不受处罚,在窃取物品后立即使用暴力或威胁的,处以同样的刑罚。

有下列情形之一,处以六年至二十年有期徒刑和二千欧元至四千欧元罚金:[④]

(一)如果暴力行为是采用武器实施的,是由经过化装的人实施的,或者是由数人结伙实施的;

(二)如果暴力行为表现为使某人处于无意思能力或行为能力的状态;

(三)如果暴力或威胁是由参加第四百一十六条之二规定的集团的人实施的;[⑤]

---

① 意大利宪法法院于1988年12月13日以第1085号判决宣告本款在以下意义上违宪:它没有将有关规范扩展适用于因意外事件或不可抗力而未能够对被窃物实行返还的情况。

② 本条由2016年1月15日第7号立法性命令第一条第一款第四项废除。

③ 本条的罚金数额由1981年第689号法律第一百一十三条增加,又由2017年7月23日第103号法律第一条第八款第一项修改,2019年4月26日第36号法律第六条第一款第一项修改。

④ 本款由2017年7月23日第103号法律第一条第八款第二项修改,又由2019年4月26日第36号法律第六条第一款第二项修改。

⑤ 本项由1982年9月13日第646号法律第九条增加。

(三)之二 如果行为发生在第六百二十四条之二规定的地点或是其他由公主体或私主体建造了防卫障碍的地点;①

(三)之三 如果行为是在公共交通工具内部实施的;②

(三)之四 如果行为是针对他人从信贷机构、邮局或自动取款机中所取得或应当取得的现金;③

(三)之五 如果行为是针对超过六十五岁的人。④

如果同时存在第二项或是数项本条第三款规定的量刑情节,或是其中一项情节与第六十一条规定的某一项情节同时存在,处以七年至二十年有期徒刑和二千五百欧元至四千欧元罚金。⑤

除了第九十八条规定的减轻情节,其他减轻情节与第三款第三项、第三项之二、第三项之三和第三项之四,不可以认为这些量刑情节均等或是减轻情节占优,刑罚的减轻以根据上述加重情节增刑后的刑期为基础。⑥

第六百二十九条 敲诈勒索

以暴力或威胁的手段强迫某人做或者不做某事,从而为自己或其他人获取不正当利益并使他人遭受损害的,处以五年至十年有期徒刑和一千欧元至四千欧元罚金。⑦

如果出现前条最后一款列举的某一情节,处以七年至二十年有期徒刑和五千欧元至一万五千欧元罚金。⑧

---

① 本款由2009年7月15日第三条第二十七款第一项增加。

② 本款由2009年7月15日第94号法律第三条第二十七款第一项增加。

③ 本款由2009年7月15日第94号法律第三条第二十七款第一项增加。

④ 本款由2013年8月14日第93号立法性法令第七条第二款第二项增加。

⑤ 本款由2017年6月23日第103号法律第一条第八款第三项增加,又由2019年2月26日第36号法律第六条第一款第三项修改。

⑥ 本款由2009年7月15日第94号法律第三条第二十七款第二项增加。

⑦ 本款罚金由2012年1月27日第3号法律替代,原先罚金为"五百一十五欧元至二千零六十五欧元"。

⑧ 本款的罚金数额由1981年第689号法律第一百一十三条增加,又由2017年6月23日第103号法律第一条第九款修改,原先刑罚为"六年至二十年有期徒刑和一千零三十二欧元至三千零九十八欧元罚金"。

第六百三十条　掳人勒赎[①]

为自己或其他人索取不正当利益并以此作为释放的条件，对他人进行绑架的，处以二十五年至三十年有期徒刑。

如果绑架导致被绑架人死亡，并且这一结果不是犯罪人所希望的，对犯罪人处以三十年有期徒刑。

如果犯罪人造成被绑架者死亡，处以无期徒刑。

共同犯罪人与其他犯罪人相脱离，设法使被绑架者重新获得自由的，如果释放不是交纳赎金的结果，适用第六百零五条规定的刑罚。如果被绑架者在获释后因绑架的结果而死亡，处以六年至十五年有期徒刑。

除前款规定的情况外，共同犯罪人与其他犯罪人相脱离，设法避免犯罪活动造成更为严重的结果或者切实地帮助警察机关或司法机关收集对确定或逮捕共同犯罪人具有决定意义的证据的，无期徒刑由十二年至二十年有期徒刑所取代，其他刑罚在三分之一至三分之二的幅度内减轻。

当出现一项减轻情节时，第二款规定的刑罚由二十年至二十四年有期徒刑所取代；第三款规定的刑罚由二十四年至三十年有期徒刑所取代。如果出现数项减轻情节，在第二款规定的情况下，因减轻处罚而适用的刑罚不得少于十年；在第三款规定的情况下，不得少于十五年。

如果出现本条第五款规定的各项减轻情节，可以不受前款规定的量刑限度的限制。

第六百三十一条　侵占[②]

为全部或部分将他人的不动产据为己有，移动或者改变不动产的分界线的，经被害人告诉，处以三年以下有期徒刑和二百零六欧元以下罚金。

---

① 本条由1980年12月30日第894号法律修改。

② 本条由1981年第689号法律第九十四条修改。根据这一修改，本条规定的犯罪被归入告诉才处罚的犯罪范畴。

第六百三十二条　改变水道和改变地点状态[①]

为使自己或其他人获取不正当利益，改变水道的，或者改变属他人所有的地点的状态的，经被害人告诉，处以三年以下有期徒刑和二百零六欧元罚金。

第六百三十三条　侵入土地或建筑物[②]

以占据或者获取其他利益为目的，擅自侵入公共或私人土地或者建筑物的，经被害人告诉，处以三年以下有期徒刑和一百零三欧元至一千零三十二欧元罚金。[③]

如果行为是由五人以上实施的，并且其中至少一人明显地带有武器，处以二年至四年有期徒刑和二百零六欧元至二千零六十四欧元罚金，或者是由二人以上实施的，刑罚比照鼓动者或组织者予以增加。

第六百三十四条　以暴力干扰对不动产的占有

除前条列举的情况外，采用对人的暴力或威胁手段，干扰他人对不动产的和平占有的，处以二年以下有期徒刑和一百零三欧元至三百零九欧元罚金。[④]

当十人以上实施行为时，该行为被视为是采用暴力或威胁手段进行的。

第六百三十五条　损坏

毁坏、损耗、破坏或他人的动产或不动产的，通过对人的暴力或是威胁，或是出现了第三百三十一条规定的情况，使之完全或部分不可使用的，处以六个月至三年有期徒刑。[⑤]

鼓动实施毁坏、损耗、破坏或他人的动产，使之完全或部分不可使用的，适用同样的刑罚：

（一）针对公共建筑物、公用建筑物、从事宗教活动的建筑物、处于任何地点的具有历史意义的物品或艺术品、位于历史中心范围内的不动产或者第六百

---

① 本条由1981年第689号法律第九十五条修改。根据这一修改，本条规定的犯罪被归入告诉才处罚的犯罪范畴。

② 本条由2018年12月1日第132号法律第三十条第一款替代。

③ 本款的罚金数额由1981年第689号法律第一百一十三条增加。

④ 本款的罚金数额由1981年第689号法律第一百一十三条增加。

⑤ 本条由2019年8月8日第77号法律第七条第一款第四项替代。

二十五条第七项列举的其他物品实施行为的;①

(二)用于水利用途;

(三)针对灌溉设施、葡萄架、果树、结果灌木、树丛、丛林、森林或者用于造林的苗圃实施行为的;

(四)以阻碍或打断运动游行活动为目的,针对运动装备和设备。

在公开场所或是向公众开放场所的游行活动中,毁坏、损耗、破坏或他人的动产或不动产的,使之完全或部分不可使用的,处以一年至五年有期徒刑。②

对于前款规定的犯罪,如消除犯罪后果或是危险状态可以适用缓刑,或是如果被判刑人没有反对,根据法官在判决中指定的方式,在确定期限内向集体提供无偿工作,但不可以超过缓刑的执行期限。③

第六百三十五条之二　损坏信息、数据和信息程序④

除行为构成更为严重的犯罪外,毁坏、破坏、删除、变造或毁损他人的信息、数据或信息程序或者他人的程序、信息或数据的,经被害人提出控诉,处以六个月至三年有期徒刑。

如果行为实施通过对人的暴力或是威胁,或者如果行为是在滥用信息操作者身份的情况下实施的,处以一年至四年有期徒刑。⑤

第六百三十五条之三　损坏国家或其他公有集体,或公共用途的信息、数据和信息程序⑥

除行为构成更为严重的犯罪外,实施直接针对毁坏、破坏、删除、变造或毁损用于国家或其他公有集体或其他有关机构,或公共用途的信息、数据或程序的行为,处以一年至四年有期徒刑。如果行为是因毁坏、破坏、删除、变造或毁损信息、数据或程序而发生的,处以三年至八年有期徒刑。

---

① 本款由2022年3月9日第22号法律第五条第一款替代。

② 本款由2019年8月8日第77号法律第七条第一款第四项第二目增加。

③ 本款由2019年8月8日第77号法律第七条第一款第四项第三目增加。

④ 本条由1993年12月23日第547号法律第九条增加,又由2008年3月18日第48号法律替代。

⑤ 本款由2016年1月15日第7号立法性命令第二条第一款第十三项替代。

⑥ 本条由2008年3月18日第48号法律增加。

对第二款规定的行为，实行公诉。[①]

法官针对以实施第一百六十五条第一款规定的行为为目的，对第二款和第三款罪名作出的判决，应在判决中规定恢复原貌以及把侵害地点收拾整洁的义务，如果行为不可能实现，应规定维持状态的相关费用的义务或是以此为目的，进行赔偿，或是如果被判刑人没有反对，根据法官在判决中指定的方式，在确定期限内向集体提供无偿工作，但不可以超过缓刑的执行期限。[②]

第六百三十九条之二　不经告诉也可处罚的情况[③]

在第六百三十一条、第六百三十二条、第六百三十三条、第六百三十六条规定的情况下，如果涉及公共的或者公众使用的水、土地或者建筑物，则实行公诉。

第二节　以欺诈方式侵犯财产的犯罪

第六百四十条　诈骗

利用计谋或圈套致使他人产生错误，为自己或其他人获取不正当利益并且使他人遭受损害的，处以六个月至三年有期徒刑和五十一欧元至一千零三十二欧元罚金。

有下列情形之一的，处以一年至五年有期徒刑和三百零九欧元至一千五百四十九欧元罚金：[④]

（一）如果行为是针对国家或公共机构或是欧盟实施的，或者以使某人免除军事服役为借口；[⑤]

（二）如果实施行为时使被害人产生对某一想象危险的恐惧，或者使被害人错误地以为必须执行主管机关的命令；

---

① 本款由2009年7月15日第94号法律第三条第三款第三项增加。

② 本款由2017年2月20日第14号立法性法令第十六条增加。

③ 本条由1981年11月24日第689号法律第九十七条增加。

④ 本款的罚金数额由1981年第689号法律第一百一十三条增加。

⑤ 本款由2020年7月14日第75号立法性命令第一条第一款第五项修改。

(二)之二　如果实施行为中出现了第六十一条第五项规定的情节。[①]

除出现前款列举的情节或第六十一条第一款第七项规定的加重情节外,上述犯罪经被害人告诉才予以处罚。[②]

第六百四十条之二　为获得公共捐赠而实行的严重诈骗[③]

如果第六百四十条规定的行为涉及部分由国家、其他公共机构或欧洲共同体提供或者给予的赞助、资助、经济资源、优惠借贷或其他同类捐赠,处以二年至七年有期徒刑,并且实行公诉。[④]

第六百四十条之三　信息欺诈[⑤]

以任何方式改变自动信息系统的功能,或者以任何方式非法干预包含在信息或通信系统中的或者与上述系统有关的数据、信息或程序,为自己或其他人获取不正当利益并使他人遭受损害的,处以六个月至三年有期徒刑和五十一欧元至一千零三十二欧元罚金。

如果出现第六百四十条第二款第一项列举的某一情形,或是行为造成钱款、有价金属或是具有实际价值的物品转移,或是如果实施行为时滥用信息系统操作者的身份,处以一年至五年有期徒刑和三百零九欧元至一千五百四十九欧元罚金。[⑥]

如果实施行为通过盗窃或是窃取使用数码身份造成对一个或数个主体的损害,处以二年至六年有期徒刑和六百欧元至三千欧元罚金。[⑦]

除出现第二款和第三款规定的某一情节或第六十一条第一款第五项规定的情节,限制对个人有利情节的适用,包括年龄因素以及第七项规定,上述犯罪

---

① 本款由 2009 年 7 月 15 日第 94 号法律第三条第二十八款增加。

② 本款由 2018 年 4 月 10 日第 36 号立法性命令第八条第一款修改。

③ 本条由 1990 年 3 月 19 日第 55 号法律第二十二条增加,如果行为是在对人的预防性措施执行期间以及根据 2011 年 9 月 17 日第 161 号法律第三十条第一款规定的刑罚执行结束之日三年内实施的,本条规定的刑罚在三分之一至一半幅度内增加。

④ 本款由 2022 年 3 月 28 日第 25 号法律第二十八条之二之第一款修改。

⑤ 本条由 1993 年 12 月 23 日第 547 号法律第十条增加。

⑥ 本款由 2021 年 11 月 8 日第 184 号立法性法令第二条第一款第三项修改。

⑦ 本款由 2013 年 10 月 15 日第 119 号法律第九条第一款第一项增加。

经被害人告诉才予以处罚。[①]

第六百四十条之四　第三百二十二条之三的可适用性[②]

在第六百四十条第二款第一项、第六百四十条之二和第六百四十条之三之第二款规定的情况下，除行为是滥用信息系统操作者的身份外，在可适用的范围内遵循第三百二十二条之三包含的规定。

第六百四十条之五　提供须证明的电子签名服务时对主体身份信息实施欺诈[③]

行为人在提供证明的电子签名服务时，以为本人或他人获取不当利益或是对他人造成损害的目的，违反法律对身份证明规定的义务，处以三年以下有期徒刑和五十一欧元至一千零三十二欧元罚金。

第六百四十一条　欺诈性支付不能

隐瞒自己的无支付能力状态，缔结债契约并且意图不予履行的，如果该债契约未得到履行，经被害人告诉，处以二年以下有期徒刑或者五百一十六欧元以下罚金。[④]

在处罚之前对债契约的履行使犯罪消灭。

第六百四十二条　欺诈性毁坏被保险的财物和欺诈性致残自己身体[⑤]

以为自己或其他人获取保险赔偿或者其他产生于保险合同的好处为目的，毁灭、损耗、破坏或者隐匿归其个人所有的物品的，伪造或者变造缔结保险合同所需要提供的文件的，处以一年至五年有期徒刑。[⑥]

为了上述目的，对自己造成人身伤害的，或者加重因意外事故造成的人身伤害结果的，申报并未发生的事故的，毁灭、伪造、变造或者预先制作有关事故

---

① 本款由 2013 年 10 月 15 日第 119 号法律第九条第一款第二项增加，又由 2018 年 4 月 10 日第 36 号立法政令第九条第一款修改。

② 本条由 2000 年 9 月 29 日第 300 号法律第三条增加。

③ 本条由 2008 年 3 月 18 日第 48 号法律增加。

④ 本款的罚金数额由 1981 年第 689 号法律第一百一十三条增加。

⑤ 本条由 2002 年 12 月 12 日第 273 号法律第二十四条修改。

⑥ 本条刑罚由 2012 年 3 月 24 日第 27 号法律第三十三条修改，原先刑罚为：“六个月至四年有期徒刑。”

的证据材料和文件的,处以同样的刑罚。如果犯罪人实现了上述意图,刑罚予以增加。追诉的开展须经当事人告诉。

如果行为是在外国实施的并且受损害的是在意大利领域内开展营业活动的保险人,也适用本条的各项规定。犯罪经被害人告诉才予处罚。

第六百四十三条 哄骗无能力者

为使自己或其他人获利,利用未成年人的需求、激情或无经验,或者利用某人的精神疾病或缺陷,即使该人没有被宣告禁治产或者只被宣告准禁治产,引诱其实施将给自己或者其他人带来有害的法律后果的行为的,处以二年至六年有期徒刑和二百零六欧元至二千零六十五欧元罚金。①

第六百四十四条 高利贷②

除第六百四十三条规定的情况外,以任何形式要求他人向自己或其他人给付或者许诺给付高利贷性质的利息或其他好处,以作为对钱款或其他利益借贷的报偿的,处以二年至十年有期徒刑和五千欧元至三万欧元罚金。③

除共同参与第一款规定的犯罪的情况外,设法使某人获得一笔钱款或其他利益并且要求其向自己或其他人给付或者许诺给付高利贷性质的佣金报酬的,处以同样的刑罚。

法律规定利息超过怎样的限度则具有高利贷性质。如果考虑到行为的具体方式和类似交易实践的平均利率,利息包括未超过上述限度的利息、其他好处或报酬,相对于有关的钱款借贷、其他利益借贷或有关的居间活动,有失公平的比例关系,当给付人或作出给付许诺的人处于经济困难或财务困难的境遇时,该利息、好处或报酬也具有高利贷性质。

为确定具有高利贷性质的利率,需要计算佣金、任何名义的报酬和费用,但与提供信贷有关的纳税数额不予计算。

有下列情形之一的,对第一款和第二款规定的行为科处的刑罚在三分之一

① 本条的罚金数额由1981年第689号法律第一百一十三条增加。

② 本条由1996年3月7日第108号法律第一条修改。

③ 本款规定的有期徒刑和罚金刑由2005年12月20日第251号法律第二条增加。

至一半的幅度内增加：

（一）如果犯罪人在行使职业活动、银行活动或动产金融居间活动时实施行为；

（二）如果犯罪人要求将在公司或企业中参股、持股或者获得不动产所有权作为保证；

（三）如果犯罪是针对处于需求状态的人实施的；

（四）如果犯罪是针对从事企业活动、职业活动或手工业活动的人实施的；

（五）如果犯罪是由被处以特别监督防范措施的人在该措施适用期间和该措施解除后的三年内实施的。

在因本条规定的某一犯罪而予以处罚或者根据《刑事诉讼法典》第四百四十四条的规定适用刑罚的情况下，对于属于犯罪代价或利润的财产或者犯罪人支配的包括通过中介支配的并且相当于高利贷利息、其他好处或报酬数额的钱款、财物或利益，一律决定没收，但犯罪被害人有权要求返还和赔偿损失。

第六百四十四条之二　[非纯正高利贷][①]

第六百四十四条之三　高利贷罪的时效[②]

高利贷罪的时效自最后一次收取利息或者本金之日起计算。

第六百四十五条　以欺诈的方式鼓动外迁

以臆造的说法或虚假的消息，鼓动某人向外迁移，或者将某人送往与其希望前往地不同的国家，并且要求向自己或其他人交付或者许诺交付钱款或其他利益以作为使其外迁的报酬的，处以一年至五年有期徒刑和三百零九欧元至一千零三十二欧元罚金。[③]

如果行为是针对两个或两个以上的人实施的，刑罚予以增加。

第六百四十六条　非法侵占

为使自己或其他人获取不正当利益，将以任何名义占有的他人钱款或动产

---

① 本条由1996年3月7日第108号法律第一条废除。

② 本条由1996年3月7日第108号法律第十一条增加。

③ 本款的罚金数额由1981年第689号法律第一百一十三条增加。

据为己有的，经被害人告诉，处以二年至五年有期徒刑和一千欧元至三千欧元罚金。①

如果行为是针对以必要寄托名义占有的物品实施的，刑罚予以增加。

第六百四十七条　［侵占遗失物、埋藏物和因错误或意外事件而得到的物品］②

第六百四十八条　窝藏③

除共同犯罪的情况外，以使自己或其他人获取利益为目的，购买、接受或者隐藏来自任何犯罪的钱款或物品的，或者为使他人购买、接受或者隐藏上述钱款或物品而进行活动的，处以二年至八年有期徒刑和五百一十六欧元至一万零三百二十九欧元罚金。如果行为中涉及的钱款或物品源于第六百二十八条第三款规定的抢劫加重情节、第六百二十九条第二款规定的敲诈勒索加重情节，或是第六百二十五条第一款第七项之二规定的盗窃加重情节的，刑罚予以增加。④

如果行为涉及的钱款或物品是源于应处以六个月以上一年以下拘留刑的违警罪，处以一年至四年有期徒刑和三百欧元至六千欧元罚金。⑤

如果行为是在行使职业活动中实施的，刑罚予以增加。⑥

如果行为特别轻微，且钱款或物品是源于实施了的重罪且应处以三年以下有期徒刑，或因犯违警罪处以八百欧元以下罚金，处以六年以下有期徒刑和一千欧元以下罚金。⑦

即使实施作为上述钱款或物品来源的犯罪的行为人是不可归罪的或者是不受处罚的，或者即使缺乏对该犯罪进行追诉所要求的条件，仍适用本条的

---

① 本款的罚金数额由 1981 年第 689 号法律第一百一十三条增加，又由 2019 年 1 月 9 日第 3 号法律第一条第一款第二十项修改。

② 本条由 2016 年 1 月 15 日第 7 号立法性命令第一条第一款第五项废除。

③ 本条由 1975 年 5 月 22 日第 152 号法律第十五条修改。

④ 本款由 2013 年 10 月 15 日第 15 号法律第八条第一款第二项修改。

⑤ 本款由 2021 年 11 月 8 日第 195 号立法政令第一条第一款第三项第一目修改。

⑥ 本款由 2021 年 11 月 8 日第 195 号立法政令第一条第一款第三项第三目修改。

⑦ 本款由 2021 年 11 月 8 日第 195 号立法政令第一条第一款第三项第二目修改。

第六百四十八条之三之一规定的犯罪,一律处以没收构成犯罪物品的产物或利益,除非属于与犯罪行为无关的人。①

当第一款规定的没收程序不可能实行的情况下,法官应决定没收犯罪人可处置的,包括通过中介处置,与犯罪所得相对应的价值或收益的钱款、财物或其他利益。

与第六百四十八条之二、第六百四十八条之三和第六百四十八条之三之一相关的犯罪,检察官应在《刑事诉讼法典》第四百三十条规定的期限内完成调查活动,对钱款、财物或其他利益进行必要的查找,以完成前款规定的没收。②

第三节　本章各节的共同规定

第六百四十九条　不受处罚的情况,对在亲属间实施的犯罪的告诉

有下列情形之一的,实施本章规定的行为不受处罚;

(一)针对未依法分居的配偶实施行为的;③

(一)之二　对民事婚姻中同性配偶方实施行为的;④

(二)针对直系尊亲属、直系卑亲属、直系姻亲、收养人或者被收养人实施行为的;

(三)针对与行为人共同生活的兄弟或姐妹实施行为的。

如果本章所规定的行为是针对已经依法分居的配偶,或是民事婚姻同性配偶方,在此情况下,有意愿或是不愿意在庭审调查中涉及婚姻状态的,不与行为人共同生活的兄弟姐妹、叔舅、侄甥或者与其共同生活的二亲等姻亲实施的,经被害人告诉才予以处罚。⑤

---

① 本款由2014年12月15日第186号法律第三条第四款第一项修改。

② 本款由2014年12月15日第186号法律第三条第四款第二项修改。

③ 意大利宪法法院于1988年4月7日第423号判决中宣告:根据《宪法》第二条和第三条的规定,本项的有关规定是没有根据的。

④ 本款由2017年1月19日第6号立法性命令第一条第一款第三项增加。

⑤ 本款由2017年1月19日第6号立法性命令第一条第一款第四项修改。

本条的规定不适用于第六百二十八条、第六百二十九条和第六百三十条规定的犯罪，也不适用于任何其他的、采用人身暴力实施的侵犯财产的犯罪。

第三节之二　本章公诉程序的共同规定①

第六百四十九条之二　公诉的情况②

根据第六百四十条第三款、第六百四十条第四款、第六百四十六条第二款规定的罪行提出的告诉，或是第六十一条第一款第十一项规定的加重情节，根据特殊法律规定的加重情节或是被害人因年龄或生病，或是被害人受到了严重的损害无法提出告诉的，应实行公诉。③

① 本节由 2018 年 4 月 10 日第 36 号立法政令第十一条第一款增加。

② 本条由 2018 年 4 月 10 日第 36 号立法政令第十一条第一款增加。

③ 本款由 2019 年 1 月 9 日第 3 号法律第一条第一款第二十二项修改。

第一章　治安违警罪

第一节　有关安全保障的违警罪

第一分节　有关公共秩序和安宁的违警罪

第一类　有关不遵守治安规定和危险的煽动性示威的违警罪

第六百五十条　不遵守主管机关的规定

不遵守主管机关为维护正义、公共安全、公共秩序或者卫生而依法发布的规定的，如果行为不构成更为严重的犯罪，处以三个月以下拘役或者二百零六欧元以下罚款。①

第六百五十一条　拒绝说明自己的个人身份

当执行其职务的公务员提出要求时，拒绝说明自己的身份、基本状况或者其他个人情况的，处以一个月以下拘役或者二百零六欧元以下罚款。②

第六百五十二条　在祸乱中拒绝提供帮助

在发生祸乱、公共事故、公共危险或者现行犯罪的情况下，无正当理由拒绝提供自己的帮助或者劳务的，或者拒绝根据执行公务人员或从事公共服务人员的要求提供有关情况或者说明的，处以五千欧元至一万五千欧元行政罚款。③

---

① 本条的罚款数额由 1981 年第 689 号法律第一百一十三条增加。

② 本条的罚款数额由 1981 年第 689 号法律第一百一十三条增加。

③ 本款的罚款数额由 1981 年第 689 号法律第一百一十三条增加，又由 2016 年 1 月 15 日第 8 号立法性命令第二条第三款第一项修改。

或者以任何方式传播文字材料或者图画的，处以一个月以下拘役或者五十一欧元至三百零九欧元行政罚款。①

未经主管机关许可或者不遵守法律规定，在公共场所、向公众开放或展示的场所，张贴文字材料或者图画的，使用照明或声讯工具向公众进行宣传的，或者以其他方式设置文字或者图画的，处以同样的处罚。②

第一款和第二款的规定不适用于在主管机关指定的地点以外张贴文字或图画的情况。③

第六百六十三条之二　传播非法印刷品④

除行为构成更为严重的犯罪外，对于未依照关于出版和发行定期刊物或者非定期刊物的法律规定而出版的印刷品，采用任何方式加以传播的，处以一百零三欧元至六百一十九欧元行政罚款。

对于本条规定的违法行为，不允许按照 1981 年 11 月 24 日第 689 号法律第十六条的规定降低幅度付款。

第六百六十四条　撕毁或者破坏张贴物

摘揭、撕毁由民事机关或者教会机关命令张贴的文字材料或者图画的，或者以任何方式使之无法使用或者无法阅读的，处以七十七欧元至四百六十四欧元罚款。⑤

如果属于由私人在法律或主管机关准许的地点并且以合法方式张贴的文字材料或者图画，适用五十一欧元至三百零九欧元行政罚款。

---

① 本条的刑罚由 1999 年 12 月 30 日第 507 号立法性命令改为行政处罚。

② 1999 年 12 月 30 日第 507 号立法性命令将“同样的刑罚”改为“同样的处罚”。

③ 本款由 1994 年 7 月 13 日第 480 号立法性命令第八条增加。

④ 本条由 1958 年 3 月 4 日第 127 号法律增加，并由 1999 年 12 月 30 日第 507 号立法性命令第四十七条修改，原来的刑罚被改为行政罚款。

⑤ 本条的刑罚由 1999 年 12 月 30 日第 507 号立法性命令第四十八条改为行政处罚。

第三类　有关对某些行业和公共表演监督的违警罪

第六百六十五条　[商务机构和公共执业][①]

第六百六十六条　未经许可的公开表演或公共娱乐活动

未经主管机关许可,在公共场所、向公众开放或展示的场所进行任何性质的表演或者娱乐活动的,开设俱乐部或者歌舞厅的,处以二百五十八欧元至一千五百四十九欧元行政罚款。[②]

如果有关许可已经受到否决、撤销或中止,处以四百一十三欧元至二千四百七十八欧元行政罚款。[③]

一律决定终止没有获得许可而进行的活动。如果活动是在已获批准或得到其他资格认可进行其他活动的场所举行的,在重复实施第一款列举的违法行为的情况以及第二款规定的情况下,也决定关闭上述场所,为期不超过七日。[④]

对于本条规定的违法行为,不允许按照1981年11月24日第689号法律第十六条的规定降低付款幅度。[⑤]

第六百六十七条　[擅自进行电影拍摄活动][⑥]

第六百六十八条　擅自表演戏剧或者放映电影

未预先向主管机关报告,公开排演剧本或其他戏剧的,或者公开表演任何性质的戏剧作品的,处以五千欧元至一万五千欧元行政罚款。[⑦]

---

① 本条由1994年7月13日第480号法令第十三条废除。原来的条文是:“在未经主管机关许可或者未按有关要求预先向该机关申报的情况下,开设或者经营商务机构、企业或公共业务的,或者以营利为目的为他人提供住宿或者安排食宿或照管的,处以六个月以下拘役或者一百万里拉以下罚款。如果有关许可受到否决、撤销或中止,上述拘役刑和罚款一并适用。如果在获得许可后未遵守其他的法律规定或者主管机关的规定,刑罚为三个月以下拘役或者六十万里拉以下罚款。”

② 本条的刑罚由1999年12月30日第507号立法性命令改为行政处罚。

③ 意大利宪法法院于1970年4月15日以第56号判决宣告本条在以下意义上违宪:它要求在向公众开放的场所举行不导致企业经营行为的娱乐活动需要获得警察局的许可。

④ 本款由1999年12月30日第507号立法性命令第四十九条增加。

⑤ 本款由1999年12月30日第507号立法性命令第四十九条增加。

⑥ 本条由1994年7月13日第480号法令第十三条废除。

⑦ 本款的罚款数额由1981年第689号法律第一百一十三条增加,又由2016年1月15日第8号立法性命令第二条第五款第一项修改。

或者由公众或他人使用的私人场所将可能对人造成损害、玷污或者厌恶的物品的，处以一百零三欧元至六百一十九欧元行政罚款。①

第六百七十六条　楼房或其他建筑物倒塌

参加关于楼房或其他建筑物的设计或者施工的人员，如果因其过失而致使该楼房或建筑倒塌的，处以一百五十四欧元至九百二十九欧元行政罚款。②

如果行为对人身造成危害，处以六个月以下拘役或者三百零九欧元以下罚款。

第六百七十七条　不在面临倒塌危险的楼房或建筑物中施工

面临倒塌危险的老楼房或建筑物的所有主或者有责任对该楼房或建筑物实行维护或监督的人，不提供必要的工作以排除倒塌危险的，处以一百五十四欧元至九百二十九欧元行政罚款。③

负有相关义务的人不排除因楼房或者建筑物倒塌而带来的危险的，处以同样的处罚。④

如果以上各款规定的行为对人身造成危险，处以六个月以下拘役或者三百零九欧元以上罚款。⑤

第二类　有关预防工业事故和爆炸物保管事故的违警罪

第六百七十八条　擅自制造或买卖爆炸物

在未经主管机关批准或者未按规定采取预防措施的情况下，制造、向国家领域引入、存放、销售或者运输爆炸物或者用于合成或制造爆炸物的物品的，处以十八个月以下拘役和二百四十七欧元以下罚款。⑥

---

① 本条的刑罚由1999年12月30日第507号立法性命令第五十条改为行政处罚。

② 本款的刑罚由1999年12月30日第507号立法性命令第五十一条改为行政处罚。

③ 本条的刑罚由1999年12月30日第507号立法性命令第五十二条改为行政处罚。

④ 本款由1999年12月30日第507号立法性命令第五十二条修改。

⑤ 本款的罚款数额由1981年第689号法律第一百一十三条增加。

⑥ 本条的罚款数额由1981年第689号法律第一百一十三条增加。

第六百七十八条之二　[擅自扣押预防爆炸性物质]①

第六百七十九条　不申报爆炸物

不向主管机关申报自己所持有的任何种类的爆炸物或者因其质量或数量而具有危险的易燃物的，处以十二个月以下拘役或者三百七十一欧元以下罚款。②

获知在其居住的地点放有爆炸物而不向主管机关报告的，处以二百四十七欧元以下罚款。③

不执行主管机关依法发布的、关于在规定期限内上交爆炸物的命令的，处以三个月至三年拘役或者三十七欧元至六百一十九欧元罚款。

第六百七十九条之二　[过失处理预防爆炸性物质]④

第六百八十条　加重情节

如果以上各条规定的行为是由被法律禁止获得有关许可的人实施的，或者有关许可受到否定或者撤销，对以上各条规定的违警罪加重处罚。

第六百八十一条　擅自开设公共表演或娱乐场所

未遵守主管机关为维护公共安全而作出的有关规定，开设或者开放公共表演、娱乐或聚会场所的，处以六个月以下拘役和一百零三欧元以上罚款。⑤

第三分节　有关预防某些种类犯罪的违警罪

第一类　有关保密的违警罪

第六百八十二条　随便进入为维护国家军事利益而禁止入内的场所

进入为维护国家军事利益而禁止入内的场所的，如果行为不构成更为严重

---

① 本条由2021年12月23日第238号法律第十三条第三款废除。
② 本款的罚款数额由1981年第689号法律第一百一十三条增加。
③ 本款的罚款数额由1981年第689号法律第一百一十三条增加。
④ 本条由2021年12月23日第238号法律第十三条第三款废除。
⑤ 本条的罚款数额由1981年第689号法律第一百一十三条增加。

第七百二十七条之二 杀害、毁坏、抓捕、提取、扣押可效仿种类的动物或是受保护的野生植物①

除了行为构成更为严重的犯罪、获得同意，杀害、抓捕、扣押属于受保护的野生动物种类，处以一个月至六个月拘役和四千欧元以下罚款，除非是考虑到对这一种类动物的保护而言，可忽略不计的数量和影响。

除了获得同意，毁坏、提取、扣押可效仿种类受保护的野生植物，处以四千欧元以下罚款，除非是考虑到对这一种类植物的保护而言，可忽略不计的数量和影响。

第二分节 有关保健治安的违警罪

第七百二十八条 足以压制他人意识或意志的对待

经他人同意，使其处于麻醉或催眠状态的，或者对其实行压制其意识或意志的对待的，如果行为对该他人的健康造成危险，处以一个月至六个月拘役或者三十欧元至五百一十六欧元罚款。②

如果行为是为了科学或者治疗的目的而由从事医疗卫生职业的人实施的，不适用上述规定。

第七百二十九条 [滥用麻醉品]③

第七百三十条 向未成年人提供有毒的或有害的物品

经批准进行药品销售或贸易的人，向不满十六岁的未成年人交付有毒物或麻醉品的，即使是按照医嘱交付的，处以五百一十六欧元以下罚款。④

向不满十四岁的未成年人出售或者提供烟草的，处以一百零三欧元以下罚款。⑤

---

① 本条由2011年7月7日第121号立法性命令增加。

② 本款的罚款数额由1981年第689号法律第一百一十三条增加。

③ 本条由1975年12月22日第685号法律第一百零八条废除。

④ 本款的罚款数额由1981年第689号法律第一百一十三条增加。

⑤ 本款的罚款数额由1981年第689号法律第一百一十三条增加。

第二章　有关公共管理的社会活动的违警罪

第七百三十一条　不履行对未成年人实行基本教育的义务

负有对未成年人进行监督的权力或职责的人，无正当理由而不使或者不设法使未成年人受到基本教育的，处以三十欧元以下罚款。①

第七百三十二条　［不让未成年人学习劳动］②

第七百三十三条　损坏国家的考古、历史或艺术财产

毁坏、破坏或者以任何方式损坏明知其具有重大价值的纪念碑或自己的其他物品的，如果行为造成对国家的考古、历史或艺术财产的损害，处以一年以下拘役或者二千零六十五欧元以上罚款。③

对于受到破坏或者被以任何方式损坏的物品，可以决定予以没收。

第七百三十三条之二　破坏或毁坏保护地内部的栖息地④

除了获得同意，毁坏保护地内部的栖息地或是以任何方式毁坏保护地的状态，处以十八个月以下拘役和三千欧元以上罚款。

---

① 本条的罚款数额由 1981 年第 689 号法律第一百一十三条增加。

② 本条由 1999 年 6 月 25 日第 205 号法律第十八条删除。原来的条文如下："负有对未成年人进行监督的权力或职责的人，当未成年人满十四岁并且应当以劳动维持生活时，无正当理由而不让其学习劳动的，处以六万里拉以下罚款。"

③ 本款的罚款数额由 1981 年第 689 号法律第一百一十三条增加。

④ 本条由 2011 年 7 月 7 日第 121 号立法性命令第一条增加。

第七百三十四条　破坏或者污损自然美景

以修建、拆毁或者任何其他方式，破坏或者改变受到主管机关特别保护地点的自然美景的，处以一千零三十二欧元至六千一百九十七欧元罚款。①

① 本条的罚款数额由1981年第689号法律第一百一十三条增加。

第二章之二　有关保护隐私权的违警罪[①]

第七百三十四条之二　泄露性暴力被害人的身份和画像

实施第六百条之二、第六百条之三、第六百条之四规定的犯罪，以及在第六百条之四之一、第六百条之五、第六百零九条之二、第六百零九条之三、第六百零九条之四、第六百零九条之五和第六百零九条之八规定的犯罪行为中涉及色情材料的情况下，未经被害人同意，泄露包括通过大众宣传工具泄露被害人的身份或者画像的，处以三个月至六个月拘役。[②]

---

① 本章由1996年2月15日第66号法律第十二条增加，目前只含有一条。

② 本条由1996年2月15日第66号法律第十二条增加。